历史视角下的经济与金融
（上篇）
——货币政策理论与实践

盛松成◎著

Witnessing China's Economic &
Financial Reform and Development

中国金融出版社

责任编辑：张菊香
责任校对：孙　蕊
责任印制：陈晓川

图书在版编目（CIP）数据

历史视角下的经济与金融．上篇，货币政策理论与实践/盛松成著．
—北京：中国金融出版社，2021.7
ISBN 978 - 7 - 5220 - 1186 - 8

Ⅰ.①历… Ⅱ.①盛… Ⅲ.①中国经济—文集②货币—政策—中国—
文集 Ⅳ.①F12 - 53②F822.0 - 53

中国版本图书馆 CIP 数据核字（2021）第 102972 号

历史视角下的经济与金融（上篇）——货币政策理论与实践
LISHI SHIJIAO XIA DE JINGJI YU JINRONG（SHANGPIAN）：HUOBI ZHENGCE
LILUN YU SHIJIAN

出版
发行　**中国金融出版社**

社址　北京市丰台区益泽路 2 号
市场开发部　（010）66024766，63805472，63439533（传真）
网 上 书 店　www.cfph.cn
　　　　　　（010）66024766，63372837（传真）
读者服务部　（010）66070833，62568380
邮编　100071
经销　新华书店
印刷　北京九州迅驰传媒文化有限公司
尺寸　170 毫米×240 毫米
印张　19.5
字数　322 千
版次　2021 年 11 月第 1 版
印次　2024 年 3 月第 6 次印刷
定价　78.00 元
ISBN 978 - 7 - 5220 - 1186 - 8

如出现印装错误本社负责调换　联系电话（010）63263947
编辑部邮箱：jiaocaiyibu@126.com

前言

　　呈现给读者的这套三卷本的《历史视角下的经济与金融》，是我从已公开发表的130多篇文章和采访稿中选取的89篇。我在硕士研究生学习期间，就在《金融研究》发表了十余篇关于西方货币金融学说的述评文章。从1984年起，我连续三年被《金融研究》聘为特约撰稿人，1985年又在该刊主持了整整一年的《国外货币金融学说评介》专栏。我的博士论文《现代货币供给理论与实践》1993年由中国金融出版社出版。这是我国最早研究西方货币供给理论和政策的专著。所以，我的学术生涯是从研究西方经济思想尤其是西方货币金融学说开始的。

　　1995年末，我从上海财经大学调到中国人民银行工作，开始直接接触我国金融宏观调控和金融改革开放，研究方向也转为国内实际经济金融问题为主，这是我研究工作的一个转折点。第二个转折点是2010年9月我被任命为人民银行调查统计司司长，直至2016年9月离任。在这6年中，我开阔了宏观经济视野，熟悉了国家经济调控尤其是货币金融调控的政策和措施，我的理论研究也更贴近实际了。

　　我在人民银行多个岗位工作过，也去过不同城市和地区，工作一直比较繁忙，做研究主要是业余时间的个人爱好，所以并不连贯，也不系统，更不全面，实际上是断断续续的。但我比较喜欢思考，也有些独立的见解，研究的兴趣又比较广泛，除了货币金融，还包括宏观经济运行和房地产调控等。

　　出版这样一套论文集，我是很犹豫的，既不愿意自己几十年的心血散落在过去的纸堆里，以至于自己都难以找到，又担心以前的文章是否符合现在读者的需要；出版后会受到何种评价，我也是没有把握的。所以，我就一直拖着，直到出版社一再催促，才开始写这篇前言。实际上，文章的收集工作 2020 年 8 月就已完成，因此最近一年来发表的文章都没有收录。

我自以为我的文章的一个特点是观点鲜明，不模棱两可，也不人云亦云。我不轻易下结论，也很少改变自己的观点。我发表的文章都是我当时实际想说的。我也有过不正确的看法，但还感到比较欣慰的是，当时发表的文章绝大多数并没有被后来实际情况的发展所证伪。

我在研究工作中的一个体会，并努力遵循的原则是，经济研究应该依据中国的实际情况和改革的实际需要，而不能照搬国外的理论和经验。我国经济学的概念几乎都是从国外引入的，但引入以后往往"变异"，所以很多概念的内涵，甚至有些统计指标的范围也与西方国家不完全一致，正所谓"淮南为橘、淮北为枳"。如美国的狭义货币供应量 M_1 包含流通中现金和各项活期存款，而我国 M_1 只包括流通中现金和企事业单位的活期存款，并不包括个人活期存款（因为 M_1 是商品交换的媒介和支付手段。西方国家个人活期存款和企业活期存款一样，可以据此开立支票以实现支付，于是成为一种流通手段，而我国只有企业活期存款能够开立支票，个人活期存款一般不能开支票，所以个人活期存款就不包括在 M_1 中，而作为 M_2 的组成部分）。因此，我国 M_1 和 M_2 的剪刀差与西方国家的这一剪刀差的含义并不一样。前者在很大程度上反映了企业的流动性状况，后者则体现了整个社会的流动性。我在讲课中经常提到这一点。

再举个例子，曾经风靡一时的 P2P 平台，其概念和运营模式一开始是从西方国家引入的，但很快就偏离了 P2P 的本源，即从仅仅承担信息中介职能的服务平台，滑向同时承担信用中介职能的机构，这也是我国 P2P 平台历史结局的根本原因。2016 年 5 月，当时我国 P2P 正处在兴盛时期，我就在一次论坛上发表了题为《绝大部分 P2P 平台已偏离信息中介方向》的演讲，首次提出信息中介与信用中介的区别，P2P 平台应坚持信息中介的方向。收录于本书中篇第四章的《绝大部分 P2P 平台已偏离信息中介方向，网贷应回归普惠金融本源》一文，就是那次发言的主要内容。

西方经济学的一些基本理论和结论，很少受人怀疑，也往往被用来解释分析中国的经济运行和经济改革。例如，蒙代尔不可能三角理论几乎已成为国际经济学的基本原理之一，即固定汇率、资本自由流动和货币政策独立性三者只能选其二。有学者沿用不可能三角理论以及利率平价理论等，推演出利率、汇率改革和资本账户开放须遵循"先内后外"的改革次序。事实上，不可能三角理论和利率平价理论具有局限性，并不完全适合我国的实际情况。我国的各项金融改革并不存在严格的时间先后，而是成熟一项、推进一项，并相互创造条件。

收录于本书中篇第二章的《协调推进利率汇率改革和资本账户开放》，是2012年4月，我担任人民银行调查统计司司长时，领衔发表的研究报告。该报告第一次明确提出，利率、汇率的市场化改革与资本账户开放是循序渐进、协调配合、相互促进的关系，提出了金融改革协调推进的理论。2015年，我又和同事刘西合著出版了《金融改革协调推进论》一书。协调推进论对传统的次序论是一个认知上的颠覆。我相信，中国未来的金融改革开放也会是一个协调推进的过程。这一协调推进的经验值得总结，并有必要上升到理论高度，作出理论创新。

现已成为我国金融宏观调控两大指标之一的社会融资规模（另一指标是广义货币供应量 M_2），是我的独创，是一项从零到一的工作。在我担任人民银行调查统计司司长的6年时间里，组织全司同志创设、编制、改进并积极宣传推广社会融资规模指标是领导交代给我的最为重要、费时最多，也是感受最深的工作之一。10多年来，社会融资规模能成为国家重要指标，并且受到各方面的广泛关注和重视，自有它的内在逻辑和原因，主要就是它不仅从各个侧面反映了社会整体流动性，而且体现了金融与实体经济的关系及对实体经济的资金支持，后者恰恰是我国体制下金融的使命所在，所以，社会融资规模是符合我国实际需要的宏观金融监测和调控指标。多年来，我不仅组织编写了《社会融资规模理论与实践》一书，该书至2016年出了第三版，还在各种刊物和媒体发表了一系列关于社会融资规模的文章。我挑选了其中有代表性的文章收入本书上篇第五章，供读者参考，其中一篇还获"2020浦山政策研究奖"。

我的研究工作是从西方货币金融学说开始的，曾与两位同门学弟合著出版

《现代货币经济学》一书（1992 年、2001 年、2012 年分别出了第一、第二、第三版）。我后又侧重研究中央银行与货币供给，是我国最早系统研究货币供给的学者之一，1993 年出版拙著《现代货币供给理论与实践》，2015 年与我的同事翟春合著出版《中央银行与货币供给》（2016 年做了较多修订并补充了新的内容，出了第二版）。因此，我对货币、货币供给和货币政策的本源还比较熟悉，也有自己的独立见解和观点。我大概是第一个明确提出并深入论述虚拟货币成不了真正货币的研究者，我早在 2014 年 1 月和 4 月就先后发表了《虚拟货币本质上不是货币——以比特币为例》和《货币非国家化理念与比特币的乌托邦》两篇文章。2019 年，天秤币 Libra 产生之初，我就撰文指出它难以获得成功。虚拟货币成不了真正货币的根本原因，在于它们不具备现代货币的基本属性，并与国家货币政策和宏观经济调控相冲突，也不可能解决当前世界货币体系面临的一系列问题。

与此同时，对于任何形式的数字货币，我们都应该深入思考，其如何与现代货币金融制度相契合，如何实现货币政策的有效传导；还应该思考，其经济和社会基础及创设的目的和意义。从几千年人类货币史的演变发展可以看出，任何货币制度和货币形式的诞生都是经济发展的需要和伴随物，也是一个自然的过程。现代货币与传统货币的一个很大区别是前者越来越紧密地与国家宏观经济调控结合在一起，因此不能只是从自然形态去分析货币的使用和功能，而应该更多地从国家调控经济的需要去分析。我们还应该认识到，货币金融的强弱是国家整体实力及各种体制机制的综合体现，不可能通过一项两项技术来实现赶超或改变世界货币格局。历史经验告诉我们，世界货币体系的变革和新体系的形成往往是一个漫长的过程，不可能一蹴而就。我的以上思考是否正确，有待时间检验。数字货币还在演变中，可能需要较长时间，并通过反复的社会实践，人们才能对它获得正确的认识、作出正确的判断。我认为，对于新生事物，我们应该多问几个为什么，多一些独立思考。

还有一篇文章也值得一提，这就是我们 2019 年 6 月发表在《清华金融评论》上的《各国央行盯住 2% 的通胀目标是刻舟求剑——对中长期通胀的思考》一文（收录于本书上篇第三章）。我们在该文中较早提出和分析了西方国家 2% 通胀目标的问题。自 20 世纪 90 年代起，主要国家央行不仅制定、而且长期追求 2% 的通胀目标，但始终未能如愿，原因在于全球经济、科技、社会等方面都发生了深刻变化。所以我们在文中提出，"可以尝试在货币政策目标函数中采用广义价格指数涨幅来替代 CPI 涨幅。当然，如何定义广义价格指数的难度与其重要性一样大"。

新冠肺炎疫情后，主要国家物价高涨，美国 CPI 甚至一度超过 5%。为了容忍高通胀，美联储也开始引入"平均通胀目标制"，主动将短期通胀目标定在 2% 以上。更重要的是，我观察到美联储货币政策目标的重心已经发生了转变，更加侧重于实现充分就业而非物价稳定。这与美国当前面临的国内外形势有关。由于贫富差距与民粹主义日益凸显，美国需要通过增加就业、提高收入来弥合社会分裂。尽快恢复和保持经济增长也是美国应对国际竞争、维持全球领先地位的急迫选择。而市场对美联储货币政策目标的理解还停留在过去的思维，担心通胀形势会引发货币政策提前收紧。实际上，"一切以经济增长为重"已在美国政策制定者中达成共识，体现了美国的国家意志，美国宽松的财政、货币政策已深度捆绑。2021 年 4 月 27 日，我就在《经济参考报》上发表了《美联储货币政策目标重心已发生实质性变化》一文，深入分析了上述现象，该观点也是我第一个提出的。尽管这篇文章没有收录在本书中，但我认为这是最近一年我所发表的最重要的一篇文章，在此将该文推荐给读者，以供参考。

在研究中，我感觉到，货币似乎并不容易被人理解，因为我看到更多的是对货币表象的解释。例如，总是有人提出，货币发行多了是房价上涨的主要原因。但我一直认为，高房价主要并非源于货币因素，而是由于房地产供需失衡使货币之"水"不断流入房地产市场。实际上，任何一种商品需求大于供给都会引致货币流入而使其价格上涨。所以，我始终坚持房地产供需调控相结合的理念，而在不同时期、不同地区可以有不同的侧重点。

本书下篇的第二部分收录了历年来我发表的关于房地产调控的主要文章。我觉得比较重要的一篇是 2017 年 12 月撰写的《高度警惕房地产泡沫出现在三、四线城市　应加快制定房地产市场长效调控机制》。该文较早提出应关注

三、四线城市房地产泡沫问题。2018年2月，该文被某一国家级内参采用并获得党和国家主要领导及有关领导的批示。该文还获2019年度上海市决策咨询研究成果一等奖。我记得，我国从2018年5月开始了对三、四线城市房地产的调控。该文经修订后发表于华尔街见闻（2018-09-06），题目为《三、四线城市库存风险已经显露，到了该调整的时候》。

此外，我还与人合著，出版了50多万字的《房地产与中国经济》一书（中信出版集团2021年1月第2版），有兴趣的读者也可参阅。

本书分为上、中、下三篇，每一篇又分为若干章，下篇还分为第一部分和第二部分，并不是按照文章发表的时间先后，而是以专题来编排的，目的是便于读者阅读，一目了然，读者也可以根据自己感兴趣的内容选择阅读。我还为每一篇加写了导言，主要是介绍当初触发我写这些文章的动因以及我的主要观点。读者也能从导言中对这些文章的经济金融背景略窥一二。

借书稿最终交付之际，我要特别感谢责任编辑王效端和张菊香，她们对时间跨度逾30年的旧文一遍又一遍细致地编排和校核，令我感动。我也要感谢我的学生和同事们在文章的收集和校对等工作中给我的帮助。因为是多年来文章的收录，这些文章又是发表在很多刊物中的，疏漏和不当恐难避免，恳请读者不吝批评指正。

盛松成

2021年10月

目录

导　言

从 1978 年到 1995 年，我在高校学习和工作了十七载，其间总是向学生们强调基础理论的重要性，特别是在学生时代扎实地打好理论功底比了解实务操作更重要。等走上工作岗位后，大家会发现各种经济金融现象层出不穷，各种观点激烈碰撞，而只有在掌握基础理论的基础上，才能对纷呈各异的论点作出正确的判断。举个例子，受益于自己长期钻研货币理论的经历，我对货币的本质、定义、特征等有比较深入的理解，对于"什么是货币"能够保持清醒的认识。2013 年比特币等虚拟货币受到热捧，甚至有人认为比特币会颠覆现行货币体系。在一片热议声中，我几乎是第一个旗帜鲜明地站出来说虚拟货币本质上不是货币，早在 2014 年 1 月和 4 月就分别发表了《虚拟货币本质上不是货币——以比特币为例》和《货币非国家化理念与比特币的乌托邦》两篇文章。2019 年，天秤币（Libra）受到广泛关注，我也较早撰文指出它难以获得成功。为什么我能快速、明确地作出判断，因为我理解货币的基本职能和货币政策的作用。虚拟货币成不了真正货币的原因有很多，其中最关键的是虚拟货币缺乏国家信用支撑，而央行需要垄断货币发行权，因为货币政策是目前世界上几乎所有国家的主要经济政策之一，没有一个国家的经济运行离得开货币政策的调节。在可预见的将来，国家都不会放弃货币政策。这个例子告诉我们，对于货币金融领域新生事物、新生概念的疑虑，往往能从货币金融理论中受到启迪。

1995 年底我从上海财经大学调到中国人民银行工作。中央银行工作是融合应用研究与基础理论研究的典型，既要求熟练掌握货币金融基础理论，也需要具备运用基础理论分析实际问题的能力。

各国央行都有自己的货币政策目标。我国的货币政策目标是《中国人民银行法》规定的，即"保持货币币值的稳定，并以此促进经济增长"。甫一从事中央银行工作，我将自己对货币政策目标的理解写成了《正确理解我国货币政策的目标》一文。我国货币政策的首要目标是保持物价的稳定，同时需要推动经济的增长；从应用实践出发，当时我国处于从高度计划经济向市场经济转轨过程中，隐蔽的通货膨胀很容易显现出来，这就需要重铸宏观货币调控的微观基础，从根本上解决企业和地方政府对商业银行贷款的"倒逼"和商业银行对央行再贷款的"倒逼"问题，建立真正市场化的商业银行体系。

关于货币发行与物价关系的讨论似乎从不曾中断。记得 2013 年货币超发说甚嚣尘上，有观点认为货币发行多了是那些年房价上涨的主要原因。2013年 8 月我发表了《单一商品价格与价格总水平决定因素是不同的》一文，并于 2014 年 1 月 15 日在国新办举行的新闻发布会上对"货币超发"论调予以反驳。关于货币发行多了，物价必然上涨的观点，"魏克赛尔的累积过程学说"早已进行过剖析和批判，即对物价的影响除了货币数量外，还有其他一系列的因素，货币数量只是一个必要条件而非充分条件。特别是，不能将单一商品的价格归因于货币因素。单一商品的价格取决于该商品的供需状况，任何一种特定商品的价格（包括房价）脱离一般物价趋势的剧烈波动都源于该商品的供求失衡（这一失衡的背后可能是一系列深层次的矛盾）。将单一商品价格的大幅上升归因于货币因素，不是缺乏经济学基本知识，就是有意混淆视听、转移视线，于事无补。因此，抑制任何一种特定商品价格（包括房价）的有效方法是改善该商品的供求状况，而不是从货币供应方面找原因，因为货币供应虽能影响价格总水平，却不能决定任何单一商品的价格。

放眼全球货币政策与物价的关系，则是另外一番景象。2008 年国际金融危机后，主要发达国家央行实现通胀目标的道路并非坦途，各国一直难以达到预设的 2% 通胀目标。全球化、科技进步、人口结构、收入差距扩大、资产价格波动等因素的变化正在对一般消费品价格产生深刻影响。自 20 世纪 90 年代起，一些央行制定了 2% 通胀目标，但随着全球通胀形成机制及表现形式发生深层次变化，央行依然守着 2% 通胀目标有刻舟求剑之嫌。于是，我在 2019年 6 月发表了《各国央行盯住 2% 的通胀目标是刻舟求剑——对中长期通胀的思考》一文。我在文中提出，可以尝试在货币政策目标函数中采用广义价格指数涨幅来替代居民消费价格指数（CPI）涨幅。当然，如何定义广义价格指数的难度与其重要性一样大。展望未来，各国央行的货币政策目标是否调整，以及如何调整，都是具有深远意义的研究课题。

我们知道，央行制定货币政策目标后，如何实现目标有赖于货币政策传导机制，即由中央银行货币政策的变化引起经济链条中各中介变量的连锁反应，并最终导致宏观经济指标变化。2008 年 10 月，我们在《经济研究》发表论文《中国货币政策的二元传导机制——"两中介目标，两调控对象"模式研究》，首次提出了中国货币政策二元传导机制的观点，即我国货币政策依赖于信用渠道和货币渠道的二元传导机制，信贷规模和货币供应量都是中介目标，这与发达国家依赖于单一的货币传导渠道有所不同。这篇论文的英文版还发表在了《中国经济前沿》（*Frontiers of Economics in China*）。该文很长时间都有较高的引用率。实际上，美国经济学家托宾等提出的货币政策传导的信用观点理论，也是我国 2010 年创设的社会融资规模的理论基础之一。随着我国金融市场的深化和融资渠道的多元化，二元传导机制也在不断演变。2016 年 12 月，我们在《中国社会科学》发表论文《社会融资规模与货币政策传导——基于信用渠道的中介目标选择》，提出社会融资规模是取代信贷规模的更好的中介目标，可以与货币供应量搭配使用，互相印证。该文获"2020 浦山政策研究奖"。

社会融资规模指标（以下简称社融）问世 10 年来，已为各级政府、市场人士与学术界广为熟知和高度关注。2010 年 12 月，中央经济工作会议首次指出，要"保持合理的社会融资规模"。迄今这一指标已连续 11 次写进中央经济工作会议文件和《政府工作报告》。2021 年《政府工作报告》明确指出"货币供应量和社会融资规模增速与名义经济增速基本匹配"。

2010 年 9 月我被任命为人民银行调查统计司司长，2016 年 9 月底卸任。在这 6 年时间里，组织全司同志创设、编制、改进与完善社融指标是领导交代给我的最为重要、费时最多，也是感受最深的工作之一。

从无到有创设一个新的统计指标并不容易。国务院对指标编制工作高度重视，有关领导多次批示要求广泛听取各方面意见。人民银行多次召开行长专题会议。我们多次组织专家座谈会，听取学术界、市场人士等各方面意见，人民银行相关司局和国务院有关部委也积极提供支持和帮助。调查统计司很多同志深入基层调研，查阅大量国内外文献，付出了艰辛劳动。可以说，社融指标的创设是集体智慧的结晶。

作为这项工作的直接组织者和责任人，从指标概念、理论研究、框架设计，到数据采集、分析和发布等，我都身先士卒、竭尽全力，不少细节至今记忆犹新。比如说，现在大家对社融的定义已经比较熟悉，社融增量是指一定时期内（每月、每季或每年）实体经济从金融体系获得的资金额，但当时就这短短一句话的定义，都经过反复推敲，最终我在出差的飞机上才修改确定下来。2015年人民银行开始发布社融存量数据。社融存量是指一定时期末（月末、季末或年末）实体经济从金融体系获得的资金余额。尽管社融定义的表述有过细微的修订，但基本概念一直沿用至今。社融诞生初期，曾使用过三个名称，即社会融资总量、社会融资总规模和社会融资规模。我建议采用社会融资规模这个名称，因为它比前两个名称更准确地反映了这个指标的实质和所包含的内容。实际上，由于统计要求等方面的原因，社融指标迄今都是存在遗漏的（经济指标有遗漏是正常的，只要遗漏的量不是很大，但不能重复统计。如我国狭义货币供应量 M_1 就有遗漏；美国和我国的广义货币供应量 M_2 都曾多次修订，这也与遗漏有关）。如果在社融前加上"总"字，就容易引起误解。再比如，社融指标首次由我国创设，在没有国际经验可循时人们往往容易不自信。实际上，20世纪50年代英国《拉德克利夫报告》的"整体流动性"理论、美国格利和肖的金融中介机构理论，以及托宾、施蒂格利茨及伯南克等陆续提出并最终形成的货币政策传导的信用观点，都可以成为社融指标的理论基础。2011年12月我在《中国金融》发表了《社会融资规模概念的理论基础与国际经验》一文，详细阐述了社融指标背后深厚的经济理论基础。

社融规模从全社会资金供需的角度反映了金融对实体经济的支持，将金融体系与实体经济连接在一起，与实体经济发展具有较强相关性，遂成为我国央行货币政策传导机制的中介目标或监测指标。数据显示，社融规模对实体经济具有一定领先性，对宏观调控政策也具有重要意义。社融规模具有丰富的结构特征，能够多维度、全方位刻画经济的结构特征。此外，社融规模数据还能够分部门、分区域、分行业进行统计，帮助我们观察金融体系对各行业、各地区、各种融资方式的资金支持，这也是 M_2 等整体流动性指标难以反映的。围绕社融规模与实体经济的联系以及社融规模在宏观调控中的作用等问题，从2012年起我陆续在《金融研究》《中国社会科学》《中国金融》等刊物和媒体上发表了一系列文章。我与人民银行调查统计司同事合著的《社会融资规模理论与实践》一书，至2016年也已经出版到了第三版。

随着货币金融体系日趋复杂和金融宏观调控政策日趋重要，金融基础理论与应用实践的结合愈益紧密。经济金融形势的不断变化，金融市场的快速发展，货币金融体系的日趋复杂，持续向货币政策理论和实践提出挑战。例如，2013 年 6 月余额宝成立，很快便取得爆发性增长。虽然余额宝乍看是新生的金融产品，但其本质上是货币市场基金。20 世纪 70 年代货币市场基金已在美国诞生。余额宝的迅猛发展有三个主要原因：高收益、高流动性和低门槛。一般来说，金融产品的收益性和流动性是此消彼长的。为什么余额宝能在一定程度上兼顾两者呢？一个重要原因是其将募集的客户资金绝大部分投向银行协议存款，而这部分协议存款属于同业存款。根据我国当时的规定，一般工商企业和个人在银行的存款利率不得突破存款基准利率，而同业存款没有利率上限。同业存款也无须向央行缴存存款准备金。可见，由于货币市场基金存放银行的款项与一般储蓄存款适用于不同的管理政策，前者才能占据高收益、低风险的投资渠道，才能在与储蓄存款的竞争中处于明显优势。因此，余额宝等货币市场基金一方面拓宽了居民投资渠道，提高了金融服务的灵活性、便利性；另一方面也给宏观金融管理和金融风险防范提出了新的课题。2014 年 3 月我发表了《余额宝与存款准备金管理》，首次提出余额宝类货币市场基金投资的银行存款应受存款准备金管理。我之所以提这个建议，与法定存款准备金制度的产生、发展及其在现代市场经济中的重要作用有关。有人认为涉及余额宝等货币市场基金的存款准备金管理措施是直接要求货币市场基金缴存准备金，这是一种错误的理解，也是对存款准备金制度基础知识和基本要求的误解。因为法定存款准备金缴存的基础是存款，缴存的主体是吸收存款的金融机构，所以对货

币市场基金实施准备金管理应以其存入银行的存款为对象，缴纳的主体是吸收基金存款的银行，而不是指对货币市场基金本身征收准备金。我国货币市场基金虽然起步较晚，但近年来互联网与金融的结合加速了基金分流存款的过程。对包括余额宝在内的货币市场基金实施适当的存款准备金管理，将缩小监管套利的空间，让金融市场的竞争更加公平合理，让货币政策的传导更加有效。

2020 年新冠肺炎疫情暴发导致了全球经济衰退，也使各国央行面临严峻的挑战。为了应对突如其来的"美元荒"，美联储创设了一项新的临时性政策工具，为外国央行和国际货币当局提供回购便利（FIMA Repo Facility）。当时有观点严重误读了美联储的这一政策工具创新，把美联储国债回购解释为可能强制冻结，引起不少人对中国央行持有美国国债的担忧。而事实上，临时设立 FIMA 回购便利的目的是增加美元流动性的供应渠道，平稳包括美国国债市场在内的金融市场，以确保对企业和家庭的信贷可得性。这是因为，有了这样一个替代性的资金来源，各国央行在面临美元流动性缺口时，不必抛售美国国债，而可以通过 FIMA 回购便利解决美元需求缺口，而且这并非是强制性的，完全是国外央行和货币当局的自愿行为。我很快发表了《不存在美联储"冻结"美国国债的问题》一文，试图从更广泛的角度来通俗地讨论这一问题，增进大家对美联储政策工具创新的理解。我在文中提出，FIMA 回购便利工具是美联储基于各国央行对美元流动性的现实需求而实施的创新工具，并不存在所谓"冻结"美国国债的问题，而且只有在美元流动性十分紧缺的情况下才有可能被国际货币当局或各国央行使用。它使美联储在一定程度、一定条件、一定期限内自然地承担了全球央行职能，满足世界范围内对美元流动性的需求。

正确认识扑朔迷离、错综复杂的经济金融现象，离不开对货币金融理论的深入理解，也需要我们在实践工作中，善于运用货币金融理论，透过现象看本质。

第一章

货币本质的历史与发展

◎论基础货币的本质和特征

◎关于货币定义的几点意见

◎虚拟货币本质上不是货币

◎货币非国家化理念与比特币的乌托邦

◎货币政策和去中心化是虚拟数字货币的悖论

◎为什么数字货币Libra项目会被叫停？

论基础货币的本质和特征[①]

一、三个不同的术语

在 20 世纪 70 年代初以来的西方货币银行学和货币经济学著作中，经常出现三个名词，一是高能货币（high‑powered money），二是货币基数（monetary base），三是基础货币（base money）。实际上，这三个名词指的是同一事物，但它们的内涵还是有区别的。在这三个名词中，高能货币产生最早，然后是货币基数和基础货币。

根据美国著名经济学家米尔顿·弗里德曼和安娜·施瓦兹的考证，早在 1936 年，伯吉斯（W. R. Burgess）就已使用高能货币这一术语。[②] 然而，这一概念得到西方经济学家的普遍重视和广泛使用，则是在弗里德曼和施瓦兹的巨著《1867—1960 年的美国货币史》（1963 年）出版之后。这可能是因为该书在西方经济学界产生了重大影响。而高能货币则已成了该书乃至货币学派的整个理论体系的不可或缺的重要概念。事实上，当代各种货币理论的分析和货币政策的实行，都已很难离开这一概念了。

货币基数和基础货币这两个术语，则很可能直到 20 世纪 60 年代才产生。从我们所接触的西方经济学文献来看，较早使用货币基数这一术语的是美国著名经济学家卡尔·布伦纳（Karl Brunner）和阿伦·梅尔泽（Allan Meltzer）[③]

---

① 本文作者盛松成，发表于《金融研究》，1993 年第 12 期。原文标题为《论货币基数的本质和特征》，摘自作者博士论文中的有关章节。

② 弗里德曼，施瓦兹.1867—1960 年的美国货币史（*A Monetary History of the United States*：1867—1960）［M］.普林斯顿：普林斯顿大学出版社，1963：50，注59.

③ 布伦纳和梅尔泽. 货币需求和供给函数的再探讨（*Some Further Investigation of Demand and Supply Functions for Money*）［J］.金融杂志（*The Journal of Finance*），1964（5）.

以及安德森（*Leonall C. Andersen*）和乔顿（*Jerry L. Jordan*）①。至于基础货币似乎并非某一著名经济学家所创用，而只是偶然地出现于货币银行学教科书中②。

尽管高能货币这一名词产生最早，但是被西方经济学者使用得最广泛的则是货币基数，尤其是最近一二十年中，在西方经济学文献中，货币基数这一名词出现得最频繁；高能货币相对少一些；基础货币就更少见了。关于这一点，只要翻阅一下美国20世纪70年代以来金融方面的主要杂志就不难发现了，尤其是这一方面的权威杂志《圣·路易斯联邦储备银行评论》（*Federal Reserve Bank of St. Louis Review*）更能说明问题。③

为什么大多数西方经济学家偏爱货币基数这一术语？货币基数与高能货币究竟有无区别？用哪个名词更确切？这些问题，以前很少有人注意和研究。我在此提出这些问题，绝不是为了玩弄名词游戏，也不是为了标新立异，而是为了深入探究两个名词所指的同一事物的内涵和本质，排除在这一方面的误解和疑虑。我认为，恰恰是在货币基数与高能货币有无区别这一不为人们注意的"小"问题上反映出了这一概念的含义，因为这两个名词本身恰好概括了这一事物的一些基本特征，这大概就是我们中国人常说的顾名思义吧。

二、从两个不同的名称看货币基数的本质和特征

我们先讨论货币基数这一名词。显然，这一名词指出了货币基数作为整个货币供给量中的最基本部分这一特征。我发现，使用这一名词的经济学家都自觉和不自觉地强调了货币基数的这一特征。那么，所谓最基本部分指的是什么呢？它指的是货币量中的货币当局的负债这一部分。我们知道，现代货币都是信用货币，因此本质上都是负债。这些负债基本上只有两种：一种是货币当局的负债，另一种是银行和其他存款机构的负债。前一种负债是后一种负债形成

① 安德森，乔顿. 货币基数——释义及其使用的分析（*The Monetary Base—Explanation and Analytical Use*）[J]. 圣·路易斯联邦储备银行评论，1968（8）；乔顿. 决定货币存量的要素（*Elements of Money Stock Determination*）[J]. 圣·路易斯联邦储备银行评论，1969（10）.

② 这里有一例外，即美国著名货币金融理论专家伯尔格（Albert E. Burger）曾在其成名著作《货币供给的过程》（*The Money Supply Process*，加利福尼亚州贝尔蒙特：华兹伍斯出版公司，1971年版）一书中使用过基础货币这一术语，但在他以后的一系列论著中，基本上都使用货币基数这一名词了。

③ 20世纪80年代以来，中国经济学论著中也经常出现货币基数的概念，但中国经济学者对这一概念所普遍使用的名词是"基础货币"，而不是"货币基数"，这与西方学者恰好相反。

的基础，是一种最基本的负债。所以，货币基数最本质的特征就是，它是货币当局的净货币负债。

何为货币当局？何为货币当局的净货币负债？简单地说，货币当局是指有权发行通货的国家机构。在美国，由于联邦储备系统（中央银行）和财政部都有权发行通货，因此美国的货币当局包括美联储和美国财政部。在我国，只有中国人民银行（中央银行）才能发行货币，所以我国的货币当局一般就是指人民银行。可见，货币当局与中央银行并不完全是同一个概念。货币基数是货币当局的负债，但货币当局的负债并不完全是货币基数，如美国财政部在美联储的存款及财政部所持美联储发行的通货也都是美联储的负债，但它们不能算作货币基数，因为它们只是货币当局的"内部债务"，而不是货币当局对社会的负债。外国银行在中央银行的存款也不是货币基数，因为无论是货币基数，还是货币当局的净货币负债，都是以一国为范围而言的。由此可知，货币基数是货币当局对社会公众的负债。这就是所谓净货币负债的基本含义。

从上述净货币负债的概念中，已不难看出组成货币量中的两种负债——货币当局的负债同存款机构的负债的根本区别：前者是政府对公众（银行和非银行公众）的负债，后者是社会公众相互间的负债。前者对公众来说是一种资产，而不是负债。这种资产对现代信用货币的运作有着极其重要的意义。

我们知道，货币首先是作为商品交换的媒介而产生和存在的，货币同时又往往被人们用作财富贮藏的手段。无论作为商品交换的媒介，还是作为财富贮藏的手段，货币都必须具有相对稳定的购买力。而要保持货币购买力的稳定，关键是要保持货币供给的相对稳定。如果货币供给没有约束，或者货币供给严重波动，那么货币的购买力就不可能稳定，这种货币就难以被人们所接受。就像美国货币金融理论专家巴尔巴克（Anatol B. Balbach）和伯尔格所说："对任何起着货币作用的资产来说，其使用者必须确信，它的供给要受到他们所信赖的某一机构的约束，要么受一组其他资产的约束，而这些资产在量上必定是相对固定的，或受市场力量或机构的力量的适当控制。货币基数就是这样一组约束货币存量增长的资产。"[①] 伯尔格还指出，"货币基数具有三个主要特征"，

---

① 巴尔巴克，伯尔格. 货币基数的由来（*Derivation of the Monetary Base*）[J]. 圣·路易斯联邦储备银行评论，1976（11）：3.

而其中的第一个特征就是，"它由这样一组资产所组成，这组资产约束着向公众供应的货币的数量"。①

在商品货币的条件下，约束货币供给的是市场力量，市场力量会保证这种特殊商品供给的相对稳定性。而在完全的信用货币条件下，由于信用货币本身没有价值，因此，只有借助于经济之外的力量的约束，才能保持货币供给的稳定。这种经济之外的力量，可以是政府的经济计划和行政命令，如我国近几十年来的情况；也可以是某种资产，这种资产的稳定性由政府来维持，这种资产就是货币基数。在现代货币和银行制度中，这一约束着社会货币供给的货币基数，就是存款机构和非银行公众所持有的货币当局的负债。

显然，存款机构的负债不是货币基数，因为它们不能约束货币量的增长。如果各存款机构将它们相互间的负债作为自身负债的保证，那么这种负债的增长就没有了约束，因为这些负债的使用者会频繁地把某一存款机构的负债存入另一存款机构中。这就像张三可以把李四的负债作为保证来发行自己的债务。李四又能以张三的负债为保证来发行他的债务，只要张三和李四能得到彼此的债务，他们两人的债务就会毫无约束地增长。要使张三和李四债务增长受到约束，他们的债务就必须以某种不为他们自己所支配的资产作为保证。同样道理，不能以某一存款机构的负债作为另一存款机构负债的保证。这种保证只能是货币当局的负债，这就是货币基数。②

我们绕了这么大一个圈子，无非是为了说明，货币基数最本质的特征已由这个名词形象地概括出来了：它是货币量中的最基本部分，即货币当局的负债，这种负债是货币量中的另一组成部分——存款机构的负债的基础和保证。说货币基数是货币当局的负债，实际上是指出了货币基数的来源。我在研究中发现，使用货币基数这个名词的经济学家，往往更注重货币基数的来源，而不

---

① 伯尔格. 测算货币基数的两种可供选择的方法（*Alternative Measures of the Monetary Base*）[J]. 圣·路易斯联邦储备银行评论，1979（6）：4.

② 这说明了一个很重要的问题，即某一存款机构不能将另一存款机构的支票直接作为自己的准备金，不然的话，准备金就起不到约束货币增长的作用了。换句话说，作为存款机构准备金的，只能是货币当局的负债。曾有人提出，我国目前存在着以专业银行负债（存款余额）作为准备金的现象，也有人不同意这种观点。关于这方面的争论，可参阅下列文献：胡海鸥. 我国准备金制度存在的问题[J]. 金融研究，1986（8）；邓富根. 论我国存款准备金制度的症结——兼评"现金准备"论[J]. 金融研究，1988（12）；胡海鸥. 论我国专业银行的存款派生机制[J]. 金融研究，1989（5）；林志强. 也谈超额货币究竟是怎么发出来的[J]. 金融研究，1991（10）；周晓寒. 金融经济论[M]. 北京：中国经济出版社，1988：第四章第四节.

是货币基数的使用。

现在让我们来看高能货币这个名词。也有人把高能货币翻译成强力货币。我觉得这两种翻译都很好，都译出了这个名词的主要含义。如上所述，弗里德曼和施瓦兹在他们的名著《1867—1960年的美国货币史》中使用了高能货币这个名词。此后不久，美国另一位著名经济学家菲里普·卡甘（P. Cagan）也在其代表作中使用了这个名词。① 无论是弗里德曼和施瓦兹，还是卡甘，他们在使用这个名词时，似乎都更注重高能货币的使用，而不是它的来源，都更注重高能货币在货币供给决定中的关键作用，注重高能货币的变化对货币供给量的巨大影响。弗里德曼和施瓦兹说："如果其他条件不变，高能货币总量的任何增长都将导致货币总量的同比率的增长。"② 卡甘说得更清楚："我们将这些资产称为高能货币，以表明它们能作为银行存款的倍数量（即倍数创造——引者注）的基础。"③ 正因为在部分准备金制度下，这些资产被存款机构作为准备金而持有后，能创造出多倍于自身量的存款货币来，所以它们被称为高能货币，或强力货币。这里，我们看到了货币基数或高能货币的又一个特征，即它们的运用能创造出多倍于其自身量的存款货币。

至此，我们实际上已经回答了前文提出的关于货币基数或高能货币这两个名词有何区别的问题。它们的细微区别在于各自强调了同一事物的不同方面：前者强调这一事物的来源，后者强调这一事物的作用。由于这一事物的来源反映了它的最本质的特征，因此大多数西方经济学家偏爱货币基数这一术语。我也觉得，用货币基数称呼这一事物似乎更贴切一些。

除了上述基本特征外，货币基数的再一个主要特征是，它能为货币当局所直接控制。货币基数作为货币当局的负债与一般负债不同。前者是货币当局强制性地提供给社会的，这种负债不论供给多少，社会都必须接受它。因此，货币当局不仅能任意减少，而且能任意增加这种负债。弗里德曼和施瓦兹说："在信用货币的制度下……高能货币量决定于政府的行为"，④ 即决定于货币当

① 卡甘.1875—1960年美国货币存量变化的决定及其影响（*Determinants and Effects of Changes in the Stock of Money*, 1875—1960）[M]. 纽约：哥伦比亚大学出版社，1965.

② 弗里德曼，施瓦兹.1867—1960年的美国货币史 [M]. 普林斯顿：普林斯顿大学出版社，1963：50.

③ 卡甘.1875—1960年美国货币存量变化的决定及其影响 [M]. 纽约：哥伦比亚大学出版社，1965：9.

④ 弗里德曼，施瓦兹.1867—1960年的美国货币史 [M]. 普林斯顿：普林斯顿大学出版社，1963：51.

局关于向社会发行多少高能货币的决策。美国著名货币金融理论专家安德森和乔顿也早在20世纪60年代就已提醒人们注意："货币基数是在联储的直接控制之下的。"① 货币基数的这一特征使得货币当局通过控制货币基数来间接调控货币成为可能。这正是使用货币基数这一概念的意义所在。

我们知道，现代信用货币的主体是存款货币。在美国，存款货币占了货币量的80%以上。货币的这一主要部分是货币当局所不能直接控制的。但如上所述，货币基数是存款货币的基础，后者受前者的制约。所以，货币当局对货币基数的控制是控制全部货币量的保证。可以说，货币基数能为货币当局所直接控制这一特征，是货币基数这一概念受到货币当局和经济学家青睐的主要原因之一。就像巴尔巴克和伯尔格所说："货币基数只有在这样的经济结构中，才会有实际的用途，即货币当局无法直接预测和控制货币量，但能测算并控制货币基数。""如果货币当局能直接创造或取消每一单位的货币，或者，如果各种经济力量或政策行为对货币基数与货币存量的影响力是完全一样的，那么，就没有理由使用货币基数这一概念。"②

由此不难理解，为什么我国长期以来不使用甚至不需要货币基数这一概念。原因就在于，我国的专业银行本质上是国家银行；我国货币供给依靠的是信贷计划和行政指令，而不是以准备金为基础的银行存款的创造；中国人民银行能直接控制全国的货币供给量。只要这种货币供给机制存在，货币基数的概念就是可有可无的。尽管我们现在已引入了这一概念，也实行了专业银行的存款准备金制度，但由于我国的货币供给和货币控制的机制并没有本质的变化，因此，货币基数这一概念的意义目前主要还只是理论上的、表面上的和个别时期的。当然，并不能根据货币基数概念的使用与否，来判断货币供给机制的优劣；是否使用这一概念只是反映了不同的货币供给机制的不同的需要。

综上所述，货币基数有如下四个主要特征：第一，它是货币当局的净货币负债；第二，它是商业银行及其他存款机构的负债产生的基础和货币供给的制约力量；第三，它的运用能创造出多倍于其自身量的存款货币；第四，它能为货币当局所直接控制。其中第一特征是货币基数的最本质的特征。据此，我们

---

① 安德森，乔顿. 货币基数——释义及其使用的分析 [J]. 圣·路易斯联邦储备银行评论，1968（8）：11. 据我所知，安德森和乔顿的这篇文章是对货币基数概念的第一次系统阐述，是关于货币基数的经典性文献，它所提出的一些理论、概念和分析方法至今仍被人们所引用。

② 巴尔巴克，伯尔格. 货币基数的由来 [J]. 圣·路易斯联邦储备银行评论，1976（11）：2.

甚至可以像有些西方经济学家那样，干脆给货币基数下个明确的定义："我们把基础货币（有时又称高能货币）定义为商业银行和非银行的公众所持有的政府（货币当局）的净货币负债"；①"货币基数由货币当局，或政府，即联邦储备系统和美国财政部的净货币负债所组成"②。

三、为什么通货是货币基数的组成部分

在部分存款准备金制度下，一定量的货币基数被存款机构作为准备金而持有，就能创造出数倍于该货币基数的存款货币来，货币基数由此而成为存款机构负债产生的基础。从这个意义上说，货币基数确实是一种"高能货币"或"强力货币"。因此，存款机构的存款准备金被视作货币基数的组成部分就是理所当然的。但为什么非银行公众所持有的通货也成了货币基数的一部分了呢？对此，有人提出疑问，国内甚至有人认为，公众所持通货不具有倍数创造能力，所以不能把它当作货币基数。

实际上，西方经济学家中早就有人看到并指出，公众所持通货并不能像存款机构的准备金那样，能作为现实存款货币创造的基础，如三位美国著名经济学家在一本影响很大的货币银行学教科书中就曾这样说道："基础货币比银行准备金更为有利，因为它考虑到社会公众的通货持有量，而银行准备金却忽略了这一因素。但是，在另一方面，基础货币又把通货持有额看得太重要了，它把社会公众持有的每1美元视同于银行掌握的每1美元，而忽视了1美元银行准备，不同于1美元通货，是会产生几美元货币的。"③ 然而，西方经济学家并没有因此把公众所持通货排斥在货币基数之外，这是为什么呢？西方经济学家中也几乎没有人正面回答过这一问题。我想，主要原因可能在以下几个方面。

第一，货币基数最本质的特征是社会公众（包括存款机构和非银行公众）所持有的货币当局的负债，而非银行公众所持通货作为货币当局的负债则是不

---

① 伯尔格. 美国货币供给的过程（*The Money Supply Process*）[M]. 加利福尼亚州贝尔蒙特：华兹伍斯出版公司，1971：8. 该书是迄今为止最全面、最深入地阐述货币供给过程的专著。类似的著作似乎还找不出第二本。当然，随着美国最近20年来，尤其是20世纪80年代以来的金融改革，该书中的有些内容已不符合美国当前的现实。但是伯尔格对货币供给过程的分析和基本框架仍然是合理的和有很大参考价值的。

② 小劳埃德·托马斯. 货币、银行与经济活动（Lloyd B. Thomas, JR, *Money, Banking, and Economic Activity*）. 新泽西，1982：170.

③ 托马斯·梅耶，詹姆斯·S. 杜森贝里，罗伯特·Z. 阿利伯. 货币、银行与经济 [M]. 上海：上海三联书店，1988：275 – 276.

言而喻的。大多数研究货币基数的西方经济学家都特别强调货币基数的这一本质特征，因此他们理所当然地把公众所持通货当作货币基数。甚至有些很强调高能货币在存款货币创造中的巨大作用的经济学家，如弗里德曼和施瓦兹以及卡甘等，也都根本没有怀疑公众所持通货应该作为高能货币的组成部分。

第二，西方经济学家研究货币基数的着眼点主要不在于货币基数的理论意义，而在于货币基数在货币政策实施过程中的实践意义。如果强调货币基数的理论意义，那么，公众所持通货似乎就可不包括在货币基数的范围内，因为，货币基数在理论上的最大意义莫过于它能数倍地创造存款货币。然而，从货币政策操作的实际需要看，研究货币基数最终无非是为了使货币当局能更有效地通过调控货币基数来调控货币供给量，可货币当局所能控制的只是其净货币负债的总额（即货币基数总额），而不是净货币负债为存款机构所持有（即准备金）和为非银行公众所持有（即通货）之间的比例，也就是说，货币当局并不能分别决定准备金总额和通货总额。因此，如果货币基数不包括通货，那么，货币基数就不是货币当局所能直接控制的，货币政策也就难以通过货币基数的变动来实施。这不仅有悖于货币基数的基本特征，而且也使货币基数这一概念失去了其存在的实际意义。

货币基数——货币乘数分析不同于其他货币供给理论的最大特点就在于它的实践性。这一分析的主要内容和基本特征，就是通过分析货币当局的负债（货币基数）与存款机构的负债（存款货币）的关系，来分析货币政策对货币供给量，从而对社会经济活动的影响。而这一分析的最基本条件，就是货币当局对货币基数的直接控制。我想，这大概是西方经济学者几乎无一例外地视公众所持通货为货币基数的组成部分的最根本的原因，不论以往有没有人指出过这一点。

第三，非银行公众所持通货占了货币基数总额的大部分，如1980年底，美国非银行公众所持通货占货币基数来源总额的73%，1987年末，这一比例为74.2%。如果货币基数不包括通货，则货币乘数将很大，也就是说，货币基数的微小变化将引起货币供给量的巨大变动。这无论是对于货币理论的分析，还是对于货币政策的实施，都是很不利的。

第四，非银行公众所持通货随时可能转化为存款，并进而成为存款机构的准备金，所以公众所持通货尽管不是存款货币创造的现实基础，却是一种潜在的基础。因此，通货作为货币基数仍然符合货币基数的这一基本特征，只是为此需要将这一特征表述得更为全面和准确，即表述为存款货币创造的现实的及潜在的基础。关于这一点，卡甘曾经讲过一段很有价值的话："美国政府（包括作为政府机构的联邦储备银行）控制那些资产的发行，这些资产被各银行用作它们的货币负债的准备金。这样的资产被称为高能货币，以表明它们能作为银行存款的倍数扩张的基础。显然，当高能货币为银行所持有时，它们就不是为公众所持有的那部分货币量。当这些资产不为银行所持有，而为公众所持有时，人们用同样的术语（指高能货币这一术语——引者注）来称呼它们，因为它们能在未来为银行所使用，而具有扩张货币存量的潜在的用途。因此，高能货币由银行准备金和公众所持通货所组成。"①

在上述四个原因中，重要的是前两个原因：它们分别是公众所持通货作为货币基数的理论基础和现实要求。根据以上理由，我认为，通货作为货币基数是理所当然的。②

有必要指出的是，关于货币基数的构成，在西方学者中几乎没有什么争论，是相当统一的。对此，我同意他们的观点。这并不意味着我们迷信西方经济学家，也不是所谓的"以讹传讹"，而是因为他们的看法是建立在他们对货币基数的本质和特征及其意义的深刻认识的基础上的。

---

① 菲里普·卡甘. 1875—1969年美国货币存量变化的决定及其影响［M］. 纽约：哥伦比亚大学出版社，1965：9.

② 中国学者对货币基数构成问题认识不统一，甚至有人在自己的同一本著作中先后使用两种大相径庭的定义，这至少反映了他在这一问题上认识的模糊〔香港大学的饶余庆先生在他的《现代货币银行学》（中国社会科学出版社1983年版）一书中称"基础货币又称强力货币，是商业银行存在于中央银行的储备R，及流通于银行体系外的现钞之总和"（第58页），又称"H＝基础货币（银行体系库存现金及存在于中央银行现金的总和）"（第118页），根据他的第一种定义，基础货币包括非银行公众所持通货，而根据第二种定义，基础货币不包括公众所持通货〕。

关于货币定义的几点意见[①]

据载，不久前颁布的《中国人民银行货币供应量统计和公布暂行办法》（以下简称《暂行办法》）对货币供应量的定义是，"货币供应量，即货币存量，是一国在某一时点流通手段和支付手段的总和，一般表现为金融机构的存款、流通中现金等负债，亦即除金融机构和财政之外，企业、居民、机关团体等经济主体的金融资产"（参见《金融研究》1995 年第 1 期，第 39 页）。我们认为，这一定义是不精确的，甚至是含糊不清的。因为货币供应量不仅仅是流通手段和支付手段，而只有狭义的货币供应量 M_0 和 M_1 才是现实的流通手段和支付手段；金融机构的存款，或企业、居民、机关团体的金融资产，并不都是流通手段和支付手段，而只有其中的一部分才是流通手段和支付手段；企业、居民、机关团体的金融资产，也不都表现为金融机构的存款和流通中的现金，而只有其中的一部分才表现为金融机构的存款和流通中的现金。货币的定义，或货币供应量的定义，是货币理论研究和货币政策实行的出发点，而上述货币供应量的定义则反映了我们在这一问题上的一些模糊认识，所以有必要对此问题再作一番讨论。

一

关于货币定义问题的争论由来已久，在西方国家已有 100 多年的历史，我国改革开放以来，也有不少这方面的理论论争。这些争论，围绕着两个相互关联的问题而展开，即货币定义的问题和货币构成的问题。所谓货币的定义，就是对货币的基本特性的精确表述，即说明"什么是货币"；所谓货币的构成，则是依据货币的定义而确定的货币所包括的内容，即说明"货币是什么"。货币的定义反映了人们对货币本质的认识，而货币的构成则是在这一认识的基础

---

① 本文作者盛松成，发表于《金融研究》，1996 年第 6 期。

上，对货币范围的确定。前者是后者的前提和基础，后者则是前者的运用和表现。

在现代众多的关于货币定义的理论中，可以概括出两种主要的货币本质观：一种观点认为货币是商品交换的媒介；另一种观点则认为货币是价值贮藏的手段。在交换媒介论者看来，只有那些作为商品交换媒介的替代物才是货币，因为交换媒介是货币最基本的功能，也是唯一为货币所具有的功能。根据这一定义，现代货币就应该包括通货、商业银行的活期存款等可开列支票的存款和旅行支票，即通常所谓的 M_1。M_1 是现代最狭义而又为人们所广泛接受的货币定义。

在西方国家，曾经使用过 M_0 的概念。M_0 是 M_1 中的一部分，即现金。但西方国家（除英国外）现在已基本不使用 M_0 这一概念了，因为在他们看来，作为商品交换的媒介，M_0 与 M_1 中的其他部分已没有多大的区别，统计 M_0 也没有多少实际意义。而我国仍广泛使用 M_0 的概念，因为在我国现实条件下，调控 M_0 对经济和人民生活有着重大的影响，其根本原因在于，形成我国消费品需求的主要是 M_0，消费品的价格自然与 M_0 的数量及变化密切相关，控制 M_0 对于控制消费品价格、调节消费品的供求，具有重要意义。由于我国社会主义制度的性质，国家尤其重视对消费品价格的控制。M_0 的变化也反映了我国居民的收入和生活水平的变化。因为现金收入迄今仍是我国居民收入的主要形式。所以，M_0 不仅现在，而且在今后相当长的时期里，都将是我国货币供应量的一个重要概念和控制对象。而在西方国家，目前人们在购买消费品时，使用支票已相当普遍，所以已无必要区分 M_0 与 M_1 了。

20 世纪 70 年代后，各主要资本主义国家都出现了所谓金融创新的活动。这一活动极大地丰富了货币的内容，尤其是扩大了 M_1 的范围。金融创新所出现的 ATS 账户（自动转账账户）和 NOW 账户（可转让提款通知书）等金融工具成了新的交换媒介，从而无可争议地被包括在 M_1 的范围内。1980 年以来，美国曾多次重新定义各种货币总量，使各种定义的货币的范围都扩大了许多，但 M_1 仍是最狭义、最基本的货币定义，它仍包括了各种形式的商品交换的媒介。

根据 M_1 是现实的流通手段和支付手段这一原则，我国目前公布的 M_1 包括 M_0 和单位活期存款及个人持有的信用卡存款。为什么我国个人活期存款不包括在 M_1 范围内呢？因为我国个人活期存款基本上还不是支票账户，一般不能借以实行支付和转账，人们保持活期存款，也不是将其作为一种支付手段，而是作为一种能随时变现的金融资产；虽然在我国部分地区已试行个人支票账户，但这种账户还很不普及，由于经济和社会方面的原因，推广这种账户的难度还很大。看来，要在我国普遍实行个人支票账户，还需要一个相当长的时期。

20世纪60年代以前，交换媒介的货币本质观为绝大多数经济学家所接受。马克思曾经将货币定义为"价值尺度和流通手段的统一"，并且认为价值尺度和流通手段是货币的最基本的职能。根据这一观点，货币就是执行价值尺度、流通手段以及由此而发展的支付手段职能的金融资产。从马克思的这一定义和《资本论》的整个理论体系看，马克思是持有交换媒介的货币本质观的，因为价值尺度的职能最终是服务于流通手段和支付手段的职能的。正是在充当商品交换的媒介的过程中，货币才发挥着价值尺度的职能；正是为了充当商品交换的媒介，货币才需要价值尺度的职能。交换媒介的货币本质观迄今仍为大多数经济学者所持有，包括笔者在内。

20世纪60年代后，一些经济学家，如美国货币学派主要代表人物米尔顿·弗里德曼，开始倡导和接受价值贮藏的货币本质观。在价值贮藏论者看来，货币最本质的特征和最基本的功能不是商品交换的媒介，而是价值贮藏的手段，即作为一般购买力的储存物。[①] 很显然，起着交换媒介作用的物品也能充当价值贮藏的手段，但充当价值贮藏手段的物品却不一定都能发挥交换媒介的作用，如商业银行的定期存款和储蓄存款是短期价值贮藏的良好手段，但它们并不能像活期存款那样，直接地用于支付。由此可知，根据价值贮藏的货币定义来确定的货币范围，一定比根据交换媒介的货币定义所确定的货币的范围广得多。例如，在理论研究与政策实践中，几乎与 M_1 同样广泛地被使用着的 M_2，就是在 M_1 的基础上再加定期存款和储蓄存款等项目而形成的。此外，还有在 M_2 的基础上加上大额可转让定期存单等项目而形成的 M_3，以及 M_4、M_5…。我国目前公布的 M_2 包括上述 M_1、居民储蓄和单位定期存款及其他种类的存款，M_3 则包括 M_2、金融债券和商业票据及大额可转让定期存单等。M_3 是我国目前最广的货币定义。我国目前定期公布 M_0、M_1 及 M_2 的供应量，而

---

① 笔者不赞成价值贮藏的货币本质观，主要理由在于：充当商品交换的媒介，是货币的本质属性和最基本的职能，也是货币区别于其他事物的鲜明的标志，而作为价值贮藏的手段，不仅为货币所具有，而且为其他许多物品所具有。

暂不测算 M_3。

由上可见，《暂行办法》将货币供应量定义为"流通手段和支付手段的总和"是很不全面的。而《暂行办法》在如此定义货币的同时，又将金融机构的存款等金融资产等同于流通手段和支付手段，则显然混淆了狭义货币与广义货币的区别，混淆了货币的流通手段和价值贮藏手段的区别，也反映了在这一问题上的一些模糊认识。笔者认为，我国货币定义的正确表述应该是：狭义的货币供应量是在某一时点，国内流通手段和支付手段的总和，它一般表现为流通中现金和单位活期存款及其他可开列支票的存款，而广义的货币供应量则是这样一些金融资产，即在狭义货币供应量的基础上，再加居民储蓄存款和单位定期存款及其他一些金融资产。

二

我们发现，从 M_0 到 M_3，货币的内容逐渐增多，货币的范围逐渐扩大，而其流动性则逐渐减弱。显然，M_3 的范围比 M_2 的范围来得广，而 M_2 的范围又比 M_1 的范围广得多，然而，M_1 的流动性却比 M_2 的流动性强，M_2 的流动性又比 M_3 的流动性强。所以流动性的原则是划分货币层次的一个基本原则。而所谓流动性实际上就是变为现款的能力，即变为现实的流通手段和支付手段的能力。产生于 20 世纪 50 年代末的英国著名的《拉德克利夫报告》（*The Radcliffe Report*），曾对西方货币理论的发展和货币政策的制定产生了持久的影响。该报告以流动性来定义货币，提出了所谓流动性的货币定义，即范围极其广泛的货币定义，它不仅包括传统意义上的货币供应量，而且包括银行和非银行的金融机构所创造的所有短期流动资产。因为在该报告作者看来，对经济真正有影响的不仅是狭义的货币供应量，而且还包括这一货币供应量在内的整个社会的流动性，因此，货币当局所应该控制的也不仅仅是这一货币供应量，而是整个流动性。

由上可见，从 M_0 到 M_3，甚至更广义的货币定义的产生，归根结底，是货币政策实行的需要。现在，世界各国都已同时采用 M_1、M_2、M_3 等多种指标来测算货币供应量，以尽可能全面地反映货币供应量的变化及其对经济的影响。流动性越强的资产，对经济的影响越直接、越迅速。一般说来，M_1 对经济的影响比 M_2 的影响更直接、更迅速，而 M_2 的影响又超过 M_3 的影响。因为 M_1 是现实的购买力，它的变化将直接引起市场供求和物价的变化，而 M_2 和 M_3

只有当它们转变成 M_1 后，才会产生这种影响。所以货币当局总是非常注重对狭义货币供应量的调控。而之所以有必要统计广义的货币供应量，确定广义货币供应量的指标，首先是因为广义的货币是很容易被转换为狭义的货币的，货币当局如果不同时控制广义的货币供应量，就很难控制狭义的货币供应量。这就是划分不同层次的货币供应量的根本原因。同时不同层次的货币量，其活动和影响的经济范围也不同，它们的变化往往反映了不同的商品市场供求关系的变化，如 M_0 的变化主要影响并反映了我国基本消费品供求的变化，而 M_1 和 M_2 的变化还反映了投资的变化。可见，货币供应量层次的划分，对于市场经济条件下宏观金融的间接调控是十分重要的，这也是我国改革开放后，逐渐引入并运用货币供应量不同层次的概念的基本原因。由于货币供应量层次划分的巨大实用价值，所以，尽管如前所述，迄今大多数经济学家仍持交换媒介的货币本质观，但极少有人反对从狭义的货币量到广义货币量的层次划分。

如何定义货币，不仅影响货币政策的执行，而且影响货币理论的研究，因为在做任何一项科学研究前，总得先给研究对象下个明确的定义，或规定研究的范围。对于同一项研究，采用不同的货币定义，往往会得出不同的结论。例如，关于货币需求对利率的弹性问题，选用不同的货币定义，就会得出不同的结论。一般说来，所使用的货币的定义越广，货币需求对利率的弹性就越小，反之则反是。米尔顿·弗里德曼之所以能得出利率变化对货币需求并没有很大影响的结论（这一结论对于弗里德曼的理论体系是很重要的），同他选择广义的货币不无关系。在研究我国的通货膨胀、货币供求以及利率等经济现象时，同样会遇到选择哪一种货币定义的问题。事实上，我们在这方面的理论争论，往往直接地或间接地同货币定义有关。

还需要指出的是，不管人们如何划分货币层次，不管货币的内容被定义得如何广泛、丰富和复杂，其理论依据也都是两种最基本的货币本质观——交换媒介的货币本质观和价值贮藏的货币本质观。可以说，上述流动性的货币定义的理论基础仍然是货币的价值贮藏说。显然，从传统的狭义的货币定义转变为相对广义的货币定义，不可能是在强调货币的交换媒介的功能，因为除狭义的货币外，其他流动性资产一般不能作为商品交换的媒介。这些流动性资产的出现，倒是为人们贮藏价值提供了良好的手段。第二次世界大战后，金融资产不断丰富，货币的内容因而也越来越广泛，从而导致了价值贮藏的货币本质观的兴起，并为一部分经济学家所接受。

综上所述，准确定义货币和确定货币范围，对于货币政策的实行和货币理论的研究都是十分重要的，所以应该认真对待之，尤其在起草《暂行办法》这样严肃的法规时，定义货币，应该是明确的和准确的，而不应该是含糊不清的，甚至是自相矛盾的。

虚拟货币本质上不是货币
——以比特币为例①

近年来，诞生于互联网世界的虚拟货币引起了越来越多的关注。虚拟货币以计算机技术和通信技术为手段，以数字化的形式存储在网络或有关电子设备中，并通过网络系统传输实现流通和支付功能。它没有实物形态，不由货币当局发行，使用范围有限。虚拟货币最初只能在互联网上购买虚拟商品，如网络游戏中的装备、服装等。但目前虚拟货币的种类越来越丰富，如Q币、百度币、盛大点券等，使用范围也超出了虚拟商品的范畴，可以用来购买一些实物，甚至出现了很多专门提供虚拟货币与法定货币双向兑换的网站，似乎虚拟货币已逐渐成为可以流通的交换单位。其中，2009年出现的比特币（Bitcoin）发展最为迅速，影响也最为广泛，其使用范围已从互联网渗透到现实世界。

比特币具有无实物形态、数字化存储与支付等虚拟货币特征，同时也具有传统虚拟货币不具备的特点：没有集中发行方、数量有限、完全匿名、交易不可追踪等。2013年我国的"比特币中国"（BTC China）网站成为全球第一大比特币交易平台。比特币的迅速发展引发了人们对虚拟货币是否是真正意义上的货币的思考。有人认为比特币的出现是对现行货币体系的巨大挑战，甚至有人称其是"未来的黄金"。2013年12月5日，中国人民银行等五部委联合发布了《关于防范比特币风险的通知》，指出比特币是一种特定的虚拟商品，不是真正意义上的货币。此后比特币在中国市场的价格迅速下跌，三周时间跌去约60%，在国际市场上也应声大跌。事实上，从货币本质特征及其发展历史来看，以比特币为代表的虚拟货币本质上不是货币，也难以成为货币。

一、货币最基本的职能是商品交换媒介

在众多货币定义理论中，对货币职能的概括主要有两种。一种认为货币是

---

① 本文作者盛松成、张璇，发表于《中国金融》，2014年第1期。

商品交换的媒介，这种观点为绝大多数经济学家所接受。马克思将货币定义为"价值尺度和流通手段的统一"。他还说，"在商品世界起一般等价物的作用就成了它（货币）特有的社会职能，从而成了它的社会独占权"。① 根据马克思的货币定义理论，货币就是固定地充当一般等价物的特殊商品，是执行价值尺度、流通手段以及由此发展的支付手段职能的金融资产。另一种观点认为货币是价值或财富贮藏的手段，其代表人物是美国货币学派经济学的主要创始人米尔顿·弗里德曼。他将货币定义为"能使购买行为从售卖行为中分离出来的购买力的暂栖所"。②

充当商品交换的媒介，是货币的本质属性和最基本的职能，也是货币区别于其他事物的鲜明标志，在信用货币条件下尤其如此。货币价值尺度的职能最终是服务于其流通手段和支付手段职能的。正是在充当商品交换媒介的过程中，货币才发挥着价值尺度的职能；正是为了充当商品交换的媒介，货币才需要发挥价值尺度的职能。虽然货币可作为价值贮藏的手段，但不能反过来说，价值贮藏的手段就是货币，因为除货币外，还有许多东西也能被人们作为价值贮藏的手段。纽纶和布特尔在其所著《货币理论》中指出，"在很大程度上，因为货币被作为交换媒介，所以它才必然地起价值贮藏的作用"。也就是说，货币的本质是商品交换的媒介，而货币的价值贮藏功能只是其交换媒介功能的自然派生物。

二、货币是一定阶段经济社会发展特点的集中体现

货币是经济社会发展到一定阶段的产物，并随着经济发展和社会组织形态的演变而发展。金属货币时代，金银因具有质地均匀、体积小、价值大、便于分割、易于携带等自然属性而逐渐固定地充当了一般等价物，成为各国普遍接受的货币。金银本身具有内在价值，同时又具有货币属性。然而，黄金储量和产量的有限性与商品生产的无限性之间存在矛盾。随着社会商品价值总量的不断增长，黄金储备无法满足货币发行的需要，这是金本位制崩溃的根本原因。

布雷顿森林体系崩溃后，美元与黄金脱钩，货币就完全脱离了金属价值，成为一种观念上的计量单位。货币价值由内在价值决定的金属货币体系发展为

---

① 马克思. 资本论：第一卷［M］. 北京：人民出版社，2004.
② 弗里德曼，施瓦兹.1867—1960 年的美国货币史［M］. 普林斯顿：普林斯顿大学出版社，1963.

货币价值由国家信用支撑的现代信用货币体系。国家根据全社会商品生产和交易的需要发行本位货币，并以法律保证本位币的流通。纸币是各国本位币的实现形式。因此，现代信用货币是与国家以及现代经济社会组织形态紧密相连的概念。本位币由一国货币当局发行，具有法偿性和强制性，同时也是国家调节经济的重要手段。随着技术的进步，单一介质纸币可能发展为电子货币等多样介质，但货币本质是不变的，即由国家信用支撑的流通手段。本位币是一国范围内被普遍接受的商品交换媒介，也是社会财富的总代表。

需要强调指出的是，虚拟货币不同于电子货币。电子货币是本位币的实现形式，就像纸币一样。而虚拟货币是以独特的"货币"形态、独立于本位币和替代本位币的面貌出现的。

三、比特币不是真正意义上的货币

（一）缺乏国家信用支撑，难以作为本位币履行商品交换媒介职能

首先，比特币不具备作为货币的价值基础。比特币是利用复杂算法产生的一串代码。它不同于黄金，本身不具有自然属性的价值，这是所有虚拟货币最大的特点，即"虚拟性"。比特币能否具有价值，能否成为交换媒介，完全取决于人们的信任度。现代信用货币（纸币）代表的是国家信用，实际上代表全社会商品生产和交易。即使出现通货膨胀，只要不是不可控制的恶性通胀，最多是该国货币的信用受到侵蚀，但仍具备基本的信用保证。只要国家机器正常运转，国家法律的强制力就能赋予公众对本位货币的信任。而比特币不仅自身没有价值，也没有国家信用支撑，没有全社会商品生产和交易作为保证，因而不具有货币的价值基础。如果一国宣布比特币非合法货币，比特币在该国范围内就无法流通，也无法承担交换媒介职能，甚至可能一文不值，连价值贮藏功能都难以发挥。人民银行等五部委发布《关于防范比特币风险的通知》后，比特币价格大跌，许多商家相继宣布不接受比特币支付，就是有力的证明。

其次，比特币没有法偿性和强制性，流通范围有限且不稳定。无论是比特币还是其他虚拟货币，都可能在一定范围内换取商品或完成支付，但能换取商品的并非都是货币，如我国历史上的粮票、布票等都曾经在较长时期、在很大范围内公开或半公开地能换取日用品，但从来没有人把粮票、布票定义为货币。货币成为商品交换媒介的基本条件是其普遍接受性。由于缺乏国家强制力的支撑，是否接受比特币支付完全取决于人们的意愿。一开始，比特币主要在

互联网上使用，可用来购买网游中的各种装备或电子商务网站的商品，后来一些实体商家开始接受比特币支付。然而，随着比特币价格的急剧波动，今天还对比特币大加追捧的商家很可能一夜之间就宣布不接受比特币了。可见，由于没有国家强制力支撑，比特币的流通范围是有限的也是不稳定的，难以真正发挥流通支付手段的作用。

最后，比特币具有很强的可替代性，很难固定地充当一般等价物。金属货币时代，金银作为货币的独特性是由其自然属性决定的，经过了数千年时间的检验，"货币天然是金银"；信用货币时代，一国本位币的独特性是国家法定的。从技术上来说，所有虚拟货币的产生方式、交易模式、储存方式等都不具备独特性，比特币也是如此。任何有自己的开采算法、遵循 P2P 协议、限量、无中心管制的数字"货币"都有可能取代比特币，例如逐渐为人们所熟知的莱特币（Litecoin）。可见，比特币既没有独特的自然属性，也没有法律赋予的排他性、独特性，因此很容易被替代，难以固定地充当一般等价物而成为商品交换的媒介。

（二）数量规模设定了上限，难以适应现代经济发展需要

比特币的产生过程完全基于技术而非经济学原理，其上限数量和达到上限的时间已被技术上固定，即在 2140 年达到 2100 万数量上限。数量的有限性是很多人认为比特币优于其他虚拟货币，甚至可以媲美黄金的重要原因。但正是由于数量有限，比特币难以成为与现代经济发展需要相适应的交换媒介。

首先，比特币有限的数量与不断扩大的社会生产和商品流通之间存在矛盾，若成为本位币，必然导致通货紧缩，抑制经济发展。货币供给应当与经济发展相适应。信用货币体系下，货币当局发行主权信用货币，并通过货币政策予以调节，使货币供应量符合社会商品生产和交易的需要，从而促进经济增长。而比特币的总量和供给速度由算法决定，与市场需求和经济发展无关。如果比特币成为一国本位币，它虽然从理论上消除了现行信用货币体系中货币供给可能过多的问题，避免了通货膨胀，但相对匮乏的总量必然无法适应不断扩大的社会生产和商品流通需求，从而导致通货紧缩，给经济发展带来更大危害。这也是金本位制崩溃的根本原因。

其次，数量的有限性使比特币作为流通手段和支付手段的功能大打折扣，更容易成为投机对象而不是交换媒介。正因为限定了数量上限，人们意识到囤积起来的比特币可能升值，持有比特币的人更愿意把它收藏起来而不是用于购

买其他商品，结果必然导致比特币最终退出流通、失去货币的交换媒介功能而成为投机对象。现在虽然一些商家愿意接受比特币，但实际将比特币用于支付和购买商品的人很少。例如，上海某楼盘预售时打出接受比特币支付的旗号，却没有任何买家愿意用比特币支付房款。商家也并非认可比特币的交换媒介功能，而是想换回比特币等待升值，或利用比特币来做广告。比特币更多的是被投资者用来交易，以赚取买卖差价。这直接背离了货币作为商品交换媒介的本质。

（三）缺少中央调节机制，与现代信用货币体系不相适应

没有集中发行和调节机构即所谓的"去中心化"是比特币的又一个特征，也被认为是比特币优于其他虚拟货币的一个重要原因。然而以货币当局为核心的中央调节机制正是现代信用货币体系正常运行的基本保证。

首先，比特币没有集中发行方，容易被过度炒作，导致价格波动过大。价值相对稳定是一种货币充当价值尺度和流通手段的前提条件。现代信用货币受国家货币当局的调控，自身价值不会剧烈波动，因而不可能被恶性炒作。而比特币则缺少本位币的这种中央调节机制，币值波动难以熨平；币值的剧烈波动又提供了巨大套利空间，进一步推动过度炒作，形成恶性循环。历史上没有任何一种货币价值的波动像比特币那样剧烈。三年内，比特币增值近5000倍。2013年我国市场上一枚比特币价格最高时超过7000元，随后又暴跌到2000多元。比特币价格的剧烈波动使它无法成为计价货币和流通手段。大多数接受比特币支付的商品，其标价货币实际上仍然是国家的本位币（美元、人民币等），比特币需要换算成本位币才能支付。如果以比特币计价，难以想象一件商品今天还是100比特币，明天就变成200比特币了。

其次，比特币不受货币当局控制，难以发挥经济调节手段的作用。货币供应量的变化对经济的影响十分广泛，与物价、收入、就业、经济增长等宏观经济指标密切相关。正如凯恩斯所说，"货币经济之特征，乃是在此经济体系之中，人们对于未来看法之改变，不仅可以影响就业之方向，还可以改变就业之数量"（凯恩斯，《就业、利息和货币通论》）。可见，现代货币是国家调节经济的重要手段。比特币突出特点之一就是没有中央调节机制，它的发行、流通和管理不属于任何一个国家、组织或个人，任何人都没有权利改变比特币的供给量，甚至也没有中间机构记录比特币的交易信息。因此，货币当局不可能通过改变比特币的供应来调节宏观经济。

综上所述，货币与经济运行和经济发展密不可分，不是纯粹的技术产物。现代信用货币体系是经济社会发展到一定阶段的必然产物。只要现代经济社会组织形态不发生根本性变化，以国家信用为基础的货币体系就将存在，比特币以及其他虚拟货币就成不了一国的本位币，从而也成不了真正意义上的货币，不过是技术至上主义和绝对自由主义者的乌托邦而已。

虚拟货币打上了现代科技的烙印，的确在一定程度上反映了互联网时代对货币支付功能的要求，包括便利、快捷、低成本等。但人们只是看到虚拟货币与本位货币个别表象上的类似，而误以为前者是后者的扬弃，甚至断言前者将取代后者。事实上，便利、快捷、低成本不是虚拟货币的特权。信用卡、网银等实际货币的电子载体都能满足这些要求，并且这些电子化的本位货币得到银行体系支持，更加便利和安全。科技发展能推动人类社会的进步，甚至在一定条件下改变人类社会形态，但任何技术都无法取代人类社会的本质属性，就像计算机无法取代人类的思维一样。最近几十年是计算机技术大发展的年代，但也是人类思想家涌现的时代。最近几十年是数理技术在经济学中得到广泛应用的年代，但为什么人们还在哀叹当代经济理论贫乏，也缺少对实践的指导意义？

当然，比特币的出现某种意义上反映了人们对信用货币条件下通货膨胀的忧虑。各国央行应该加强流动性管理，合理调控货币供应，保持物价基本稳定，促进经济社会平稳发展。

货币非国家化理念与比特币的乌托邦①

今年初，拙文《虚拟货币本质上不是货币——以比特币为例》② 从货币的本质属性出发，揭示了比特币与货币的区别，指出比特币本质上不是货币。本文从现代货币发行基础、货币政策与现代国家的关系等角度进一步论证比特币难以成为真正意义上的货币。实际上，比特币所体现的货币非国家化理念早在20世纪70年代就由英国著名经济学家哈耶克所提出，但实践已经证明，这一理念也只是一种经济乌托邦思想而已。

一、国家信用是现代货币发行的基础

从货币发展演变的历史可以看出，国家信用是国家垄断货币发行权的基础。金属铸币流通时期，政府使用金、银、铜等金属铸造货币，以政府信用确保这些铸币具有准确的重量和十足的成色，避免了不同机构发行的、不同标准的铸币流通给经济活动带来的不便。在金属铸币流通后期，铸币的成色有所降低，乃至出现纸币，又经历金本位制的崩溃而使纸币的价值逐步脱离黄金，直至目前的信用货币时代。信用货币的价值不决定于任何商品的价值，而主要取决于通货发行方的信用。本位币以国家信用为支撑，具有法偿性和强制性，这是本位币履行货币职能的价值基础。

历史上，有些国家政府曾滥用货币发行权，尤其是在两次世界大战期间，一些国家央行直接为财政赤字融资，引发了长期的恶性通胀，国家信用遭受极大损害，理论界掀起了关于央行独立性的讨论。20世纪70年代，经历经济"滞胀"的西方国家再次提出央行独立性的问题。此后，西方国家纷纷以立法形式赋予央行在制定和执行货币政策方面的独立性，以保证央行履行物价稳定的职责。尽管理论界对央行独立性与通货膨胀之间的关系仍有争议，但不可辩

---

① 本文作者盛松成、翟春，发表于《中国金融》，2014 年第 7 期。
② 盛松成、张璇，《中国金融》，2014 年第 1 期。

驳的是，随着央行独立性的增强，20 世纪 80 年代后美国、德国等发达国家的通胀水平得到了较好控制，这些国家基本杜绝了恶性通胀。各国央行独立性的普遍提高增强了现代货币的信用基础。国家信用仍是现代货币发行的基础。

二、货币政策是国家调节经济的主要手段之一，是国家机器的重要组成部分

货币政策是央行通过对货币供应、银行信贷及市场利率等实施调节和控制来间接影响总需求，以使总需求与总供给趋于均衡的一系列措施。货币供应量的变化对经济的影响十分广泛，与物价、收入、就业、经济增长等宏观经济指标密切相关。正如凯恩斯所说，"货币经济之特征，乃是在此经济体系之中，人们对于未来看法之改变，不仅可以影响就业之方向，还可以改变就业之数量"[①]。可见，现代货币是国家调节经济的重要手段。

相对于同为总量调节手段的财政政策，货币政策的微调功能更加明显。税收、国债及预算收支等财政政策手段在一定时期内一经确定就有相当的刚性，不能轻易变动，而货币政策则相对灵活。经济运行和金融运行常会出现意料不到的变化，而货币当局的基本职责之一就是适时作出恰当的货币政策决策，以应对形势变化。

当代各国中央银行无不充分运用货币政策来调控经济运行。西方主要国家近几十年来的宏观调控实践印证了"货币政策至关重要"，人们对货币政策重要性的认识也不断深入。第二次世界大战后，西方国家纷纷采纳凯恩斯主义的政策建议，运用财政政策刺激有效需求。在战后生产能力大量闲置的情况下，这一政策运用帮助西方国家走出萧条，并保持了 20 余年的经济繁荣。20 世纪 70 年代后，由于石油输出国组织的垄断提价及西方各国经济体系内部矛盾的积累，各国普遍出现了高通货膨胀和经济增长相对停滞的并发症。在这种情况下，一些国家政府相继采纳货币学派的政策主张，开始重视货币政策，把货币政策作为宏观经济调控的主要工具。货币政策为保持物价稳定和促进经济增长发挥了积极作用。为应对最近一次国际金融危机，美国实行量化宽松的货币政策，取得了明显成效。这是货币政策有效性的经典事例，也是运用货币政策调节经济、化解危机的最新实践。

---

① 凯恩斯. 就业、利息和货币通论［M］. 英文版. 世界图书出版公司，2010.

可以说，货币政策是国家调节经济的最重要手段之一。货币政策与税务、警察、法院等国家机器一样，是现代国家运行的基础，是国家机器的重要组成部分。只要国家这一社会组织形态不发生根本性变化，以国家信用为基础的货币体系就将始终存在。

三、比特币不是真正意义上的货币

第一，现代货币发行以国家信用为基础，而比特币缺乏国家信用支撑，难以作为本位币履行商品交换媒介的职能。一是比特币自身没有价值，也没有国家信用支撑，不具备货币的价值基础，因而不能充当商品交换媒介。而充当商品交换媒介，是货币的本质属性和最基本的职能。二是由于没有法偿性和强制性，比特币的流通范围有限也不稳定，难以真正发挥流通支付手段的作用。三是比特币具有很强的可替代性，很难固定地充当一般等价物。任何有自己的开采算法、遵循 P2P 协议、限量、无中心管制的数字"货币"都有可能取代比特币。既没有独特的自然属性，也没有法律赋予的排他性、独特性，比特币很容易被替代，难以固定地充当一般等价物而成为商品交换的媒介。

第二，数量规模设定了上限，难以适应现代经济发展的需要。比特币的产生过程完全基于技术而非经济学原理，其上限数量和达到上限的时间已被技术上固定，即在 2140 年达到 2100 万数量上限。数量的有限性是很多人认为比特币优于其他虚拟货币，甚至可以媲美黄金的重要原因。但正是由于数量有限，比特币难以成为与现代经济发展需要相适应的交换媒介。

若比特币成为本位币，有限的货币数量与不断扩大的社会生产和商品流通之间的矛盾将日益扩大，会引发通货紧缩，抑制经济发展。数量的有限性也限制了比特币发挥流通手段和支付手段功能，使其更容易成为投机对象而不是交换媒介。

第三，缺少中央调节机制，与现代信用货币体系不相适应。没有集中发行和调节机构即所谓的"去中心化"是比特币的又一个特征，也被认为是比特币优于其他虚拟货币的一个重要原因。然而，以货币当局为核心的中央调节机制正是现代信用货币体系正常运行的基本保证。比特币没有集中发行方，容易被过度炒作，引起价格大幅波动，而且货币当局也不可能通过改变比特币的供应来调节宏观经济，因此比特币无法满足现代信用货币体系的基本要求。

四、哈耶克的货币非国家化理念并不可行

比特币的去中心化等特征在某种程度上体现了货币非国家化的思想。货币非国家化观点最早由英国经济学家哈耶克在 20 世纪 70 年代所提出。

20 世纪 50 年代到 70 年代，金本位制及发达国家固定汇率制度相继被废除，央行在货币发行方面获得更多主动，但由于央行并不独立，货币发行易受政府干预，一些国家央行直接为财政赤字融资，西方各国普遍爆发严重通货膨胀。为控制通胀，理论界展开了广泛的讨论，提出了多种思想主张：一是以弗里德曼为代表的货币学派经济学家强调控制货币数量。受此观点影响，各国推行了一系列改革，包括加强央行独立性、引入货币政策规则、建立通货膨胀目标制等。二是哈耶克提出了货币非国家化的理念，其核心论点是只有废除各国政府对货币创造的垄断才能实现价格水平稳定。哈耶克的主要政策建议是，允许若干私人发钞行各自发行不同通货并展开竞争。各发钞行以选定的一篮子商品的价格稳定为目标调控各自通货的供应量。篮子商品的价格与通货的价值成反比，各通货之间的兑换比率随币值变化随时变化。哈耶克认为，在允许公众自由选择的条件下，公众会选择持有或使用币值稳定的通货，而抛弃币值不稳定的通货。因而对发钞业务的竞争促使各发钞行不断调整自己的通货供应量，以使该通货币值稳定，由此实现物价水平的稳定。

然而，哈耶克所设想的非国家货币体系存在诸多缺陷，不具备可操作性，他的货币非国家化理念也难以成为现实。哈耶克本人也承认，"这种方案也留下很多有待解决的难题，而我并没有现成的答案"（哈耶克，《货币的非国家化》）。

（一）私人货币缺乏稳固的信用基础

一是非主权信用难以超越国家信用，以私人发钞行信用为基础的私人货币难以取代以国家信用为基础的国家货币。信用货币时代，通货的价值以货币发行者的信用为基础。国家主权信用一般高于国内任一机构的信用，国际三大评级机构也遵循企业评级通常低于所在国主权信用评级的原则。历史上，金融机构破产倒闭的概率远大于一国中央政府破产的概率。20 世纪 90 年代巴林银行的破产，2008 年国际金融危机中 AIG、贝尔斯登、雷曼兄弟等大型金融机构的破产倒闭表明，大型金融机构也并不是"大而不能倒"。所以，以私人发钞行信用为基础的私人货币，难以取代以国家信用为基础、具有法偿性和强制性的

国家货币。

二是由于信息不对称，私人发钞行的信用缺乏有效约束。哈耶克认为，人们会通过理性思考从若干彼此竞争的私人发钞行的通货中挑选币值稳定的货币，市场的优胜劣汰机制会自发约束发钞行的货币发行业务。然而，信息经济学的发展早已打破了自由市场在完全信息情况下的假设。信息不对称现象在市场经济活动中普遍存在，在现代金融领域表现更为普遍和突出。面对大量错综复杂的金融信息，公众很难甄别更好的发钞行，市场优胜劣汰机制难以发挥作用，发钞行的信用也缺乏有效约束。在信息不对称的情况下，为扩大自己的市场，受利润激励的发钞行可能会有意识地多投放货币而不易被公众察觉。由于缺乏有效约束，私人货币的信用基础并不稳固，因而私人货币体系不仅不能消除通胀隐患，而且私人货币不具备法偿性，公众的持币权益也得不到保障。

（二）同一经济体系中，不可能存在价值标准和兑换比例不相统一的多种货币同时流通的货币体系

一是货币价值标准不统一。哈耶克建议以一篮子商品价格作为货币价值标准。然而在现实生活中，人们乐意或偏好选择的篮子商品不尽相同，同一商品对不同人群的重要性也不一样，因此不同人群会以不同的标准衡量同一通货的价值，于是人们货币选择的结果也会不同。货币价值标准的不统一及由此带来的货币兑换比例的不统一，会引起价格体系的紊乱和经济体系的混乱。

二是多种通货同时流流通，兑换比例随币值变化而随时变化将造成计价的不确定性，给经济活动带来不便和损失。在正常的、广泛的经济活动中，不同通货同时流通、兑换比率随时变化的设想并不现实。充当商品交换的媒介，是货币的本质属性和最基本职能。便利、快捷、低成本，是对货币充当商品交换媒介的基本要求，在信用货币条件下尤其如此。在多种货币同时流通且兑换比率随时可能波动的情况下，价值尺度的不统一将造成计价体系的紊乱，给经济交易、会计记账、经济计算等各种经济活动带来极大的不便和不确定性。这不仅会增加经济活动的成本，而且还可能造成经常性的兑换损失，使经济体系失去稳定和效率。

（三）私人货币的调节机制存在缺陷，难以保持物价稳定

一是由于存在非发钞行的信用创造，发钞行难以控制整个货币供应量。显然，并非所有银行都能够发行自己的通货。在哈耶克的设想中，除发钞行外还存在大量不能发行自己通货的银行。这些非发钞行只能接受以发钞行通货表现的存款和授信。非发钞行的业务活动同样创造信用，却不受维持通货币值稳定的约束。发钞行也难以控制非发钞行的经营活动，因而仅凭发钞行不能有效控制整个货币供应量。

二是发钞行难以应对大规模回赎和货币需求急剧增加。哈耶克设想，发钞行通过扩张或收缩自身的资产方业务实现货币供应量调节。正常情况下，发钞行的业务调整或许能满足货币供应量调节的需要，但一旦出现大规模回赎和货币需求急剧增加，发钞行将难以应对。如出现通货膨胀时，发钞行为维持本通货价值稳定，将不得不迅速撤出它的大量投资以回购自己发行的货币，或收缩其放贷活动。短期内，信贷尤其是中长期信贷规模难以快速收缩，发钞行只能主要依靠资产变现减少货币供给。如果多家发钞行都这么做，大量资产将难以迅速变现，金融市场也将剧烈波动。反之，当出现通货紧缩时，公众对该货币的需求可能急剧增加。为增加货币发行，发钞行需要迅速进行大量投资或增加放贷规模，这可能超出发钞行的业务调整能力，在短期内难以实现货币增发的目标。

三是仅调节货币供应量无法实现物价稳定。在哈耶克的设想中，一篮子商品价格的稳定是货币供应量调节的目标，货币供应量需要对篮子商品价格的任何变动立即作出反应。而事实上，货币供应量对不同商品价格的调节效果并不相同，如果商品篮子中包含其价格较少受货币供应量影响的商品，或者篮子商品价格的波动由偶然性因素引起，仅凭私人发钞行的货币供应调节就无法实现物价稳定。

综上所述，货币非国家化的理念及其货币制度设计在理论上存在诸多缺陷，实践中也不具备可操作性。这一理念在沉寂40多年后，由于比特币的出现再次引起人们的关注，这在某种意义上反映了人们对信用货币条件下通货膨胀的忧虑，对国际货币"锚"的渴求。尽管货币非国家化理念在现实经济运行中并不可行，但它警示人们，国家宏观调控必须符合经济规律，必须符合市场经济运行的要求。各国央行应该加强流动性管理，合理调控货币供应，保持物价基本稳定；要改革完善国际货币体系，增强国际货币体系的稳定性，消除引发全球金融危机的根源。

货币政策和去中心化是虚拟数字货币的悖论[①]

虚拟货币的鼓吹者宣称，通过去中心化的安排，能避免国家的干预，从而实现币值稳定和物价稳定。然而，没有一个国家的经济离得开货币政策的调节，这恰恰需要中心化的制度安排。这是虚拟数字货币面临的悖论：人们必须在追求币值稳定和利用货币政策调节经济之间作出选择。

近来，稳定币（一种与法币价值挂钩的数字加密货币）引起了市场的关注。9月10日，美国纽约金融服务部（NYDFS，美国纽约州的金融监管机构）批准了数字资产交易所 Gemini Trust 和区块链公司 Paxos Trust 各发行一种与美元挂钩的稳定币，分别是 Gemini Dollar（GUSD）和 Paxos Standard（PSD）。有报道指出，纽约金融服务部只能代表美国地方监管机构的一种态度风向，稳定币并不能理解为是美国政府官方认可的数字货币。事实上，美国众议院近日通过的《金融科技保护法》（*Financial Technology Protection Act*）已经明确指出，数字货币不是法币，无论其是否以法定货币计价。

一、稳定币也无法解决数字货币的悖论

稳定币诞生的初衷是要解决加密货币价格波动性过大的问题。以 Tether 公司的 USDT 为例，该公司每发行一枚 USDT，都要在自己的官方账户上存入相同数量的美元，从而实现了 USDT 和美元 1∶1 兑换，以保障用户资产安全。因而，以 USDT 为代表的稳定币也被称为"数字美元"。但实际上，这种发行模式不仅仍基于人们对美元的信任，而且几乎回到了 17 世纪的"银行券"时代，而发行方的信用甚至远不及早期的私人银行。

另一种模式是用数字资产代替美元作为抵押物来发行稳定币（如MakerDAO）。由于数字资产（如加密货币）可以通过智能合约保证执行，有利

---

① 本文作者盛松成、龙玉，发表于华尔街见闻，2018 - 10 - 13。

于规避私人发行方的道德风险。但这种模式在弥补 USDT 缺陷的同时，又引入了抵押品价值波动的风险，即使按超过稳定币面值 100% 价值的数字资产作抵押，也难以完全解决这个问题。例如，比特币的价值曾在 1 个月的时间内经历了超过 200% 的币值波动，如果以这样的资产作抵押，那么稳定币也将不再"稳定"。

而第三种设计则采用算法央行的模式，也就是说，通过算法自动调节市场上代币的供求关系，进而将代币的价格稳定在和法币的固定比例上。这种模式更趋近于通过特定的算法保持币值的稳定，但其可靠性、可控性仍有待验证。更重要的是，没有一个国家的经济离得开货币政策的调节，在这种模式下，如何确保货币政策的目标与维持币值稳定的算法并行不悖？

此外，由于稳定币和其他加密货币之间兑换的便利性远超过法币，它的出现，为"币圈"提供了便捷的套利工具。例如，先将比特币兑换成稳定币，而在比特币大跌之后用稳定币抄底，换回更多的比特币，赚取比特币反弹的收益。很难说这不是又一次世界范围的炒作。再者，稳定币可能给跨境资本管理带来新的挑战。由于其匿名性，稳定币使货币市场的边界变得模糊。正因为虚拟货币兑换过程中可能导致货币转移，作为纽约州金融业最高监管机构，纽约金融服务部才会介入稳定币发行的调查与监管。

二、虚拟数字货币的悖论

在加密货币身上似乎存在这样一个悖论：一方面人们寄希望于去中心化的技术和发行数量限制来确保数字货币价值的稳定，而另一方面人们依靠货币政策调控经济运行，而这恰恰需要中心化的制度安排。因而，到目前为止，所谓的"数字货币"似乎无法同时兼顾人们对币值稳定的追求和对货币政策的需求。这一悖论意味着人们要在追求币值稳定和利用货币政策调节经济之间作出选择。

由于央行货币发行需要服务于国家经济发展的整体战略，货币政策承担着保持物价稳定、促进就业和经济发展等多重目标，而且需要在各个目标之间保持平衡。即使是实行"通货膨胀目标制"的国家，也只是在长达若干年的时间跨度内保持一定的通胀水平，而无法保证在短期内不偏离既定的通货膨胀目标。

对币值稳定的追求最早不是从加密货币开始的。早在 20 世纪 70 年代，金本位制及发达国家固定汇率制度相继被废除，西方各国普遍爆发严重通货膨胀。为控制通胀，当时的理论界展开了广泛的讨论，提出了多种思想主张。例如以弗里德曼为代表的货币学派强调控制货币数量。货币政策中的"通货膨胀目标制"明显地受到弗里德曼理论的影响。又例如当时哈耶克提出了货币非国家化的思想。他的核心观点是废除各国政府对货币创造的垄断，由私人发钞行各自发行不同通货，通过市场竞争留下币值稳定的通货，而舍弃币值不稳定的通货。加密货币的去中心化特征在某种程度上也体现了这一思想。

然而，尽管去中心化的区块链技术为人们实现币值稳定提供了新的机会，目前看来，却尚未确立一个稳固的信用基础。纽约金融服务部批准稳定币发行的例子表明，目前为稳定币提供支撑的，仍然是其所挂钩的美元，而美元币值也在不断波动中，因此锚定美元的稳定币也难以做到真正意义上的币值稳定。更不用说加密货币在货币政策调节机制方面存在的缺陷了。

三、数字货币能成为人类货币史上新的里程碑吗

几千年的人类货币史，实际上只有两个真正的里程碑，这就是实物货币和信用货币。实物货币的特点是自身具有内在价值，并以自身价值来衡量商品的价值，充当商品交换的媒介。信用货币自身并无价值，而是由国家信用支撑的，是国家强制流通的货币，它的背后是整个社会的财富和交易的商品。因此，现代信用货币是与国家以及现代经济社会组织形态紧密相连的概念。即使随着技术的进步，单一纸币发展为电子货币等多种形式，其背后依然是国家信用的背书，最根本的这一点并没有改变。显然，如果数字货币要成为新的里程碑，那么它不应仅仅是法币的电子化。

要在真正意义上采用数字货币，所要求的制度变革可能十分巨大。因为货币政策是目前世界上几乎所有国家的主要经济政策之一，没有一个国家的经济离得开货币政策的调节。货币政策运用的最基本的条件就是中央银行垄断货币发行权，只有这样中央银行才能调节利率、汇率、物价、就业和经济增长等。在可预见的将来，国家都不会放弃货币政策。这意味着推行数字货币的经济和社会成本也可能极为高昂，它会超出金融和经济的范围，甚至产生全球影响。无论是曾经由英镑主导的全球货币体系，还是现在以美元为主导的全球货币体系，都是以国家强大的经济、军事、科技实力为其后盾的，并不是单单某一个领域的创新所能推动的。即便是被称为"纸黄金"的特别提款权（SDR），也不能直接用于支付。SDR 的实际运用效果与当年设计和发行的初衷相去甚远。

这本质上是关于制度的问题。技术可以推动和促进货币制度变革，却不能替代货币制度本身。

总而言之，稳定币也无法解决数字货币的悖论。发行数字货币的意义究竟何在？发行数字货币的成本和后果是什么？对此，需要从经济金融和社会全局，以及货币政策与宏观调控的有效实施等多个方面进行全面、深入的研究和探讨。

为什么数字货币 Libra 项目会被叫停？[①]

美国时间 7 月 2 日下午，美国众议院财政服务委员会向扎克伯格等脸书（Facebook）高管致函，要求其立即停止数字货币项目 Libra 和数字钱包 Calibra 的所有工作。这已经不是数字货币第一次引发世界范围内的广泛关注，对数字货币的未来，也依然众说纷纭、莫衷一是。

比特币曾经受到热捧，当时有人认为比特币的出现是对现行货币体系的巨大挑战，甚至有人称其是"未来的黄金"。笔者早在 2013 年底就明确提出，虚拟货币（包括私人数字货币）本质上不是货币，不可能取代主权货币。随着时间的推移，虚拟货币的非货币本质才逐渐被人们认识。最近受到广泛关注的 Libra，虽然有别于其他加密货币或稳定币，具备了应用场景，但其发行机制决定了 Libra 难以作为真正意义上的货币存在。

自 2009 年比特币问世以来，私人数字货币已有近 10 年的创新发展历程，央行数字货币也在研究中。Libra 的出现甚至引发了人们对数字货币全球化趋势的思考。在吸收新技术的同时，更应该对新技术如何影响货币发行、货币流通、币值稳定和金融稳定等问题深入研究，审慎思考其潜在影响，也应尤其关注技术和制度的互相作用。货币制度的演进和金融体系的形成不是一朝一夕的事情，要在真正意义上采用数字货币，所要求的制度变革可能十分巨大。如果数字货币要成为人类货币发展史上新的里程碑，那么它不可能仅仅是纸币的电子化。

一、Libra 难以作为真正意义上的货币存在

从货币发展史来看，货币有两次革命性变革，这就是实物货币和现代信用货币。实物货币的特点是自身具有内在价值，并以自身价值来衡量商品的价

---

① 本文作者盛松成、蒋一乐、龙玉，发表于《中国金融》，2019 年第 15 期。

值，充当商品交换的媒介。而现代信用货币体系是与国家以及现代经济社会组织形态紧密相连的。国家发行的本位币有国家信用的支撑，其背后是整个社会的财富和交易的商品。国家根据全社会商品生产和交易的需要发行本位币，以法律保证本位币的流通，并通过中央调节机制保持本位币的价值稳定，从而维持现代信用货币体系正常运行。即使随着技术的进步，单一纸币发展为电子货币等多种形式，其背后依然是国家信用的背书，这是最根本的基点。

相反，私人创造和发行的数字货币并不是真正意义上的货币。由于私人数字货币不具有国家信用支撑，无法广泛充当商品交易媒介，所以不是真正上的货币，而且其缺少中央调节机制，与现代信用货币体系不相适应。因此，私人数字货币一般价格波动较大。

虽然 Libra 挂钩一篮子法币，似乎解决了价格波动较大的问题，但是仍无法改变其不是货币的本质。其中一个核心问题是，Libra 目前仍然没有国家信用支撑、没有中央调节机制，其币值如何得到稳定值得怀疑。虽然目前 Libra 在积极征求与监管当局合作，例如接受反洗钱监管、可能将储备资产存入央行，以期解决 Libra 储备安全的问题，但 Libra 储备资产毕竟不是国家直接发行的负债，因此 Libra 如何根据交易需求调控币值波动以及维持可信度，都无法与国家本位币相提并论。

从另一个角度看，Libra 似乎可以看作是盯住固定汇率的开放经济体货币，与港元相似，但这只是表面现象。为了维持这一制度，香港基础货币的发行（负债），涵盖流量和存量，需要由足额的美元支持（资产，历年来维持在基础货币的 110% 左右）。除了足额美元支持，香港外汇储备也很充足，2019 年 5 月外汇储备是基础货币的 2 倍还多。这些资产支持和储备主要在港元走弱时发挥作用，能够保证香港金融管理局（Hong Kong Monetary Authority，HKMA）有足额的外汇买入港元。这能让市场相信，HKMA 有足够能力抵御货币投机，管理资本流动。这一过程中，汇率保持不变的条件之一是 HKMA 通过调节货币供应量引发利率波动，从而缓解或者冲抵资本流动。因此，港元的利率波动往往较大。过大的利率波动并不利于经济和金融运行，因此 HKMA 设立了贴现窗口工具来减少利率波动。

香港联系汇率制经受住了数次危机考验，从运行机制上看，得益于香港商品价格调整较灵活、银行业稳健、政府财政管理审慎以及外汇储备充足。有了这些条件，还需要 HKMA 不断干预市场、给予市场信心。可以说，如果 Libra

应用环境不具备这些经济金融基础、制度和调控手段，Libra协会能否维持Libra价值稳定、抵御投机冲击，是非常值得怀疑的。

综上所述，从货币演进过程看，货币的本质是广泛充当商品交易媒介。要让社会广泛接受，必须要有实物或者信用支撑。随着社会的发展，货币的外延在不断扩大、形式在不断演进，由实物黄金到纸黄金，再到国家信用支撑的本币（由纸币到活期存款，由中央银行货币发行到商业银行信用创造），均是自然形成的货币。而数字货币则是技术创造的支付工具，它能否成为货币史上的又一次革命性变革和新的里程碑，是很值得怀疑的。

二、Libra将影响货币主权、金融稳定、货币政策和金融监管

Libra在过去加密货币的基础上，有两个方面的改进：一是避免币值的大幅波动和成为投机工具，二是Libra满足跨境支付需求。具体来讲，一方面，Libra有足额抵押，且储备资产的持有形式包含多种主要货币（如美元、欧元、英镑、日元等）及以它们计价的低风险、高流动性的有价证券（如国债），这确保了Libra具有较为稳定的内在价值。而且，目前占主导地位的Facebook是一个注册用户数超过全球1/4人口的社交网络，故Libra与其他加密货币相比，具有更多现实的可应用场景。这增加了Libra成为有效支付手段的可能性，而不是在缺乏应用场景的情况下沦为投机工具。另一方面，目前跨境支付主要依赖SWIFT系统，通过银行转账进行，费率较高，很难服务于金融设施尚不完善的国家和地区，而Libra利用区块链技术，可以较容易地完成跨境交易，打破地区和银行的限制。

即便如此，Libra仍然面临来自各国、各方面的监管难题，体现在货币主权、金融稳定、货币政策及金融监管等方面。

第一，Libra将影响非储备货币国家的货币主权地位。一方面，由于Libra可以轻松进行跨境支付，服务于消费者，即使不支付利息，Libra也会吸引全球资金流入，Libra储备资产相应增加，这使得国际货币体系向Libra储备货币进一步集中。另一方面，由于Libra跨境资金流动不受限制，它可以在全球各地进行支付和交易，意味着在非储备货币国家可以随意使用Libra进行支付，这会影响非储备货币国家的货币主权地位，发展中国家尤甚。对我国而言，目前资本项目还未完全开放、人民币国际化仍在进程中，如何防御Libra带来的冲击是亟须关注的。尤其是Libra的加密性质和点对点支付能够绕过资本管制，

削弱跨境资金监管的有效性，同时也加剧资本跨境流动带来的冲击。

第二，Libra 缺少透明稳定的运行机制，进而威胁金融稳定。Libra 是否具有足额的储备资产应付赎回？和其他稳定币一样，Libra 仍面临来自发行方的信用风险，因为其币值稳定有赖于发行方严格执行足额抵押的安排，并妥善管理储备资产。此外，Libra 松散的管理机制难以保证当 Libra 面临信任危机时能有妥善的应对方案。

从更深层次看，我们以实物货币向信用货币转变的历史为鉴，可以把Libra储备看成最初的黄金，Libra 是以足额黄金为抵押发行的流通"纸币"。虽然目前 Libra 采用100%储备支持的方式发行，但这只是"中央银行"层面的发行。如果未来商业银行以 Libra 为抵押发行一种标准的储蓄凭证"Libra 存款"并且也可以用来支付，那么 Libra 存款将与 Libra 一起流通（此时 Libra 发行总量仍维持不变）。若商业银行开始进行货币创造，则 Libra 存款将显著上升。此时，虽然 Libra 发行量、储备资产规模可能仍不变，但货币供应量（Libra + Libra 存款）将增加。一旦出现大量赎回，则 Libra 储备资产不足以支付所有货币，因此会出现挤兑和破产，给金融稳定带来威胁。

另一方面，Libra 没有一个清晰的规则来描述其运行机制。Libra 储备资产的币种、形式、调整频率、储备投资方式都未明确说明，究竟是保持一个固定的货币篮子，还是保持一个稳定价值的货币篮子？这两种方法的结果显然不同。比如说，当保持篮子固定时，如果储备篮子中 A 货币出现显著贬值，那么Libra 价格也将下降，会有投资者将 Libra 换成 B 货币。为了满足兑换需求，Libra 协会将卖出部分储备资产并兑换成 B 货币，这可能会进一步加大 A 货币的贬值程度。

如果保持篮子价格稳定，那么 Libra 协会需要卖出价格较高的货币、买入价格较低的货币，发挥一种稳定器的作用。如果这样的交易量足够大，那么储备资产中币种联动将加强。这是一种"中央银行"干预操作。但如果干预规则不清晰、目标不明确，则会影响社会对其的信任和理解，从而降低 Libra 的接受程度，一旦发生信用危机，则会影响金融稳定。

第三，Libra 将削弱货币政策有效性、扰乱经济调整周期。一方面，Libra 将分流、替代一部分主权货币的使用，与主权货币形成此消彼长的关系。随着Libra 使用范围不断扩大，主权货币使用量将逐渐下降，这将降低主权货币流通速度、货币乘数，削弱货币当局对主权货币的控制力，影响货币政策有效性，扭曲货币政策传导机制。这一影响在 Libra 流通的所有国家都会发生，而不仅仅是储备货币国家。

另一方面，Libra 储备资产会影响金融市场，可能产生与货币政策意图相反的结果。当 Libra 发行量不断增加时，它会增加对储备货币的存款及低风险债券的投资，这将重塑全球资产配置。结果便是，全球资金从其他国家（发展中国家）流出、向储备货币及相关资产流入。这会带动储备货币利率下降，从而削弱储备货币国家紧缩货币政策的效果。同时，也可能削弱非储备货币国家宽松货币政策的效果（尤其是资本流动较自由的国家）。反之，当 Libra 需求下降时，资金会流出储备货币，带来储备货币利率上升，从而削弱储备货币国家宽松货币政策的效果。同时，也可能削弱非储备货币国家紧缩货币政策的效果。这些都会影响货币政策有效性，还会扰乱不同国家的经济周期调整。

第四，Libra 加大了金融监管难度。一方面，Libra 可能成为规避资本管制、逃避监管的工具。由于私人数字货币普遍存在交易匿名和资金可跨国自由流动的特征，因此部分市场参与者利用私人数字货币逃避资本管制、进行"灰色"经济收支，加大了监管难度。

另一方面，Libra 市场参与者几乎不受监管、用户资金安全缺乏保障以及交易不透明，因此可能会发生诈骗、盗窃和造假等事件。这不仅使消费者权益缺乏保障，而且增加了监管当局取证调查的难度。

三、从 Libra 看全球统一货币的难题

Libra 之所以受到广泛关注，除了监管和金融稳定方面的关切外，更引发了货币领域的一个新课题。有观点认为，Libra 是人类向全球统一货币形态演进的一次尝试。然而，无国界的 Libra 如果要成为一种新的全球支付手段，意味着它将参与主权国家法币国际化的竞争。一个统一的全球货币从根本上与现有的主权货币（背后是主权国家）是竞争关系，这是阻碍 Libra 成为世界货币的一大障碍。

第一，技术可以推动和促进货币制度变革，却不能替代货币制度本身，货币政策与去中心化是数字货币的悖论。在数字货币身上似乎存在这样一个悖论：一方面人们寄希望于去中心化的技术和发行数量限制来确保数字货币价值的稳定，而另一方面国家依靠货币政策调控经济运行，而这恰恰需要中心化的制度安排。因而，到目前为止，所谓的"数字货币"似乎无法同时兼顾人们

对币值稳定的追求和对货币政策的需求。这一悖论意味着人们要在追求币值稳定和利用货币政策调节经济之间作出抉择。

目前，Libra 等数字货币发行后的流通框架还存在很大不确定性，这不仅仅是技术问题，更关系到货币制度的演变和规则的制定。例如，纳入数字货币后，货币政策和宏观调控如何实施？利率、汇率又将如何决定？货币政策如何影响物价、就业和经济增长等？这些问题单单从技术层面是难以回答和解决的。

第二，在可预见的将来，主权国家都不会放弃货币政策。货币政策是目前世界上几乎所有国家的主要经济政策之一，没有一个国家的经济离得开货币政策的调节。货币政策运用的最基本的条件就是中央银行垄断货币发行权，只有这样中央银行才能调节利率、汇率、物价、就业和经济增长等。如果 Libra 得到广泛使用，其首先挑战的就是美元。美国国会致信 Facebook 高管（以及即将举行的听证会）已经表明，Libra 项目会影响美国的货币政策和美元的国际地位。无国界的 Libra 和主权国家组成的国际货币体系之间存在难以协调的矛盾。

即使数字货币被广泛运用，货币生成机制和货币供应量还是需要调节的。中央银行货币发行和货币政策对现代经济的至关重要的作用是无法替代的。目前的世界格局恐怕难以支持一个全球央行的运行。事实上，我们正在经历的，反而是全球化的停滞，甚至是逆转。

第三，全球统一货币如何适应主要国家宏观经济周期不同步、宏观调控政策需求不同步等区域差异？Libra 并不是统一货币形态的第一次尝试。早在 20 世纪 60 年代，蒙代尔就提出了"最优货币区"理论。该理论指出，每个国家在传统上一直保持自己独立的货币，但这可能不是最有效的经济安排，尤其是在各国之间的要素资源有较大流动性、经济结构相似、商品市场高度融合、金融和资本市场高度一体化，以及通胀水平类似的情况下，统一货币将带来更大的好处，如减少交易费用、获得生产的规模经济效益、促进贸易与投资等。欧元区就是基于这一理论的最佳实践，但统一的货币、不统一的财政，已经为欧洲带来了很多难题。欧元区尚且如此，更大范围内的经济同步将更难实现，甚至不可能实现。

总而言之，Libra 难以成为真正意义上的货币，而且会对当下货币主权、金融稳定、货币政策、金融监管造成严重负面影响。我们应充分认识数字货币带来的冲击和机会，也应理性思考先进技术与经济制度的关系。在吸收新技术的同时，更应该对新技术如何影响货币发行、货币生成机制、金融稳定和币值稳定等问题进行深入研究、充分论证，这样才能使新技术服务于货币政策的有效实行，更好地支持实体经济、防范金融风险。

第二章

货币与经济的关系

◎试论西方货币作用理论的演变

◎《国外货币金融学说》再版序言

◎经济发展中的金融运行与经济学体系中的金融学

试论西方货币作用理论的演变[①]

在西方，自货币理论产生以后，就有关于货币的作用及货币同经济之关系的论述。"古典学派"视货币为纯粹的交换媒介，坚持货币不影响经济，可以说是一种"货币中性理论"；魏克赛尔指出货币在一定条件下会干扰经济的正常运行，首创货币的经济理论；哈耶克和霍曲莱片面地发展了魏克赛尔的理论，认为货币会严重地扰害经济；凯恩斯认为，货币量如加以人为的控制，可以使其有利于经济；熊彼特首次将货币因素与经济发展联系起来，为西方货币理论的一大创新；20世纪60年代以后发展起来的货币增长理论则更直接地把货币视作促进经济增长的重要因素，形成了西方货币理论发展的最新阶段。本文拟分两节，就上述货币作用理论的演变过程作一探讨，并试图找出一些基本特征和具有启发性的见解。

一、20世纪60年代以前货币作用理论的演变

（一）货币中性理论

资产阶级古典学派的经济学家都简单地把货币视为交换媒介和一种便利交换的工具，把货币当作与实际经济过程并无内在联系的"外生"变量。他们强调货币的中性特质，即货币供应量的变化并不影响实际变量的均衡值。由于"古典学派"经济学家将统一的经济整体机械地分为实物方面和货币方面，并将经济理论与货币理论截然分开，于是形成了"古典学派"传统的两分法和所谓"货币面纱观"。根据两分法，他们论证出个别商品的价格决定于该商品的供求关系，而一般物价水平和货币的购买力则决定于货币的供求关系，两者并没有内在的有机的联系，货币只不过是覆盖于实物经济之上的一层面纱，对经济并不发生任何实际的影响。在"古典学派"经济学家看来，经济的长期

[①] 本文作者盛松成，发表于《金融研究》，1984年第12期。

发展完全是由实物部门决定的。因而政府任何积极的货币政策都是多余的，甚至是有害的；货币政策的任务只是在于控制货币数量，稳定物价水平，维持货币的购买力。他们认为，货币供应量的变化只能影响名义货币量，而实际货币量则是由内在因素决定的，即决定于在一定经济条件下人们所意愿保持的实际现金余额。

（二）货币干扰经济的理论

与上述货币面纱观首先决裂的是瑞典经济学家魏克赛尔。他认为，货币并非一层"面纱"，而是影响经济的重要因素。货币对经济的影响是通过使货币利率与自然利率相一致或相背离来实现的。货币利率是指现行的市场借贷利率，而所谓自然利率实际上是指投资的预期利润率。魏克赛尔指出：当货币数量增加，货币利率低于自然利率时，企业家由于有利可图，就会扩大投资，增加产出。随着收入增加、支出增加和物价上涨，就出现了积累性的经济扩张过程。相反，当货币数量减少，货币利率高于自然利率时，则会出现生产萎缩、收入减少和物价下跌等积累性的经济紧缩过程。而只有当货币利率等于自然利率时，才能使投资、生产、收入和物价等不再变动，于是经济达到均衡状态。因此，魏克赛尔认为，政府有必要采取一定的货币政策，以使货币利率与自然利率相一致，从而消除货币对经济的不利影响。

魏克赛尔首创的货币经济理论对现代西方经济学产生了深刻的影响。今天，西方的货币理论都是经济的货币理论，而经济理论也都是货币的经济理论，两者已融为一体了。同时，我们还要指出，魏克赛尔关于货币影响经济的理论，主要是强调货币对经济的干扰作用，而对于货币对经济的积极作用则未展开充分的论述。他的这一局限也在后来者的道路上投下了阴影，如哈耶克在20世纪30年代初创立的中立货币理论和霍曲莱于同年代所倡导的纯货币的经济危机理论，就不能不说是受了魏克赛尔的这种影响。

（三）货币扰害经济的理论

哈耶克和霍曲莱都特别强调货币扰害经济的作用，都说货币是引起经济危机的主要因素。哈耶克认为，在任何情况下，货币量的增加都将给经济带来危害，只有依靠储蓄来扩张生产，才能维持经济均衡。即使在经济增长的情况下，也宁愿让物价下降，而不可增加货币。因此，他反对弹性通货而主张金本位制度，借以稳定货币数量，保持货币对经济的中立性。20世纪70年代中期，哈耶克又提出自由货币说，力主废除政府发行货币的垄断权，代之以私营银行发行竞争性的货币（即"自由货币"），以控制货币数量，维持经济稳定。霍曲莱比哈耶克更有过之而不及，提出了所谓纯货币的经济危机理论，鼓吹商业循环纯粹是一种货币现象，货币量的变动是引起繁荣与萧条之交替变动的唯一原因。他认为，银行信用膨胀而引起的货币供应的增加会提高总需求，从而导致生产的扩张和物价的上升，于是经济达到繁荣状态；反之，当银行收缩信用时，随着总需求的减少、生产的缩减和物价的下跌，经济就会趋于萧条。霍曲莱于是提出，应由政府实施对银行信用的控制，以消除经济的循环和波动。

（四）调节货币以稳定物价和增加就业的理论

凯恩斯比他的前辈和他同时代的经济学家们，都更深刻地认识到货币对于经济的巨大作用。他的三本主要著作《货币改革论》，《货币论》和《就业、利息和货币通论》也都旨在阐明货币与经济的关系，论述如何通过调节货币以有利于经济。但是，在具体的理论方面，变化却很大。在《货币论》中，他主张调节货币、稳定物价，以保持经济均衡。而在《就业、利息和货币通论》内，他则强调增加货币、降低利率，以扩大就业，增加国民收入。

在《货币论》内，凯恩斯沿袭魏克赛尔的累积过程学说，将其表现为两个物价水平基本方程式，并据以论述：欲保持经济均衡，须使物价稳定于生产费用，因此，必须消除利润；由于利润为投资与储蓄之差，又必须使储蓄等于投资；而投资与储蓄是否相等，则取决于市场利率与自然利率是否一致。凯恩斯认为，银行是利率的操纵者，银行可通过适当的信用调节措施，使市场利率与自然利率相一致，从而使投资与储蓄相等，以达到消除利润、稳定物价、保持经济均衡的目的。

几乎就在《货币论》发表的同时，爆发了历史上最严重的资本主义经济大危机。面对当时岌岌可危的经济形势，凯恩斯认识到，问题已不在如何稳定物价，而在于如何减少失业和使经济复苏。《就业、利息和货币通论》也就是为此目的而写的。他在《就业、利息和货币通论》中是这样论述的：失业和萧条的根本原因在于有效需求的不足。有效需求系社会的消费需求和投资需求之和。由于消费倾向通常小于1，由此造成了社会收入与社会消费之间的差额，这个差额必须由增加投资来弥补。而投资则取决于资本边际效率和利率。凯恩斯认为，随着投资的增加，资本边际效率将逐渐递减。当它减到与利率相等时，投资也就停止。因此，为使投资能继续增加，就必须降低利率，而利率决定于货币的供求关系。随着货币量的增加，利率就会下降，从而刺激投资，并通过投资乘数作用而成倍地扩大就业和增加收入，经济也就走向繁荣。鉴于货币的巨大作用，凯恩斯全面提出了管理通货的政策主张，并把货币分析渗透到其理论体系的各个环节中，创造了一种新的货币分析方法和货币经济理论体系。当代西方宏观经济理论正是沿着凯恩斯开辟的这条道路发展起来的。

（五）货币可促进经济发展的理论

熊彼特把货币理论同经济发展理论结合起来，将货币、信用视作经济发展的重要因素，在当代西方货币理论中独树一帜。他的货币理论集中反映在他的《经济发展理论》一书中。他认为，"经济发展的本质在于对现存的劳动和土地所提供的服务加以不同于从前的使用"和生产要素的"新组合"。由于"在经济的循环流转中不存在企业家重新组织生产所需要的闲置的（生产要素）存货"，因此，"要实现生产要素的不同的使用，就只有借助于人们相对购买力的变动"，亦即由银行向企业家提供贷款。熊彼特于是提出了"正常信用"和"非常信用"的概念。前者系以现实商品流通为基础的信用，即企业家生产并出售其产品后，依据商业票据向银行请求的贷款。后者则为不具有现实商品流通基础的信用，如借款人以融通票据所获得的信用。熊彼特认为，正常信用只能保证生产的正常循环流转，唯有非常信用才是经济发展的一个不可缺少的因素。因为企业家要把生产资料从原有的用途中拨出，以进行新的组合，就必须在正常的生产范围以外获得所需要的资金。当企业家从银行获得非常信用，实行了生产资料的新组合后，由于生产效率的提高和成本的下降，遂使利润增加。利润增加，又使收入增加、物价上升，而促使经济向前发展。

上述熊彼特的这种非常信用理论指出了货币、信用对于资本主义经济发展所具有的重要意义，成为当代货币增长理论的直接先驱。以下我们就来介绍西方最新出现的货币增长理论。

二、货币增长理论的兴起

20世纪60年代，在西方经济学界出现了所谓"货币增长理论"。这一理论旨在研究货币因素在经济增长中所起的作用。1955年，托宾发表了《动态总体模型》一文，第一次把货币因素引入经济增长的研究中。1965年，托宾又发表了题为《货币和经济增长》的著名论文，初步奠定了货币增长理论的基础。接着，哈里·约翰逊及唐·莱福哈里和唐·帕廷金则分别在1966年和

1968 年著文，发展了托宾的模型，从而形成了所谓新古典的货币增长理论。

（一）托宾的理论

在 20 世纪 60 年代中期以前，西方的经济增长理论都集中于阐述资本积累、人口增长和技术进步等实际变量同长期经济发展和国民收入增长的关系。虽然这些经济学家所研究的也是货币经济，但却很少注意到货币因素在经济增长中所起的作用。他们认为，货币供应具有完全的弹性，因而不会像实际变量一样，成为经济增长过程中的一个限制性因素。同时他们还认为，货币只能在短期内影响商业循环，而增长理论则是对于长期经济增长的分析。

货币增长理论的基本思想最早见于托宾的著作中，在托宾的增长模型中，个人财富只有两种形式，即实物资本和货币的实际余额，两者能相互替代。这里的货币系指外在货币，即纸币和政府债券。外在货币供应量的扩大意味着个人净财富的增加。于是，托宾便引入了一种新的收入概念，即可支配收入，它等于从当前的生产中所获得的收入（实物增长模型中的收入概念）加上实际金额的增加量。同时，托宾又假设货币增长模型中的储蓄率（即储蓄在收入中所占的比例）与实物增长模型中的储蓄率相同。因而，在货币增长模型中，总储蓄将大于实物增长模型中的储蓄额。但是，在货币经济中，储蓄并不能完全转变为实物资本的投资，其中的一部分还需用来追加实际现金余额，且现金追加率往往大于总储蓄率。托宾据此指出，同实物增长模型相比，货币增长模型中的实物储蓄（即转变为实物资本的储蓄）反而较小，资本—劳动的比率和人均产出也较低。并且，人们所意愿的实际现金余额越大，上述实际变量就越小。这就是所谓"托宾之谜"。

托宾还认为，在人们的资产构成中，实物资本和现金余额的比例如何，取决于两者的相对收益率。实物资本的收益率等于资本的边际产出率，而现金余额的收益率则取决于物价变动率。当物价上升时，现金余额的收益率就为负，而当物价下跌时，此收益率则为正。因此，持有现金余额的机会成本就是资本边际效率和通货膨胀率之和。当物价上升时，持有现金余额的机会成本也上升，人们就会把越来越多的现金余额转变为实物资本，当通货膨胀达到相当高度时，货币的财富功能就消失了。于是，可支配收入再一次等于从当前生产中所获得的收入，货币增长模型中的实物储蓄也同实物增长模型中的储蓄完全相等，因为所有储蓄都将转变为实物资本的投资。托宾由此得出结论说，政府可以通过调节货币供应来改变人们的资产结构，从而影响实物资本的投资和人均产出，影响经济发展的速度。

（二）约翰逊的理论

约翰逊等人对"托宾之谜"提出了质问。他们认为，托宾忽视了货币的使用价值，忘记了货币本身是一种消费品。约翰逊指出，货币余额能给其持有者带来诸如便利、高度流动性和可靠性之类的"便利性服务"。这些非实物的收益成了实际收入和实际消费的一个组成部分。约翰逊由此认为，可支配收入除了从当前生产中所获得的收入和实际余额的增加量外，还应加上实际余额所提供的服务的价值。他还认为，现金余额的非实物收益是被其持有者完全消费掉的，这种非实物消费能在一定程度上代替实物消费，从而减少现金余额持有者的商品和劳务消费，并促使实物储蓄和投资同量增加。于是约翰逊指出，很难确定实物储蓄究竟是在实物经济中高，还是在货币经济中高。只有当追加的实际现金余额对实物投资的反作用，超过此追加实际余额的非实物收益对实物投资的积极作用时，"托宾之谜"才能成立。同样，通货膨胀对实物储蓄的影响，从而对经济发展的影响也是不确定的。因为，一方面，通货膨胀将通过意愿实际现金余额的下降而对实物储蓄和资本投资产生积极的影响，由此促进经济的发展；另一方面，通货膨胀还会造成实际现金余额的非实物收益的下降，从而对资本投资和对经济的发展产生消极的影响。只有当前者在量上超过后者时，托宾关于适度的通货膨胀能在一定程度上促进经济发展的结论才是正确的。

（三）莱福哈里和帕廷金的理论

莱福哈里和帕廷金比约翰逊走得更远。他们不仅把实际现金余额作为一种能提供非实物收益的消费品，而且还把它作为一种能在生产过程中提供生产性服务的生产要素。他们指出，"人们持有货币，只是由于它能使经济单位获得或生产更多的商品"，因为"如果没有货币，一个经济就必须花费一部分劳动和实物资本，来达到'双方的巧合'——买者恰巧都需要卖者所提供的商品——物物交换之能够存在就是以此为基础的。因而，货币引入生产函数中就反映了这样的事实，即它使这一部分劳动和资本（从交易中）解脱出来，而专门用于商品的生产。或者说，货币使更大规模的专业化和交易成为可能"。这就是所谓货币的生产性服务的含义。他们认为，由于货币的使用而节约的交易费用将被转化为生产性用途，因而，现金余额应被视作生产函数中的一个变量，这样就大大提高了货币经济中的资本投资和人均产出。莱福哈里和帕廷金根据以上分析指出，货币增长率的变化对实物储蓄和资本投资的影响是不确定的。这是因为随着货币作用的扩大，货币增长率的变化往往会产生一系列相互对立的影响。譬如，物价上升虽然会增加实物投资，但也会降低实际余额的生产性服务。只有当通货膨胀对经济的积极作用超过其消极影响时，托宾的结论才是正确的。

综观西方货币作用理论的演变过程，可以看出，任何一种学说或理论，欲保持其生命力，总须不断地补充新的内容，改造不正确的成分，使其不断地更新完善。西方货币理论之所以能在西方经济理论中占据越来越重要的地位，一个重要的原因，就是几百年来它始终在发展变化着。"古典学派"的货币理论只是停留在对货币的表面现象的考察上。凯恩斯等已在一定程度上认识到了货币因素对经济均衡和变动的影响。熊彼特的信用创造理论则指出了货币、信用对于资本主义经济发展所具有的重要意义。当然，他过分夸大了银行非常信用的作用，似乎没有这种信用，资本主义经济就不可能发展了，这也未免失之偏颇。

货币增长论者更把货币同经济增长直接联系起来，这不能不说是西方货币理论的一个进步，且具有一定的启发意义。货币增长理论的最大缺陷在于它忽视了生产的决定作用。任何货币因素只有通过劳动力、实物资本及技术水平等实际因素的变动才能影响经济，而这些实际因素的变动又最终取决于生产过程本身。因此，只有资本主义生产方式才是资本主义经济波动（包括货币的变动）和经济发展的最终决定因素。长期以来，西方各种货币理论的一个共同特征，就是竭力回避生产关系的问题，然而正是这一点暴露出了它们作为资本主义经济制度的辩护理论的实质。

《国外货币金融学说》再版序言[①]

　　本书是我国已故著名金融学家刘絜敖教授数十载潜心研究西方货币金融学说的学术结晶。作为我国研究国外货币金融学说的第一部专著，本书自 1983 年由中国展望出版社出版以来，博得国内学术界的高度评价，润泽了数代经济金融学人，也使大批金融业务骨干受益良多。本书内容丰富翔实，分析精辟入微，读来历久弥新，确是一部不可多得的好书。本书的付梓出版，填补了国内空白。即使在国外，也罕有学者如此深入系统地研究货币金融学说，因而很难找到类似的皇皇巨著。先生堪称国内研究西方货币金融学说的开山鼻祖。

　　由于成书年代的关系，本书所涉理论主要截至 20 世纪六七十年代。在此后的数十年中，西方货币金融理论又有不少新发展。中国金融出版社希望我将其补上，与本书合并再版。经过两年多的努力，我已准备了七八万字的初稿，但思虑再三，唯恐狗尾续貂。同时，拙作《现代货币经济学》《现代货币供给理论与实践》及有关著述对上述理论也都有所述及。因此，经与中国金融出版社商量，最后决定由我写篇再版序言，简述本书的主要内容和重大价值，介绍先生的学术精神和研究方法。

一

　　先生乃四川大邑县人，生于 1908 年 11 月，曾就读于四川师范大学历史系。他早年负笈海外，刻苦求学，1928 年东渡扶桑，留学于早稻田大学政治经济系，1932 年又远赴德国，在柏林大学经济系苦读三载，学成后毅然归国。俊才自有慧眼识。先生年仅 27 岁即被暨南大学校长何炳松先生赏识，破格聘为教授。其后，又相继任复旦、光华和交通等著名大学教授，并曾供职于中国农民银行上海分行和成都分行。新中国成立后，先生又先后任教于复旦大学和

---

　　① 本文是盛松成为导师刘絜敖先生专著《国外货币金融学说》撰写的再版序言。

上海财经大学。

先生在其六十余载的学术生涯中，始终满怀学术报国之心，笔耕不辍，著作等身。早在日本求学期间，他就出版了《比例代表法概论》（商务印书馆1931年出版），还翻译了另外两本著作。1935年，他写成《营业预算论》一书，由商务印书馆出版。1937年，他的成名作《经济学方法论》问世（商务印书馆将其列入《大学丛书》出版）。马寅初先生对该书给予高度评价，认为是"功力甚深，造诣颇高的佳作"。该书至今仍是我国系统论述经济学方法论的重要专著。在复旦大学与上海财经大学任教期间，出于教学需要和兴趣所好，先生孜孜不倦数十载，长期致力于西方货币金融学说的研究，终于铸成这部传世巨著——《国外货币金融学说》。

众所周知，货币金融理论是经济理论的重要组成部分。近半个世纪以来，随着货币金融体系的日趋复杂和金融宏观调控政策的日渐重要，货币金融学说成了西方经济学说中最主要、最丰富、最复杂的部分之一。但过去国内一般经济学说史对其很少述及，国外也难找到较系统的著述。虑及于此，先生不畏艰难，决心撰写一部全面论述国外货币金融学说的专著。

西方货币金融学说散见于众多经济学家的著作中。先生为此矢志研习，博采穷搜，沙里淘金。他治学极其严谨，原原本本研读外文著作，一点一滴积累研究素材，仔仔细细辨析百家理论，先后深入研阅英文、德文、日文原著达一百余种。先生学识渊博，外语功底深厚，精通英、德、日三门外语（这在我国老一辈经济学家中也不多见）。我曾亲见老人家以八旬高龄与日本友人侃侃而谈，无须翻译。先生治学，极重学术研究之独立精神，从不人云亦云，充分体现了老一辈学者严谨求实、"文章不写一句空"的大家风范。先生著书，非常重视资料搜集。当时国内有关研究资料极其匮乏。先生不辞辛劳，许多大专院校和科研机关的图书馆都留下了先生频繁往返的足迹和埋头苦读的身影。对一些国内找不到的原著资料，他则不吝重金，拜托亲朋好友从国外购买。

梅花香自苦寒来。经过多年含辛茹苦，20世纪60年代初，《国外货币金融学说》初具规模，成为校内教材，遗憾的是受"文革"影响未能出版。"文革"后，先生又夜以继日，赓续钻研，根据最新材料补撰若干章节，接续前稿。经过整理，一部全面系统阐述自重商主义直至当代各派各家货币金融学说的专著终于完成。我国老一辈著名经济学家陈翰笙先生专门为本书作序，并做高度评价："这是我国第一部系统论述西方货币金融学说的专著。……凡是担任金融问题的决策者，或专门研究货币金融的人们，以及大专院校经济系的师生，……如果他们读了这本书，就可以明白 15 世纪以来国外货币金融的种种学说及其发生的作用。"中国人民银行亦隆重推荐本书，将其列为财经院校和银行培训教材及领导干部参阅书目。

酒香不怕巷子深。本书虽然理论性很强，但出版不久即告售罄，且多次获奖。1985 年获上海财经大学优秀著作一等奖，1986 年获上海哲学社会科学优秀科研成果奖和中国展望出版社建社五周年优秀图书奖，1988 年 8 月和 12 月分别获得财政部和中国人民银行优秀教材一等奖。

在货币金融理论中，货币、信用与利率三种理论紧密相连，不可分割。货币对经济的影响主要通过这三个因素的变动来实现。对于利率理论，本书初版虽有涉及，但未专题评述。1989 年本书再版之际，先生增补了早期利率学说、现代实物利率学说、当代货币利率学说、实物利率学说的复兴等四章，使全书内容和体系更加完备，几乎将西方各种主要货币金融学说都囊括荟萃其中。捧读本书，读者无异于博览诸多货币金融理论著作。不唯如此，先生在介绍西方货币金融学说的基础上，还对各种理论做了深入透彻的分析和恰如其分的评价，以利于读者辨别、借鉴和运用这些理论。

纵览全书可以发现，本书虽然按时间与流派叙述，但始终贯穿这样一条主线，即从重商主义兴起以来的 400 多年中，人们对货币与经济关系的认识，是如何一步步走向深入和全面的。围绕这条主线，读者就能把纷繁芜杂的货币金融学说像珍珠一样串联起来。

二

货币究竟如何影响经济？这是经济学最古老、最持久、最重要的问题之一。经过数百年的发展，货币金融理论经历了从货币中性理论到货币经济理论的演变过程，经济理论也经历了从实物经济理论到货币经济理论的演变过程。今天，已经很少有人离开经济谈货币或离开货币谈经济了。

早期学者（他们被凯恩斯归入"古典学派"）强调货币的中性性质。他们认为，市场这只"看不见的手"能确保经济平稳运行，货币不过是覆盖于实物经济之上的一层"面纱"，并不影响就业、产出等实际变量，货币经济与实物经济毫无二致。他们因而采取"二分法"（dichotomy），将货币理论与经济理论截然分开，认为任何积极的货币管理都是多余的，甚至是有害的；货币管理的任务只在于控制货币数量，稳定物价水平，维持货币的购买力。"古典学派"的这一思想是以"萨伊定律"和瓦尔拉斯一般均衡理论为基础的。根据"萨伊定律"，供给能自己创造需求，而货币仅有便利交易的功能。从穆勒父子、大卫·李嘉图等"古典学派"经济学家的理论中，都能看到"萨伊定律"的影子。如詹姆斯·穆勒认为[①]，当一个人生产的任何一种商品多于他本人的需要时，这就只能表明他打算要某些其他商品。约翰·穆勒认为[②]，所有卖者都必然是买者。李嘉图认为[③]，任何一个占有商品的人都必然是一个需求者。根据瓦尔拉斯一般均衡理论，如果一种商品出现超额供给，其他商品必然出现超额需求，并且这种暂时的不均衡将通过自发的价格调整迅速消除；货币不过是一种特殊的商品，其实是多余的。

传统货币数量说，如费雪方程式 $MV = PT$，将"古典学派"的货币中性思想公式化了。费雪认为，在长期中，货币流通速度（V）与商品交易量（T）都不受流通中货币量（M）变动的影响。因此，物价水平（P）的变动与货币量（M）的变动成正比；货币数量增减不改变商品间的相对价格，也不对生产和就业产生任何影响。

上述认识是片面的，它仅仅看到了货币的交易媒介职能[④]，而未考虑其价值储藏职能（货币的这一重要职能使卖者可以不是买者，所以只有在货币经济的条件下，才有可能出现生产过剩的经济危机），也忽视了货币在媒介资本转移、实现储蓄配置过程中的重要作用。何况货币流通速度也非一成不变，货币与物价的关系就更不是一一对应了。同时，"古典学派"货币中性论的理论基础（"萨伊定律"与一般均衡理论）也都忽略了货币经济的重要特征（货币购买商品，商品购买货币，但商品并不购买商品），所以才将货币经济等同于实物经济。当然，他们的错误不只缘于认识的片面，还与时代局限有关。当时的货币金融不发达，货币与经济不像现在这样须臾不可分离，这在一定程度上影响了人们对货币与经济的关系的理解。

---

① 劳伦斯·哈里斯. 货币理论［M］. 中文版. 北京：中国金融出版社，1989：122.

② 劳伦斯·哈里斯. 货币理论［M］. 中文版. 北京：中国金融出版社，1989：122.

③ 劳伦斯·哈里斯. 货币理论［M］. 中文版. 北京：中国金融出版社，1989：122.

④ 劳伦斯·哈里斯认为，即使只考虑货币的交易媒介职能，也不能就此认为货币经济与实物经济并无二致。如果货币是一种润滑剂，那么，对它来说用形容词"仅仅"就不合适了：一部没有润滑油的自动发动机与一部有润滑油的自动发动机在性质上是不同的。参见劳伦斯·哈里斯. 货币理论［M］. 中文版. 北京：中国金融出版社，1989：313.

瑞典学派经济学创始人魏克赛尔，首先摒弃了"二分法"、"货币面纱观"与"货币中性论"，而将货币理论与经济理论合二为一，从而开创了货币经济理论。他剖析了货币利率与自然利率相一致或相背离对经济的作用机理，指出政府有必要采取一定的货币政策，使货币利率与自然利率保持一致，以消除货币对经济的不利影响。凯恩斯承袭其主张，于1930年出版《货币论》，将魏克赛尔货币经济理论公式化，更于1936年出版《就业、利息和货币通论》，着重论述货币管理对解决失业问题的重大意义。他认为，货币供求决定利率，利率决定投资，投资通过乘数效应成倍作用于就业和国民收入。他的这一逻辑从其书名就可见一斑。于是，"通过凯恩斯的著作，货币理论从价格水平的理论转变为整个产出与就业的预期理论"[1]。当代西方宏观经济理论正是沿着凯恩斯开辟的这条道路发展起来的。魏克赛尔与凯恩斯可谓货币金融理论史上里程碑式人物。前者是货币经济理论的开创者，后者则将货币因素融入其整个经济理论体系中，并提出了具有重大实际意义的政策主张，从而使货币经济理论深入人心。

"大萧条"是20世纪资本主义经历的最大经济危机。1929—1933年，美国实际国民生产总值下降30％，物价下降33％，失业率上升到25％的最高值，工业产出下降37％。四年间，货币存量下降33％，流通速度下降近1/3，每年有近9％的银行倒闭。到1933年底，倒闭的银行大约为1929年银行数的一半。"大萧条"以悲剧性的方式宣告了古典"二分法"的破产，并使凯恩斯理论及政策主张广泛传播。由于凯恩斯的思想源于魏克赛尔，因此可以说，当代主要宏观调控政策及其理论支撑，可追溯至100多年前。这就是理论的价值和意义。

1959年，格利和肖出版了《金融理论中的货币》，提出"金融中介机构的机能学说"。该学说是对魏克赛尔与凯恩斯货币经济理论的发展。它既分析了货币，又分析了其他金融资产；既分析了银行，又分析了非银行金融机构；既是货币经济理论，又是金融经济理论。因而，该学说是在货币金融新发展的历史条件下，对货币、金融与经济关系的更深刻的认识。

但是从20世纪50年代后期起，西方国家普遍发生了通货膨胀，有的还出

---

① 布赖恩·摩根. 货币学派与凯恩斯学派——它们对货币理论的贡献［M］. 中文版. 北京：商务印书馆，1984：5.

现滞胀。凯恩斯主义的影响日渐式微，格利和肖的学说也因此未得到足够重视。而以弗里德曼为代表的货币主义学派，乘机祭起反对凯恩斯主义的大旗。他们在承认短期内货币影响实体经济的同时，认为长期中货币存量的变化只会引起物价水平变动（与传统货币数量论不同，他们认为货币存量变动与物价变动不一定存在精确比例关系），又回到货币中性论的老路上去了。更有甚者，形成于20世纪70年代的理性预期学派认为，货币不仅在长期中，而且在短期内也是中性的。上述两派的理论统称为市场出清的货币意外模型①。在市场出清的假设下，如果没有货币幻觉效应（如果仅仅由于名义变量的变动引起了一个人按实际项目计算的需求或供给变动，那么，他就出现了货币幻觉），货币就不会影响就业和产出；而货币幻觉效应的有无，又取决于公众预期强度（其中理性预期的强度最高）。也许是受到理性预期学派影响，20世纪80年代初出现的"真实经济周期理论"甚至认为，经济增长与波动完全取决于实际变量，与货币无关。值得一提的是，理性预期理论还是金融市场"有效市场假说"的基础。后者提出"市场效率论"，竖起一道金融市场与金融中介自身约束的"烟幕障"，让人们相信金融创新有百利而无一害。

实践是检验真理的唯一标准。2008年9月，拥有150多年历史的著名投资银行雷曼兄弟倒闭，次贷危机全面爆发，引发了席卷全球的金融危机。与"大萧条"一样，这场危机也是一次对既有理论的巨型而真实的"社会实验"。两次"社会实验"表明，"大萧条"在很大程度上源于人们未能正确理解货币金融与经济的关系，而这场危机同样源于人们对此问题的认识偏差。正是以"有效市场假说"等理论为支撑，华尔街才得以制造出复杂艰深的次贷衍生品，进而诱发了这次全球金融危机。随着"有效市场假说"遭遇"滑铁卢"，其提出者尤金·法玛，这位一直以来呼声很高的诺贝尔经济学奖候选人，也因此在2008年和2009年两度与诺奖失之交臂。

这次全球金融危机也提醒经济学界，必须更广泛更深入地研究货币金融与经济的关系。过去几十年的某些理论观点，可能低估了货币金融因素对实体经济的影响。实际上，"金融中介机构的机能学说"的代表人物之一格利，在50年前就说过，金融世界的广阔，使许多将自己束缚于这个世界一隅的货币理论

---

① 斯蒂芬·D. 威廉森. 宏观经济学（第二版）［M］. 中文版. 北京：中国人民大学出版社，2007：353.

家和决策者感到浑身不自在。而该学说的政策主张，包括对银行资产投资实行更严格的控制、强化对银行的检查程序、将货币控制范围扩大到非银行金融机构等，都成了本轮危机的现实救助手段。经历过此次全球金融危机并渴望获得理论解释的人们，如果读到该学说，是否会感叹"蓦然回首，那人却在灯火阑珊处"呢？

以上围绕货币、金融与经济的关系这一主线，我们简要梳理了西方货币金融学说的数百年历史。从中可以看到，相关学说如同钟摆一样，始终围绕"货币是否中性"的问题来回摇摆。理论的纷争，既来自研究者的假设条件和研究方法的差异，又源于研究者各自不同的价值观和信仰。可以断言，争论还会继续，但真理将越辩越明，实践会对理论作出选择。"大萧条"让人们选择了货币经济理论，这次全球金融危机又让我们看到了金融对经济的深刻影响和持续效应[1]，真所谓"理论是灰色的，而生命之树常青"。

回眸货币金融理论发展史，留下的是先贤学者对货币金融与经济关系不断深化认识的曲折足迹。孰是孰非，唯有时间能证明。时间也能让后人的探索与前人的"足迹"相得益彰。时间还能让人感慨：前人的一些认识，有的在今天看来是如此肤浅而让人忍俊，有的却是那么深刻而富有远见。或许现在，由于全球金融危机的爆发，我们对曾经让人兴奋不已、眼花缭乱的金融创新感到困惑与迷茫，甚至从盲目迷信转为避之不及；但展望未来，可能在短短数年后，我们又会对金融与经济的关系产生更深刻的认识。理论总是在反复曲折中迂回前行，并不断彰显其现实价值和指导意义。

三

货币与经济关系的理论是货币金融学说的基石和主线，因此本书出版并获得极大成功后，先生希望结合最新理论发展，继续围绕这一主题展开评述。先生认为，20世纪60年代以来，西方虽然出版了十余本货币经济学著作，但大多名不符实。其内容仍然是单纯的货币学，并未深入研究货币如何影响经济以

---

[1] Alan Bollard（2007）指出，全球流动性中，89%为证券化债务和衍生品，仅有11%属于传统的货币流动性。参见 Alan Bollard，2007，*Easy Money: Global Liquidity and Its Impact on New Zealand*，BIS Review，No. 25，2007。此外，从次贷危机中可以看到，融资流动性、市场流动性与货币流动性的相互作用越来越强。"影子银行"体系提供了大量的流动性，而流动性的快速膨胀与坍塌式收缩则接踵而至。这些现象都反映了金融对经济的深刻影响和持续效应。

及对经济发展的积极作用。因此，先生很希望完成《现代货币经济学》的研究和写作。但老人家年事已高，体弱多病，且几乎失明，于是他把这一重任交给三位弟子，由我、施兵超和陈建安共同承担。我们三人分别于1982年、1985年和1986年有幸受业先生门下，攻读硕士学位。先生的重托，又使我们有机会合作研究，互相切磋。多年过去了，但当年我们在孜孜以求、刻苦攻读中形成的深厚同门情谊，却历久弥新。兵超和建安两位学弟天分很高，也深受先生喜爱。兵超现在仍坚守在上海财经大学的教学和科研岗位，是学科首席教授和博士生导师。建安则长期在政府部门工作，现供职于国务院，他在紧张繁忙的工作之余，还时常思考研究货币金融理论与政策问题。我则于1995年12月从上海财经大学调到中国人民银行工作。

1992年，《现代货币经济学》由中国金融出版社付梓出版。这是国内第一本比较系统地研究西方经济学家关于货币与经济的关系及货币如何影响经济的理论的著作。同时，该书提出了不同于国内外其他著作的全新的货币经济学理论体系。从某种意义上说，《国外货币金融学说》与《现代货币经济学》这两本书是姊妹篇。承蒙金融理论界和读者厚爱，《现代货币经济学》出版后获得"国家教委首届人文社会科学研究优秀成果奖二等奖"及"第三届全国高等学校金融类优秀教材二等奖"等多项奖励。同时，因许多高等院校将其列入本科生高年级与研究生教材，初印8000册很快售罄。需要特别说明的是，《现代货币经济学》的体系和研究方法都是在先生亲自指导下确定的。我们三人撰述《现代货币经济学》之初，先生根据他长期的研究积累，开出一份详细的西方货币经济学主要参考书目，多达77本（篇），大部分为外文原著。2001年该书再版。目前我们正在作进一步修订，拟于近期出第三版以飨读者，并告慰先生在天之灵。

理论源于实践，高于实践，又指导实践。我在高校学习和工作整整17年，从事中央银行工作也已14年。在长达30多年的学习和工作中，我深切体会到熟练掌握理论尤其是基础理论的极端重要性。这些年，经常有人（包括我的不少学生）问我这样的问题：经济专业的本科生和研究生应该多学习理论知识还是多掌握实务知识？对此，我始终认为，主要应该多学习理论，特别是基础理论。在掌握基础理论的基础上，还要善于运用理论分析和解决实际问题。特别是近些年来，各种经济金融理论发展很快，如果基础理论不扎实，很难对流派纷呈、观点各异的理论作出正确的判断。我曾长期从事货币金融理论的学习和研究，自认为在基础理论方面具有一定的功底，但从事中央银行工作以来，仍时常感到自己在基础理论的深度、广度及运用等方面的欠缺，因此在繁忙的工作之余，也不敢懈怠，平时只要能挤出时间，就抓紧学习研究基础理论，并努力提高自己运用基础理论分析实际问题的能力。

目前，无论在高校，还是在理论界，都存在着重视应用研究，忽视基础理论研究的现象。很多人认为从事基础理论研究没有前途，热衷于搞政策应用研究。殊不知，基础理论研究乃政策应用研究之本源。基础理论不扎实，应用研究就成了"无源之水"，不仅思路枯竭，还会迷失方向。有些经济现象和问题的所谓争论，实际上就是缘于争论者对经济基础理论知识的欠缺。比如，有人提出货币发行多了，物价必定上涨的观点。其实，我们只要看看《国外货币金融学说》关于"魏克赛尔的累积过程学说"的深入述评，就会发现，早在100多年前，魏克赛尔就已深入剖析了这一论断的错误。他指出，影响物价的因素除了货币数量外，还有其他更重要的因素。况且货币数量也不直接影响物价，而需要通过其他因素来间接地实施影响。类似的例子还有很多。改革开放初期，国内对一些货币金融问题的争论，包括货币本质与职能问题、先有存款还是先有贷款的问题等，其实早就被前人述及，本书也有完整归纳和精辟点评。掌握基础理论的重要性，由此可见一斑。

四

伴随先生学者生涯的，是他长达半个多世纪的教学经历。先生六十年如一日，呕心沥血，传道授业，甘为人梯，烛光照人，为培养我国经济金融人才作出了不可磨灭的贡献。

对于本科生的教学，先生向来非常认真严谨。无论是教过几十遍、耳熟能详的课程，还是同时开出的四五门不同的课程，他都不吝时间、仔细斟酌教案，并能完全脱开讲稿，烂熟于心，脱口而出。先生讲课极具大家风范，条理清晰，逻辑严谨，要点突出，深入浅出。听先生讲课，犹如欣赏美妙的乐曲。桃李不言，下自成蹊。当年全国各地财经高校的教师和研究生纷纷慕名前来听课、教室座无虚席的盛况至今令人难忘。春风化雨，润物细无声。正如陈翰笙先生所言，"据我所知，有些听过他课的人，现在已成为经济专家或大专院校的教授"。

对于研究生的教学，先生则注重启发式和讨论式教学，强调思想碰撞、师生切磋、各自发表独立见解。在不拘形式的漫谈式教学中，先生把传授学生知识、启迪学生思路、培养学生能力融为一体。当年，我的硕士毕业论文《现代货币经济增长理论》就是在与先生反复切磋中确定选题思路的。考虑到该选题具有较强的理论与政策意义，而当时国内尚无人涉足该研究领域，先生遂鼓励我予以深入研究。先生对研究生论文的指导方法也非常科学。与目前流行的写论文先交开题报告的做法不同，先生要求我们不急于写论文提纲，而是先深入研究、广泛积累。他认为在透彻研究有关问题之前，是不可能写出准确和详细提纲的；若能提供这样的提纲，论文也已初步完成了。可以说，目前的所谓开题报告，很大程度上不过是一种程序和形式罢了。

先生平素不善交际，唯嗜读书，但对后学青年的扶植，却不遗余力。他经常鼓励和引导学生看书、研究、作论文。尽管我现在工作繁忙，但仍时有学术研究的冲动，仍喜欢思考理论问题，这主要缘于先生多年的教诲和影响。先生在世时，慕名前来请教治学方法或论文写作的青年学者络绎不绝。他总是热情接待，不厌其烦，替后学者推荐论文，为年轻作者作序，给求教者复信作答……人们常把老师比做蜡烛，燃烧自己照亮别人。先生就是这样一位诲人不倦、受人尊敬的前辈大家。当年，正是在先生的鼓励和指导下，我在硕士研究生学习期间，就在《金融研究》发表了十余篇关于西方货币金融学说的述评文章（《金融研究》编辑部也给予热情支持，尤其是时任责任编辑的王志同志给予很大信任，我至今心存感激）。我从 1984 年起，连续三年被《金融研究》聘为特约撰稿人，1985 年又在该刊主持了整整一年的《国外货币金融学说评介》专栏。尽管现在看来，那些文章还略显稚嫩，但毕竟是改革开放初期系统介绍国外货币金融学说的理论文章。

余生也晚，有幸在"文革"后考入上海财经大学金融系，更幸运的是能在 1982 年成为先生门下的硕士研究生。三年的研究生学习，时间虽然短暂，却是我人生中最难忘、最充实的美好时光，也是我心态最平静、吸收知识最丰富的时期。那段时间，我完全沉浸在西方货币金融学说的书海中。至今想来，仍留恋当时"躲进小楼成一统"的平静生活。三年间，我与先生结下了特别深厚的师生情谊。当年去先生家里学习、请教不下六七十次的情形，至今仍历历在目。先生不厌其烦，循循善诱，而我则完全沉浸在学术思维中，常常忘了时间，因此而留在先生家用餐也有数十次。先生之风，高山仰止。先生科学的研究方法、严谨的治学态度、缜密的思维方式、简练的行文风格，让我受益终身。1987 年，我考取了博士研究生，指导教师是已故著名经济思想史专家胡寄窗教授。胡先生也是博古通今、学贯中西的学术泰斗。我的博士研究方向仍是国外货币金融学说。1993 年，我的博士论文《现代货币供给理论与实践》由中国金融出版社出版。凭借该书和 1992 年出版的《现代货币经济学》这两本专著及一系列论文，我荣获 1993 年度霍英东教育基金会高等院校青年教师科研二等奖（一等奖空缺）。饮水思源。我能取得这些成绩和荣誉，完全是两位导师谆谆教导和治学垂范的结果。我的大部分学术思维乃两位导师所赐。1994 年 6 月，我成为当时上海财经大学最年轻的教授之一，并于同年 11 月被评定为博士生导师，忝列当时国内金融学界最年轻的博士生导师之一。缠绵病榻的先生得知后，深感欣慰，也了却了老人家的一个心愿。忆及往事，我觉得自己一生最大的幸运，就是遇到了两位学术大师。而这样的幸运，并非莘莘学子都能遇上。

又是一年秋风劲。秋天，是勤劳者的收获季节。1983 年的秋天，先生翻译出版了魏克赛尔的代表作《国民经济学讲义》。这是继他在 20 世纪 50 年代末翻译出版奥地利经济学家门格尔的《国民经济学原理》后的又一力作。2009 年的秋天，中国金融出版社慧眼识珠，《国外货币金融学说》得以再版。作为先生的及门弟子，我由衷地感到高兴。本书过去虽两次出版，却早早售罄。这次再版，可谓适逢其时。过去常有高等院校的师生由于购书不得，向我索取本书。对于研究者来说，本书的理论价值是毋庸置疑的。先生以其满腹经纶，博观约取、去芜存菁、厚积薄发，为读者掌握西方货币金融理论，提供了一条"终南捷径"。对决策部门和实务部门工作者而言，本书的价值远不止是货币金融学说史意义上的，而是为货币金融政策奠定着理论基石。

本书富有深度、彰显功力、论述严密、行文简洁，堪称我国老一辈学者严谨治学的典范之作。这是一本内涵丰富的书，也是一本隽永常新的书。读者从中不仅能汲取理论知识，更能感受到老一辈学者的严谨治学精神与高尚为人风范。愿读者珍爱之。

是为序。

2009 年 11 月　于沈阳

经济发展中的金融运行与经济学体系中的金融学

——关于金融学与经济学之关系的几点认识[①]

一、金融学的学科特征与学科定位

亚里士多德曾经将人类的知识分作三大类，即纯粹理性、实践理性和技艺。笔者以为，金融学是这样一门独特的学科，它在诞生之初就几乎同时包含着上述三种因素，而且在以后发展中始终保持并发展了这一特色。要为金融学科的特征与发展定位，应该从这个特点入手。

不难发现，早在2000多年前金融学的萌芽阶段，人们就开始从最抽象、最思辨的层面讨论货币的本质，从社会伦理道德的角度分析储蓄、借贷和利息的成因，从最具体、最实际的角度研究货币铸造、资金运动及个人理财的方式。直到今天，这些内容的发展仍然是金融学的重要组成部分，它们之间既相对独立又互相联系，将亚里士多德所说的三类知识熔于一炉，形成金融学独特的魅力。有人认为，金融学是一门纯应用学科。但是，有哪一门应用学科会有上述特色？金融学的抽象与思辨的成果不仅成为理论经济学的重要组成部分，而且在一定程度上成了现代经济学发展的基础，金融学的研究方法也成了理论经济学的主要研究方法之一。不过，金融学同时也有别于纯粹的理论经济学，它与实践结合得非常紧密，有很大一部分内容甚至是操作性的东西。因此，如果一定要把金融学划入某一类别，我们恐怕只能说它是一种具有很浓理论经济学色彩的应用经济学，或者说是具有很强实践色彩的理论经济学。

金融学还有一个鲜明的特征：它既是宏观经济学，同时又是微观经济学。对于前者，相信每个学过宏观经济学的人都会有此共识。假如去掉有关金融的

---

① 本文作者盛松成，发表于《中国金融》，1998 年第 6 期。

部分，恐怕一本宏观经济学教科书就剩不了多少内容了！后者则是最近一二十年来金融经济学发展的一个结果。在此以前，经济学家所要做的只是把微观经济学的某些方法和结论直接用来分析金融问题，金融不过是微观经济分析的一种环境，或者说是它的研究对象，而现在，金融理论已经日益成为微观经济学的有机组成部分，诺贝尔经济学奖多次颁发给在金融研究中有突出贡献的经济学家便是明证。

经济学和金融学的发展已形成了这样一个事实，即金融学并不仅仅是经济学体系中的"一个分支"，金融理论实际上已经渗透到整个经济学之中，正是在这个意义上，我们说，金融学与经济学密不可分。

值得指出的是，我们说金融学与经济学密不可分，这并不意味着要取消金融学的学科地位，恰恰相反，金融学应该在现有的基础上得到更大的发展。原因在于，观察经济运行可以有不同的角度。我以为，只要是从金融角度立论，以金融运行为线索进行研究的，就都是金融学当然的研究领域。随着各国市场经济的发展，金融越来越渗透到人们的日常生活和经济运行中，因此，对金融理论与实践的深入研究，以及金融学作为一门相对独立的学科的发展，不仅符合宏观经济调节和微观经济发展的需要，而且将极大地丰富经济学的内容，促进经济学这门学科的发展。

二、金融学的历史演变

我们说金融学与经济学密不可分，是就金融学科的现状而言的，而从该学科的历史发展看，情况则要复杂得多。

金融学的起源可以上溯到以柏拉图、亚里士多德等为代表的古希腊时期。在当时的社会经济环境和学术氛围中，金融并不是萌芽状态经济学的主要内容，亚里士多德和经院学者所作的主要是实物分析。直到19世纪末，在经济学中占主导地位的仍然是实物分析。

与古典经济学实物分析法相伴随的是所谓"两分法"和"货币面纱观"。在古典经济学家看来，货币只是商品交换的媒介和便利交换的工具，是一种与实际经济过程并无内在联系的因素。他们强调货币的中性特质，即货币供给量的变化并不影响就业、产出等实际变量。古典学派经济学家将统一的经济整体机械地分为实物方面和货币方面，并将经济理论与货币理论截然分开，形成了古典学派的传统的两分法和所谓货币面纱观。根据两分法，他们论证出个别商品的价格决定于该商品的供求关系，即决定于经济的实物方面，而一般物价水平和货币的购买力则决定于货币的数量及货币流通速度，即决定于经济的货币方面，两者并没有内在的有机联系。货币只不过是覆盖于实物经济上的一层"面纱"，对经济并不发生实际影响。在古典经济学家看来，经济的长期发展完全是由实物部门决定的，因而政府任何积极的货币政策都是多余的，甚至是有害的；货币政策的任务只是控制货币数量，稳定物价水平，维持货币的购买力。

但是，即使是在实物分析占绝对主导地位的时期，经济学也并没有完全抛开货币金融因素，经济学家们也常常会不自觉地考虑货币金融问题，而且，随着时间的推移，实物分析的纯粹性被不断地削弱，金融因素不停地"侵蚀"着经济学。到 19 世纪末期，瑞典经济学家魏克赛尔首先与"货币面纱观"决裂。他关于自然利率、货币利率和累积过程的论述启发了整整一代经济学家。他可以算是将货币因素融入理论经济学的首创者。

魏克赛尔首先创立了货币经济理论，而真正使这类理论深入人心的则是凯恩斯。1936 年《就业、利息和货币通论》的出版不仅是理论经济学发展的重要里程碑，而且在货币金融学历史上也具有划时代的意义。凯恩斯以后，又由于希克斯、汉森等当代经济学家的努力，到 20 世纪 40 年代，货币理论已经成为经济学不可分割的一部分。今天，西方的货币理论都是经济的货币理论，而经济理论也都是货币的经济理论，两者已融为一体了。同时，随着商业银行制度的完善，他们所创造的"存款负债"逐渐被视同于传统意义上的货币，商业银行的运行也成为经济学研究的重要内容。

金融理论融入经济学则经过了更加漫长的过程。在一些老一套的学术著述中，利率被当作"货币的价格"，大量的金融资产被称为"准货币"，许多其他类型的金融机构被称为"非银行金融机构"，似乎给人一种感觉，只要将货币理论略加变通即可运用于分析整个金融问题。为了进入传统经济学的主流体系，金融理论家一直在做着不懈的努力，如果从 20 世纪 30 年代初美国经济学家费雪出版《利息理论》算起，到现在已经 60 多年了。在这期间，由金融学者所贡献的"金融深化论""金融增长模型""金融传导机制"等大量概念和理论已经成为经济学的重要组成部分。可以预期，在今后一段时期中，金融经济学家所要做的是建立一套可以和货币分析相媲美的、"正式化的"（formalized）分析框架，并逐渐用它来取代狭义的货币分析法。

20 世纪 90 年代以来，金融学的发展又出现了新变化，由衍生金融工具所引发的金融革命给金融学带来了新的"增长点"。在此以前，金融学只能对宏观经济学有所贡献，而微观经济学领域则一直是传统经济学的天下，金融学家能够做的只是用已有的微观经济学知识分析具体的金融问题。现在，情况已发生了根本变化，金融学已经渗入微观经济学，并且在很大程度上改写了微观经济学，这就从根本上动摇了传统经济学的根基，难怪有人惊呼金融经济学将要取代经济学的地位。

三、金融学发展的金融、经济背景

金融学与经济学逐步融合的背后有着深刻的金融、经济背景，它反映了社会经济不断地货币化、金融化的历史趋势。可以说，金融学科的发展过程同时也就是金融业向整个经济体系不断渗透，与其他经济部门紧密结合的过程。

在商品经济的萌芽时期，尽管货币已经出现，但货币的作用和对经济的影响并不显著。在那些刚刚走出自给自足的人们看来，货币无非是一种稍微特殊一些的商品。"货币学"当然也就无从谈起。随着铸币尤其是不足值货币的出现，货币现象才开始为有识之士所注意。但经济货币化的程度既低，这门学问也就算不上显学。同时，在那个时候，尽管货币形式的借贷已经出现，但它尚不属经济学研究的对象，人们更多的是从伦理学角度讨论其意义。

直到商业资本主义从农业经济中脱胎出来，金融业和金融学才得到真正的大发展。从此以后，经济发展就走上了一条不断货币化、金融化的道路。所谓经济货币化是指一国国民经济中全部商品和劳务的交换，以及包括投入和分配在内的整个生产过程中，通过货币来进行的部分所占比重的提高过程及趋势。用货币交易的产出量（包括商品和劳务）与全部社会产出量之比值即为经济货币化程度的衡量指标，为简便起见，经济学家一般用货币存量与名义国民收入之比来代替。如果剔除个别年份由于特殊因素（如战争、危机）影响而发生的波动，则在主要资本主义国家，从 19 世纪后半期到 20 世纪中叶，此指标一直处于上升状态。以美、英两国为例。在 1871 年，美国的货币存量为 15 亿美元，名义收入为 69. 46 亿美元，该项比值为 0. 216；英国货币存量为 5. 02 亿英镑，名义收入为 9. 72 亿英镑，比值为 0. 516。到了 20 世纪 40 年代末期，美国的这个比例上升为 0. 7 ~ 0. 8，其中比值最高的年份是 1946 年，为 0. 865，英国则上升到 0. 8 ~ 0. 9，其中比值最高的年份是 1947 年，为 0. 925。在这样的背景下，就不难理解为何货币学在这段时期中取得长足发展，并且在经济学体系中占据显赫的地位。

进入 20 世纪 50 年代以后，金融业的发展更趋复杂化。从数值上看，西方主要发达国家的货币存量与名义收入之比大都呈下降趋势，如美国的该项比值由 1946 年的 0.865 下降到 1960 年的 0.558 和 1970 年的 0.548，仅与 30 年代差不多；英国的该项比值从 1947 年的 0.925 下降到 1960 年的 0.501 和 1970 年的 0.417，还不如 1871 年的比值高，出现所谓"货币失踪"（missing money）现象。与此相对应，货币调控尤其是以货币数量论为指导的宏观调控政策屡屡失效，货币理论也因此面临着危机。但上述事实并不能说明金融的地位在下降，相反，在现代社会中，金融起着前所未有的巨大作用，金融业对社会经济各个层面进行了全面渗透。可以毫不夸张地说，离开了现代金融业，我们将一事无成。这种现象在数值上表现为金融资产对名义国民收入的比例一直处于上升势头。在一些发达国家，这个数值已经比 20 世纪初翻了好几番。现在，每天有 15000 亿美元的金融资产在全世界流动，远远超过实物经济交易量。名义部门与实际部门的地位由此发生逆转，当代市场经济已成为名副其实的金融经济。金融经济学取代货币银行学的传统地位也就不足为奇了。

四、金融业不能脱离整体经济独立发展，金融学也不能抛开经济学自成一家

在一些金融学家津津乐道"金融深化"的巨大成就的同时，我们也不能不看到其中所潜伏着的危机因素。我以为，金融业就其本质而言，只是一个流通部门，没有它经济不能正常运转，但只靠它也不可能完成整个经济过程。只有立足于服务实物经济，金融业才能找到自身位置。

有证据表明，当前各国经济中都不同程度地出现了金融"倒金字塔"现象，这是一个值得高度重视的问题，最近发生在我们眼皮底下的亚洲金融危机给我们敲响了警钟：发展中国家如果过度依赖金融力量支撑经济增长，则一旦经济前景发生不利的变化，经济崩溃的可能性和速度都会增大。

金融如何在自身的规范中支持经济发展，如何进一步密切与经济的关系，是我国金融业面临的主要课题之一。新一届政府把房地产等行业列为我国经济发展的重点和新的增长点。根据国外的经验，这些行业恰恰是金融因素涉入最深的部门，而我国在这方面则十分欠缺。如果不进一步将金融引向纵深发展，

向消费者（或居民部门）发展，则这些部门不可能获得增长所需的需求拉力。此外，党的十五大提出经济多元化的方针，但目前金融资源的投向离真正的多元化尚有较大的距离，非国有部门没有获得与其经济贡献相称的金融支持。但是，我国金融业的发展同样必须与整体经济的发展相适应，不能指望靠金融包打天下，也不能在改革开放过程中让金融业单兵独进，过早地暴露在国际竞争当中。我不大相信所谓"金融改革是经济体制改革的突破口"之类提法，反而认为，金融改革与开放必须和经济改革与开放同步发展。

要保证金融业健康发展，金融学科建设至关重要。我之所以强调金融学与经济学密不可分，就是想要让我们的学生在理解金融问题、处理金融事务时，具有一种全局观念、整体经济的观念，避免那种就金融论金融的研究态度和只从部门利益出发的本位主义作风。国外的金融教科书很注重从经济学角度叙述金融问题。我们这一代学人面临的任务不仅是吸收西方已有的金融经济理论，而且更重要的是立足中国国情，发展具有中国特色，适应我国金融、经济建设需要的现代化的金融学科。

第三章

我国货币政策的目标

◎正确理解我国货币政策的目标

◎中国开放条件下的货币政策目标

◎货币供应量的增加能引起价格水平的上涨吗

◎在正确认识的前提下有效管理通胀预期

◎单一商品价格与价格总水平决定因素是不同的

◎各国央行盯住2%通胀目标是刻舟求剑

正确理解我国货币政策的目标^①

《中华人民共和国人民银行法》（下称《中国人民银行法》）规定，我国货币政策目标是"保持货币币值的稳定，并以此促进经济增长"。如何正确理解这一货币政策的目标？一种观点认为，稳定人民币币值是我国货币政策的"唯一目标"，甚至提出我国货币政策的目标应该是"保卫人民币"。正确、全面地理解人民银行货币政策的目标是我们贯彻落实《中国人民银行法》的主要任务之一。我认为，《中国人民银行法》中的货币政策的目标至少包含以下几层含义：

第一，我国货币政策的首要目标是保持人民币币值的稳定，实际上也就是保持物价的稳定。在市场经济条件下，币值的稳定主要是通过物价的稳定来反映的。所谓稳定物价，就其本身要求来说，是要防止物价水平上升和物价水平下跌，但从各国货币政策的实践来看，稳定物价主要是解决物价水平上升的问题。因此，作为货币政策的目标，稳定物价的含义主要是抑制物价水平上升，也就是通常所说的"反通货膨胀"。

物价水平的稳定是一个比较复杂的问题，它不仅取决于一定的政治经济环境，而且还取决于社会公众对物价上涨的容忍程度。对此，经济学界也颇多争议。现在，人们大都摒弃了一般物价水平保持绝对稳定的幻想，而倾向于现实的稳定物价要求。国外一般认为，物价上涨率控制在4%以内，就算基本实现了物价水平的稳定。而在具体实行中，各国货币当局一般都根据各个时期的政治经济环境，变通地确定目标通货膨胀率。如在美国，20世纪60年代初通货膨胀率要求控制在2%以下。而到了70年代，通货膨胀率已达到了两位数。显然，此时再要求物价上涨不超过2%已不现实。于是，美国货币当局不得已将目标通货膨胀率的上限提高到7%。

一个基本事实是，一定时期的通货膨胀率往往与该时期的经济增长率密切

---

① 本文作者盛松成，发表于《新金融》，1995年第7期。

相关。经济高速增长时期也往往是物价高涨时期。通货膨胀确实在一定程度上是经济增长的代价。鉴于此，有人提出将通货膨胀率控制在经济增长率以下。我觉得这是一个切合实际而不好高骛远的方案。事实上，要做到这一点已很不容易。近年来，不仅我国实际通货膨胀率远远超过经济增长率，甚至目标通货膨胀率也远高于经济增长率。

第二，我国货币政策的目标并不排斥对经济增长的考虑，甚至于这一目标的确定在很大程度上就是为了促进经济的增长。所以，我不赞成所谓"我国货币政策目标单一性"的提法。不然的话，物价就是越稳定越好，就应该提币值"固定"、物价"固定"，而不应该提币值稳定、物价稳定了，也无须确定目标通货膨胀率了。

我们不是传统货币数量论，也不像西方"古典"学派经济学家那样，认为货币供给量的变化只影响物价水平，而不对实际经济产生任何作用。所以我们也不像他们那样，认为中央银行的唯一职责就是防止货币贬值和物价上涨。事实上，当今各国货币当局在制定任何一项货币政策时，几乎都不可能不考虑到经济增长这一因素。因为稍有一点经济学常识的人都知道，任何一项货币政策都会直接影响到经济增长，我国当前的情况尤其如此。我国正处于经济高速增长和经济体制转轨的重要时期，货币政策能不为这两大任务服务吗？即使在经济高度发达的西方国家，也很难实行完全的单一目标的货币政策。事实上，真正实行单一目标的只有极少数国家。有人认为，促进经济增长是国家宏观经济的目标，而不是货币政策的目标。但在市场经济条件下，货币政策正是国家调节宏观经济的最主要手段，如果货币政策不考虑经济增长，那靠什么政策来调节经济增长呢？

事实上，我国现阶段的各种货币现象，几乎都与经济增长和经济体制转轨有关。例如，我国目前的通货膨胀主要就是由这两方面的因素共同造成的。举个最简单的例子，一般说来，经济增长越快，基建投资也越多。在基建过程中，需要注入大量资金，但基建项目在完成前，却不能为社会提供任何商品，也就是，需求增加而供给却暂不增加，于是物价就上涨。一般说来，在货币供给增加与生产能力的扩大之间，有一个时间上的间隔。这一"时滞"的长短取决于社会和经济等方面的一系列因素。最直接的因素就是经济效率。我们的任务是要尽可能缩短这一"时滞"，争取经济的尽快增长，减轻通货膨胀的压力。

同样，在我国经济体制转轨过程中，高度计划经济条件下的隐蔽的通货膨胀也会显现出来，如伴随着粮票取消的粮食涨价等。此外，在企业经营机制改革过程中出现的企业破产、工人下岗等现象，都会造成物价上涨的压力。

由此可见，我国目前的通货膨胀与第一次世界大战后德国的恶性通货膨胀及 20 世纪 40 年代国民党政府时期的恶性通货膨胀都有着本质的不同。德国当时的极度恶性通货膨胀主要是由于大战的浩劫造成的；我国 20 世纪 40 年代的恶性通货膨胀也是由战争和国民党政权的腐败造成的。前者的根源是非经济性的，而后者则是在经济增长和改革过程中的暂时现象和暂时困难。常常有人将这两次恶性通货膨胀与我国当前的通货膨胀相比拟。我觉得这种比拟是没有根据的。

从世界历史看，绝大多数的经济增长，尤其在起飞阶段，都经历了不同程度的通货膨胀。但随着经济增长和技术进步，物价就逐渐稳定下来，如在 20 世纪 70 年代，欧洲的一些国家和美国的通胀都曾达到两位数，但现在，这些国家的物价上升一般都很小，有些国家的物价上涨率仅 1% 左右。

对于我们来说，重要的是，要把我国当前通货膨胀的真实原因和暂时困难向广大群众说清楚，增强全民反通货膨胀的意识和信心。高喊反通货膨胀的口号是不难的，而真正困难的是处理好物价稳定与经济增长的关系。

第三，币值稳定，从而物价稳定是经济增长的条件。关于这一问题，理论界已经谈得很多，《中国人民银行法》中也作了肯定的回答。在此，我想补充四点。

其一，如前所述，这里所谓的稳定在不同的经济环境中有不同的具体含义。

其二，在当前，强调抑制通货膨胀是非常必要的，因为通货膨胀率已远远高于经济增长率，已成为经济生活中的主要矛盾，如不及时制止，就会妨碍经济增长和引起社会动荡，所以，我国当前反通货膨胀是社会经济和政治的需要。

其三，要使更多的人认识到物价稳定与经济增长的关系，使反通货膨胀真正成为全体人民的自觉行动。事实上，物价上涨与我们日常生活中的很多活动都有关。例如，公款消费就是我国目前通货膨胀的一个重要原因。公款消费大大增加了社会总需求，从而使一包香烟几十元、一瓶美酒几百元、一桌酒席几千元乃至一辆轿车几十万元成为可能。这些公款又以各种形式计入生产成本，由此造成产品价格上升。生产成本增加，企业收入自然减少，税收等形式的财政收入也就减少，财政赤字于是增加，物价就会上升。奇怪的是，不少企业连年亏损，公款消费却不减少分厘。靠什么？靠银行贷款。这些只借不还的企业，使银行信贷有增无减，物价能不上升吗？

由此可见，反通货膨胀不仅仅是货币当局的事，它同很多人都有关。使反通货膨胀政策深入人心，是一项重要的反通货膨胀措施。

其四，要重铸我国宏观货币调控的微观基础。我们知道，货币学派有一个基本的观点，即通货膨胀归根到底是货币现象，是由于货币的增加超过产量的增加而引起的，所以，抑制通货膨胀的根本措施是控制货币供给。人们往往只看到中央银行在控制货币供给中的作用，而忽视了这一宏观货币控制的微观基础，其中最直接的基础就是商业银行的行为。《中华人民共和国商业银行法》（下称《商业银行法》）规定了我国商业银行实行自主经营、自担风险、自负盈亏、自我约束的经营原则。这是根据市场经济的原则，重铸我国宏观货币调控的微观基础的法律依据。从这一方面就可以看出，《中国人民银行法》与《商业银行法》是与我国金融业密切相关的两部大法。

现代货币由基础货币和存款货币所组成，而存款货币一般为货币量的主要部分，因此，货币控制不仅是对基础货币的控制，而且是对存款货币的控制。基础货币的多少主要取决于中央银行的决策，而存款货币的多少则直接取决于商业银行的贷款行为。一般说来，商业银行的贷款越多，它所创造出来的存款货币也越多。

在自主经营、自负盈亏的条件下，商业银行对贷款是很谨慎的，所以存款货币的创造是自觉的和有规律的，而不是盲目的和混乱的。这样，中央银行才能通过存款准备金政策等手段来有效地控制商业银行的存款创造。然而，在我国现实条件下，作为我国银行体系主体的各大专业银行还远未实现商业银行化，还谈不上真正的自主经营。由于来自地方政府和企业的两方面的压力，专业银行的贷款往往违反效益性、安全性、流动性的经营原则，往往不受市场经济规律的约束。

由此形成了我国货币供给的两种"倒逼"机制：一种就是企业和地方政府对专业银行贷款的倒逼，再一种则是专业银行对人民银行再贷款的倒逼。后一种倒逼主要是由前一种倒逼促成的。因为中央银行是"银行的银行"，是商业银行的最后贷款者。尤其在我国，专业银行本质上是国家银行，当专业银行需要资金时，人民银行往往不得不向它们提供再贷款。这两种倒逼机制的存在是我国当前货币供给失控的直接原因。所以，解决货币失控的问题，不仅要解决宏观货币失控的问题，而且要解决这一失控的微观基础问题。

在成熟的市场经济条件下，由于商业银行实行自主经营，因此基本不存在上述第一种倒逼机制；由于商业银行自担风险、自我约束，因此上述第二种倒逼机制的问题也不明显。由此可见，根据市场经济的原则，将我国专业银行逐渐转换成真正的商业银行，从而建立起完整的商业银行体系，这不仅是我国金融体制改革的方向，而且是完善我国的货币调控体系，解决货币失控和通货膨胀问题的根本措施之一。

中国开放条件下的货币政策目标^①

根据加入世贸组织承诺，中国将在不远的将来基本实现经济金融的全面对外开放，我国货币政策将由此面临来自国内外更多的机遇和挑战。因此必须在借鉴国内外相关经济学理论和实践经验的基础上尽快建立我国自己的开放条件下的货币政策体系。而开放条件下的货币政策目标显然应该是这个研究的开始。

一、开放条件下多重目标的平衡

根据《中国人民银行法》，我国货币政策的目标是"保持货币币值的稳定，并以此促进经济增长"。其中的币值稳定包括货币对内币值（物价）和对外币值（汇率）稳定两个方面。在其他国家，有的是单一目标，有的为多目标，较为普遍的货币政策目标包括经济增长、充分就业、物价稳定和国际收支平衡四个。但实际上，目前我国货币政策所需要达到的目标远远超过这四个，如支持国企改革、配合积极的财政政策扩大内需、确保外汇储备不减少、保持人民币汇率稳定等。近年来一些专家还提议应将防范金融风险和防止资产价格泡沫等列入货币政策调控的目标。除此之外，经济金融的对外开放也使得来自国外的干扰越来越多，例如国外的利率变化、货币投机、通货膨胀等，都会对国内经济金融的稳定健康发展产生不同程度的影响。因此一些专家提出在开放经济条件下，必须将其他国家的政策工具变量纳入本国货币政策的调控范畴。货币政策目标越多，相互之间的关系越复杂，如何有效协调各种政策工具的使用，同时实现货币政策的诸多目标，是货币政策理论和实践的一大难题。

根据"丁伯根法则"，为了同时实现多个独立的政策目标，政府至少拥有与政策目标数相等的独立的政策工具。而现今，人民银行显然不可能拥有如此

---

① 本文作者盛松成、刘斌，发表于《银行家》，2004 年第 1 期。

多的货币政策工具来实现这些目标，因而必须改变现有货币政策目标的规定形式。实际上，"丁伯根法则"之所以要求货币政策工具大于或等于货币政策目标，是因为其假定政策变量间存在着线性关系，也就是说，货币政策目标是确定的数量值。但这一要求并非必须。我们也可以将货币政策模型改为不等式组下的求极值关系，也就是说，将货币政策目标由点值放松为区间值。在现实经济中许多货币政策目标本身也应该是区间值。例如经济增长率，一般认为是越高越好，也就是说，是大于的不等式关系；而失业率则是越低越好，是小于的不等式关系；物价涨幅则在一定的区间内都可以被认为是稳定的，是大于小于的不等式关系。这样即使在货币政策工具少于货币政策目标的情况下，也可以同时实现多个独立的货币政策目标。例如，如果目标区间设定和经济金融环境较为宽松，就可以突破"蒙代尔三角"的限制，在资本账户开放的条件下同时实现国内货币政策目标和汇率基本稳定的目标。此外，将点值扩大成为区间值还可以增加解的稳定性，防止在外部干扰严重时，因货币政策目标值经常变动而导致政策调整过于频繁。

二、开放条件下货币政策的内外目标

实际上即使中央银行拥有足够多的货币政策工具，也很难同时实现很多的政策目标。因为政策关系的复杂性随着目标数量的增加而呈几何级数上升，而且大多数外部政策目标是受国际环境影响的，可能经常发生变化，此时即使在理论上有最优解，在实际操作中也不可能达到。因此必须严格限制货币政策目标数量，将其他内外扰动视为"白噪声"。至少在开放初期，我国货币政策的内部目标应设定为保持总量平衡。这一目标有三层含义：首先，货币政策无法实现超过充分就业的经济增长率。货币政策的目标应该是可持续的长期增长，货币政策操作应该侧重于熨平经济周期和抵消外部扰动，增强经济增长的稳定性。其次，货币政策是宏观政策工具，调控对象是总供给、总需求和一般物价水平，应尽量减少对微观经济部门的过多干预。最后，物价稳定既是供求平衡和预期稳定的结果，又有助于经济长期增长潜力的充分发挥，因此货币政策应努力保持物价稳定。

上述三层含义中以第一层最为关键。例如，刺激投资可以在短期内增加社会需求，拉动经济增长，但却会进一步扭曲消费和投资的比例，导致长期过剩加重。又如，通过固定汇率、吸引外资和外贸逆差，一国可以在短期内达到超过自身潜力的增长速度，同时降低通货膨胀率，但长期却会导致外债过度积累，最终引发货币危机。因此我国的货币政策不仅要促成短期均衡（凯恩斯主义）的实现，更应该重视维持长期（经典）均衡，努力提高市场的可预测性和稳定性，维持国民经济主要比例的基本平衡，发挥经济增长的长期潜力。

我们认为，根据现阶段我国的货币政策操作实际水平，目前还不宜将资产价格作为货币政策的调控目标。因为对于房地产价格或股价与货币供应之间的关系，无论在理论上还是在实证上，国内外尚没有取得一致意见，调控成功的经验也不多。而在我国，资产价格的调控涉及多个部门之间的政策协调，调控难度非常大。此外，虽然保持宏观金融稳定已经成为人民银行的工作职责，目前许多国家和国际组织都在研究金融风险的预警体系，但它也不应该作为货币政策目标。因为对宏观金融风险很难找到一个公认的科学定量化指标，金融风险的根源一般在微观层面，具有隐蔽性、突发性和多变性，一般来说，金融监管当局负有主要责任。现有宏观预警模型对风险预测的准确率还很低，人民银行的货币政策在化解金融风险方面并没有优势。

我国货币政策的外部目标应为汇率基本稳定基础上的经常项目轻微顺差。其原因一是如果政策目标设定为国际收支平衡，则由于国际资本流动规模大，稳定性差，为了保持国际收支总体平衡，经常项目收支不得不作经常性调整，而实物经济的调整速度远低于金融市场，且调整成本远大于资本项目调整。二是根据有关统计，今后我国的劳动力数量将继续增加，并在 2020 年前后达到最高峰。根据国际收支代际平衡理论，中国应通过经常项目顺差进行外汇资产储蓄积累。三是由于我国的经济增长率和人民收入的提高速度远高于国际平均水平，根据国际收支调节的货币理论，我国居民对外汇资产的需求将超过外国居民对人民币资产的需要。从长期来看，这一差额只能通过经常项目顺差来弥补。四是随着我国改革的深入和综合国力的提高，我国商品和服务的国际竞争力将逐步增强，保持经常项目顺差较容易做到。此外，经常项目的顺差对国内经济增长可以起到有力的拉动作用，有利于对内和对外政策目标保持一致。

当然，其他因素的扰动并不是真正的"白噪声"，其中一些可能会对经济金融产生重大影响。因此人民银行在将调控重点集中在有限目标的同时，还应该设立更加广泛的监测目标组，进行实时严密监控，定期分析预测其变动趋势，并在必要时通过适当方式向社会和金融机构提示注意在特定的时期，当某一个或几个因素确实对国民经济产生重大影响时，也可以在短期内将其纳入调控目标。例如当金融风险形势恶化，国外投机势力蠢蠢欲动时，可能反危机就成为货币政策的重中之重了。

在对内和对外货币政策目标关系上，对内目标的实现应优先于对外目标。为了减少内外目标的冲突，应该改革人民币的汇率形成机制，实行真正的有管理的浮动汇率制；扩大汇率浮动范围，使汇率能够成为保持经常项目平衡的重要杠杆；并通过汇率变动增加外资流动的风险和成本，使国内货币政策获得更大的独立性。同时主要通过外汇储备和外汇管制调节资本项目的短期波动。即使在开放经济条件下，也不宜完全放弃资本项目下的外汇管制，而应该改革资本项目管理方法，减少管理成本，提高管理的针对性。将外汇管制从"常规性武器"转变为"威慑性武器"，并积极探索利用外汇流动税等经济手段限制国际游资流动。

三、开放条件下货币政策的中介目标

为了提高货币政策的反应速度，提高干预的准确性，各国中央银行一般都设定货币政策中介目标。目前我国的货币政策中介目标是货币供应量，货币政策的主要传导途径是银行体系。根据普尔（1970）的经典分析，货币政策中介目标选择货币供应量还是利率应取决于哪种能够使产出扰动最小化。根据国际经验，金融对外开放使国内金融市场更容易受到外部冲击，波动将更加剧烈。同时将加快国内金融机构和工具创新，银行体系的重要性降低，国内货币需求稳定性被破坏，货币供应量与其他宏观经济指标之间的相关性也会减弱。此外，更加激烈的国际市场竞争和我国经济进入相对过剩阶段使得恶性通货膨胀在我国发生的危险大大降低，名义货币需求相对于实际值的波动将会减少，采用货币供应量作为中介目标的主要优势将逐渐减弱。从20世纪80年代中后期开始，越来越多的国家转向采取利率作为货币政策的中介目标。在开放条件下我国与国外主要国家货币政策中介目标的不一致可能成为国际套利活动的诱因，并影响汇率的稳定。因此我国货币政策的中介目标应该逐步由货币供应量转为利率。更准确地说，我国货币政策的中介目标应该是1年期以上的中长期利率水平。

如前所述，我国货币政策对内的主要目标应是长期均衡。短期利率是金融市场的均衡利率，主要反映货币供求的情况。实际长期利率是自然利率，其名义值和实际值之间的差异反映了对通货膨胀和收益预期的变化。一般认为，长

期利率与实际经济的相关性较强，某些短期利率波动并不反映真实经济的供需变化。如当股票投机过热时，资本市场资金需求旺盛，为了稳定利率，中央银行增加的干预货币可能造成推波助澜的后果。或者当国外利率变动时，稳定的短期利率可能会引起国际游资的套利活动。如果我国货币政策的中介目标是短期利率，人民银行可能无法立即判断利率波动的真实原因，导致政策操作失误。而中长期利率受国际因素和股票市场干扰较小，政策可控性也较强。允许短期利率一定幅度的波动而侧重于稳定长期利率，实际上增强了货币政策的灵活性和独立性。

我国的经济增长长期以来主要依靠投资拉动，经济周期主要是投资周期。在今后较长的一段时期内，这一情况预计仍然不会发生根本性变化。投资的主要资金来源仍将是长期贷款，中长期市场利率与贷款利率的关系仍将十分密切。中央银行可以通过稳定中长期利率，稳定金融机构长期资金成本，促使金融机构保持中长期贷款的平稳增长，进而减少投资波动，使整个经济保持长期稳定。

货币政策的中介目标由货币供应量向利率的转变对市场各金融主体提出了更高的要求，人民银行必须逐步放松各类利率管制，充分发挥利率在金融资源配置中的杠杆作用。应加强对利率作用机制的研究，积极疏通货币政策传导渠道，加快发展金融市场，丰富市场交易品种，形成包括从短到长各个期限的完整市场利率体系，并通过提高市场透明度，增强市场资金供求的稳定性。金融机构要改进流动性和利率管理水平，就要提高对宏观经济政策变化和金融市场变化的预见性，减少政策传导中的"溢出"效应。要努力增强国内经济主体的利率敏感性。政府，尤其是地方政府要保持对资金需求的稳定，使得市场利率能够更加充分地反映实际的投资收益率和风险水平。显然这一过程还需要相当长的时间。在过渡阶段，可能需要在货币供应量和利率双重目标之间寻找一个合适的均衡点。一方面应该继续完善对货币的定义和统计，确保货币供应量目标的实现；另一方面，建立更加科学有效的利率干预规则，通过公开市场操作努力维持利率水平稳定。

货币供应量的增加能引起价格水平的上涨吗

——基于资产价格波动的财富效应分析[①]

摘要： 随着国际金融危机冲击的不断减弱，各国经济出现了触底反弹的迹象，天量的货币投放再度引发人们对通货膨胀的担忧。货币数量理论所代表的经济自由主义和凯恩斯主义所代表的政府干预主义在货币供应量对价格水平的影响问题上存在分歧，正确认识这种分歧具有重要的现实意义。本文利用中国1996年1月至2009年3月的经济金融月度数据，在引进房地产市场价格指数和股票市场价格指数的基础上，对中国的货币供应量 M_2 与价格水平 CPI 之间的关系进行了实证研究，结果表明：货币数量理论在中国仍具有一定的适用性，M_2 和 CPI 之间存在长期稳定的正向关系，但 M_2 的增加并不能引发 CPI 同比例的上涨；股票市场财富效应存在，股票市场价格指数的变化对 CPI 有重要影响；中国房地产市场财富效应不明显，房地产价格指数的变化不会对 CPI 变化产生明显影响；CPI 具有较强的惯性。因此，当前中央银行要引导和管理好通货膨胀预期，将货币政策目标的重心由保经济增长回归到维持物价稳定上来，防止预期的通胀变成现实的通胀；同时，还要关注资产价格通过财富效应对 CPI 产生影响。

一、引言

据国家统计局公布的数据，中国 2009 年第一、第二、第三、第四季度 GDP 同比分别增长 6.1%、7.9%、9.1% 和 10.7%，中国政府所实行的包括适度宽松货币政策在内的一系列政策措施产生了明显效果，中国经济企稳回升态势明显。与此同时，狭义货币供应量 M_1 与广义货币供应量 M_2 的增速屡次创

---

① 本文作者盛松成、张次兰，发表于《金融评论》，2010 年第 3 期。

下近15年来的历史新高，2009年11月分别达到29.74%和34.63%的历史高位。在货币供应量屡创新高的同时，价格上涨的压力开始显现，尽管2009年的居民消费价格指数（CPI）和工业品出厂价格指数（PPI）仍为负值，但CPI同比涨幅在11月就由负转正，2010年2月更是同比上涨2.7%，PPI则在12月份由负转正，2010年2月同比上涨5.4%。天量的货币投放再度引发人们对通货膨胀的担忧。

货币供应量和价格水平之间关系的研究由来已久，成果丰硕，形成了不同的理论派别。传统货币数量理论认为，货币供应量与价格水平同方向变化。著名的费雪方程式表明，当货币的流通速度保持稳定，真实收入不受任何货币因素影响而被独立决定时，货币当局所决定的货币供给的改变，会引起价格水平同方向、等比例的变化。现代货币数量理论的代表人物弗里德曼也指出，实行扩张性的货币政策，增加货币供给量对于增加产量和就业量来说，在短期内有效，长期内无效；无论是短期，还是长期，都会引起通货膨胀，而且长时间的扩张性政策还会导致"滞胀"局面出现。根据上述货币数量理论的观点，此次金融危机期间，各国政府采取的"宽松货币政策"必然会引发通货膨胀，因此，应尽快实施"退出策略"。

然而，凯恩斯理论认为，如果总供给曲线具有完全弹性，则货币供给增长带来的有效需求变化会引起产出和就业的增加而不会影响价格水平，直至经济实现充分就业。也就是说，只要有失业存在，货币供给的变化就会引起产出和就业的同比例变化；只有达到充分就业时，货币供给的变化才会引起价格水平的同比例变化。同时，新凯恩斯主义的价格和工资黏性理论也表明，货币是非中性的，货币供给的变化能够影响产出和就业，而对价格水平的影响是缓慢的。因此，在目前经济复苏还存在不确定性的情况下，要想避免经济再次衰退，货币政策的退出必须慎之又慎。

由此可见，货币数量理论所代表的经济自由主义和凯恩斯主义所代表的政府干预主义在货币供应量对价格水平的影响问题上存在明显分歧。在目前各国积极应对国际金融危机的背景下，正确认识这种分歧不但具有重要的理论意义，更对如何进行有效货币政策操作，保持经济平稳发展具有重要的现实意义。

二、国内外对货币供应量和价格水平之间关系的实证研究：文献综述

20 世纪 70 年代以来，随着计量经济学模型在宏观经济领域中的广泛应用，国外很多学者对货币供应量和价格水平之间的关系进行了实证研究。国内对这个问题的研究起步较晚，20 世纪 90 年代以后，才逐渐有学者对我国的货币供应量和价格水平之间的关系进行实证检验。根据研究结论可将国内外的有关研究分为两类。第一类研究认为，货币供应量与价格水平之间具有很高的正向相关性，货币供应量的增加是导致价格水平上升的主要原因；第二类研究认为，货币供应量与价格水平之间没有密切关系，货币供应量的变化对通货膨胀的解释能力有限。

货币供应量与价格水平之间具有很高的正向相关性。McCandless 和 Weber（1995）对 110 个国家 1960—1990 年间的数据进行考察后发现，通货膨胀率和货币供应量的变化具有非常强的相关性，相关系数在 0.92 ~ 0.96，几乎接近于 1，并且长期来看，货币供应量的增加将最终导致相同程度的通货膨胀率的上升。Moroney（2002）发现，低货币供给增长率国家的货币供应量和通货膨胀之间存在正向关系，同时如果将高货币供给增长率的国家也引入样本中进行分析，则相关关系更明显。Frain（2004）利用国际货币基金组织 IFS 数据库的多国数据对通货膨胀率和货币供给增长率之间的关系进行实证检验，结果进一步证实了 McCandless 和 Weber 的检验结论，而且对样本中每一个国家进行的实证检验也证实了通货膨胀率和货币供给增长率具有相关性。Budina（2006）分析了罗马尼亚的货币、产出和通货膨胀的关系，结果发现产出有很大的外生性，通货膨胀是一种货币现象。赵留彦和王一鸣（2005）对 1952—2001 年间中国的货币存量与价格水平之间的长期关系和动态关系进行考察，结果发现流通中货币和价格水平之间存在稳健的协整关系，而且货币存量是导致物价变动的一个关键因素，货币数量论思想仍可作为解释中国价格水平和通货膨胀的一个理论框架。朱慧明和张钰（2005）用 1994 年第一季度至 2004 年第四季度数据考察了中国货币供应量增长与通货膨胀率之间的关系，结果表明 M_2 的增长率对通货膨胀率的解释能力最强，无论哪个层次的货币供应量的增长都是通货膨胀率的格兰杰原因，说明我国的通货膨胀仍然是货币现象。唐毅亭和熊明渊（2008）回顾了 2007 年下半年以来我国高通胀的情况，认为本轮通胀依然可以

在货币数量论的框架内解释，但在应用中要充分考虑并修正物价和货币的理论值与度量值的差异带来的偏差。范志勇（2008）基于2000年之后超额工资增长与通货膨胀的关系进行检验，实证结果表明货币供给而非超额工资增长是导致通货膨胀变化的主要因素。方勇和吴剑飞（2009）运用贝叶斯向量自回归样本外预测模型分析了中国通货膨胀的诱发因素，发现2007—2008年通货膨胀的最主要原因是近年来中国货币过度发行，同时他们运用D－M检验发现，包含货币供应量的贝叶斯向量自回归样本外预测模型对通货膨胀的预测能力要高于其他模型。

也有研究认为，货币供应量与价格水平之间没有密切关系，高货币增长率与低通胀水平并存的现象不仅存在于西方发达的市场经济国家中，也同时存在于发展中国家。帅勇（2002）采用1993—2000年间的季度数据对中国"超额"货币需求问题进行实证分析时发现，货币供应量变动与通货膨胀之间呈现反向关系。刘金全、张文刚和刘兆波（2004）对1981—2002年间的通货膨胀率与货币供给增长率进行实证分析发现，虽然二者之间存在长期均衡关系和短期误差修正机制，但两者之间的影响关系依赖总供给与总需求之间的相互制约；在较低的利率水平和显著的流动性约束下，货币流通速度降低和非流通性持有增加，导致扩张性货币政策缺乏价格膨胀效果，进而在一定程度上限制了总需求的有效扩张。刘霖和靳云汇（2005）利用1978—2003年间的数据进行分析，没有发现在长期内货币供应量增长率影响通货膨胀的证据，他们认为在经济的货币化进程中，货币供应量增长率的提高并不一定导致通货膨胀。

上述实证研究虽然结论不同，但大部分都是建立在商品市场和货币市场的两部门模型基础上，没有将资产价格纳入分析范畴。事实上，自20世纪70年代以来，随着金融市场和金融创新在全球范围内的加速发展，金融资产存量在社会财富中的比重已越来越大。我国金融市场的发展虽起步较晚，但自20世纪90年代以来，尤其是最近10年来，随着众多金融产品的问世，金融资产的规模大大增加，公众持有的股票、债券、黄金等资产越来越多，同时，随着我国住房制度的改革以及房地产市场的发展，住房投资也日益成为居民资产的重要组成部分，股利等资产收益逐渐成为人们收入的重要来源之一，从而对居民消费行为产生了重要影响。因此，在金融高度发达的当今社会，应该将资产价格纳入分析范畴，重新审视货币供应量与价格水平之间的关系。

本文其余部分的结构安排如下：第三部分对货币供应量和价格水平之间的

关系进行初步检验，考察它们之间是否存在长期稳定的关系；第四部分分析资产价格波动影响价格水平的作用机制；第五部分引入资产价格变量，重新建立货币供应量和价格水平之间的关系模型，并考察模型的合理性和稳定性；第六部分对价格水平的动态调整过程进行分析；第七部分是本文的结论。

三、对货币供应量和价格水平关系的初步检验：基于商品市场和货币市场的两部门模型

本文首先在商品市场和货币市场两部门模型基础上，对中国货币供应量和价格水平之间的关系进行实证检验，考察二者之间是否存在长期稳定的关系。

（一）变量的选取和说明

在选取变量时，主要考虑数据的可得性和代表性。由于 M_2 指标涵盖范围较广，相对 M_0、M_1 而言更为稳定，我们选取广义货币 M_2 的同比增长率作为货币供给的代理变量。衡量价格水平的指标有 CPI、GDP 平减指数以及将房地产价格和股票价格纳入物价指数的金融条件指数 FCI。GDP 平减指数在统计方法上存在重大缺陷（徐强，2006），FCI 在稳定性、统计口径方面存在诸多缺陷（郭田勇，2006）。相比较而言，由于 CPI 综合反映了各类居民消费品和居民服务项目价格总水平的变化情况，在目前条件下仍然是衡量价格水平的最佳指标，并且它也是国际上测算价格水平和通货膨胀最常用的指标，因此我们选取 CPI 作为价格水平的代理变量。选取的数据为 1996 年 1 月至 2009 年 3 月期间的月度数据，数据来源为中经网统计数据库。

（二）研究模型和方法

本部分运用协整理论进行研究。使用 Eviews6.0 计量软件进行检验，具体运用了单位根检验、协整检验、格兰杰因果检验、残差相关检验等方法。

在进行实证分析前，先观察一下 M_2 和 CPI 的变化趋势。为了更清楚地比较两者的变化趋势情况，我们对两个变量进行平移处理，使其均值都为 0。进行平移后，两者的走势如图 1。从图 1 可以看出，大部分时间 M_2 和 CPI 的走势趋同，并且 M_2 的走势领先于 CPI 的走势，即二者的变化存在一定的时滞，但是 2008 年以来，两者走势呈现较大差异，甚至出现背离。

1. 单位根检验。为防止出现伪回归现象，对 M_2 和 CPI 进行 ADF 检验，确定它们是否为平稳变量。结合经济分析的实际情况，并考虑样本容量的限

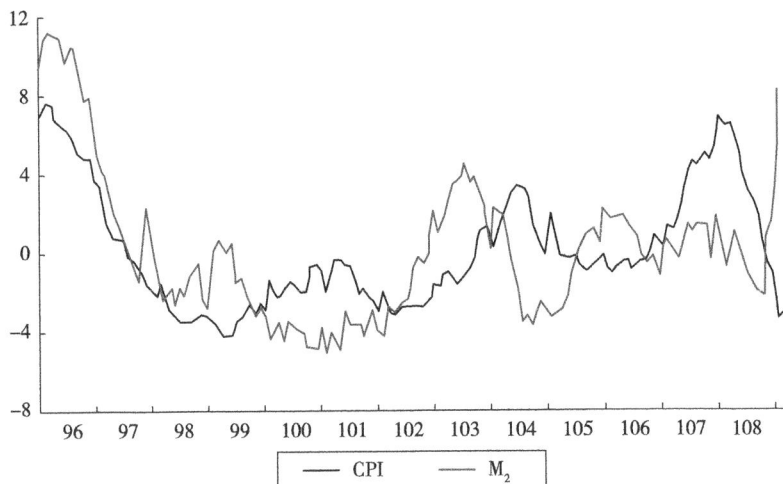

图 1　CPI 和 M₂ 的变化趋势图

制，本文确定有关变量的最大滞后期为 12，具体滞后期根据 AIC 准则确定。结果（见表 1）显示，在 5% 的显著性水平下拒绝 M_2 和 CPI 为平稳变量，但其一阶差分均为平稳变量，因此，可以对 M_2 和 CPI 进行协整关系检验，以判断两者之间是否存在长期稳定的关系。

表 1　　　　　　　　　　　变量的 ADF 检验表

变量	检验形式（c，t，k）	ADF 统计量	临界值（5%）	p 值	检验结论
CPI	(c，0，12)	-2.749965	-2.881260	0.0682	不平稳
ΔCPI	(0，0，11)	-3.561818	-1.943027	0.0004	平稳
M_2	(c，0，12)	-2.288351	-2.881260	0.1771	不平稳
ΔM_2	(0，0，12)	-3.884247	-1.943042	0.0001	平稳

2. 协整检验。协整检验从检验对象上可以分为两种：一是 Engle 和 Granger 提出的基于协整回归残差的 E - G 两步法检验；另一种是 Johansen 和 Juselius 提出的基于回归系数的 Johansen 协整检验。虽然 E - G 两步法检验对样本容量有较高的要求，但得到的协整参数估计量具有超一致性和强有效性，因此，在对两变量进行协整检验时，优先采用 E - G 两步法。本文对 M_2 和 CPI 之间的协整关系检验采用 E - G 两步法。首先，建立 M_2 和 CPI 之间的简单回归方程，用最小二乘法进行回归，结果见表 2。

表 2   回归方程检验表

Variable	Coefficient	Std. Error	t – Statistic	Prob.
M_2	0. 455576	0. 052097	8. 744829	0. 0000
C	94. 23462	0. 923103	102. 0847	0. 0000
R – squared	0. 327543	Mean dependent var		102. 1239
Adjusted R – squared	0. 323259	S. D. dependent var		2. 996463
S. E. of regression	2. 465018	Akaike info criterion		4. 654774
Sum squared resid	953. 9812	Schwarz criterion		4. 693377
Log likelihood	– 368. 0545	F – statistic		76. 47203
Durbin – Watson stat	0. 117129	Prob (F – statistic)		0. 000000

对残差进行 ADF 检验以判断 M_2 和 CPI 之间的协整关系是否成立。检验结果（见表3）拒绝原假设，即残差不存在单位根，是一个平稳变量，证明 M_2 和 CPI 之间的协整关系成立。

表 3   残差的 ADF 检验表

变量	检验形式（c, t, k）	ADF 统计量	临界值（5%）	p 值	检验结论
Residual	(0, 0, 12)	– 3. 154982	– 1. 943027	0. 0018	平稳

3. 格兰杰因果检验。进行格兰杰因果关系检验以确定 M_2 与 CPI 之间是否存在格兰杰因果关系，由于 M_2 和 CPI 为非平稳变量，因此对 ΔM_2 和 ΔCPI 进行检验。检验结果（见表4）证明两者之间存在双向的格兰杰因果关系，但需要注意的是从滞后 2 期开始，ΔCPI 就是 ΔM_2 的格兰杰原因，而从滞后 12 期开始，ΔM_2 才是 ΔCPI 的格兰杰原因。这说明货币供应量的变动可由价格水平的变动来解释，也就是说，中央银行对价格水平的变动会较为迅速地作出反应，改变货币供应量，以抑制价格水平的变化，但是货币供应量的变化需要较长时间才能引起价格水平的相应变化。

表 4   格兰杰因果关系检验表

原假设	F 统计量	p 值	检验结论
ΔM_2 不是 ΔCPI 的格兰杰原因	1. 77361	0. 0599	拒绝原假设*
ΔCPI 不是 ΔM_2 的格兰杰原因	1. 91497	0. 0388	拒绝原假设

注：本表中 ΔM_2 和 ΔCPI 的格兰杰因果关系检验的滞后阶数为12；* 表示在10%的显著性水平下拒绝原假设。

4. 回归方程残差的序列自相关和异方差检验。在建立协整方程之前，我

们先进一步对 M_2 和 CPI 回归方程的残差进行序列相关的 Q 检验、B - GLM 检验和异方差的 White 检验。各项检验结果（见表 5、表 6）均拒绝原假设，从而证明残差序列存在自相关和异方差。模型的残差检验结果说明，模型不完善，仍然需要改进和完善。

表 5 自相关和偏相关检验表

Autocorrelation	Partial Correlation		AC	PAC	Q - Stat	Prob
. |*******|	. |*******|	1	0.873	0.873	123.44	0.000
. |****** |	. |* |	2	0.799	0.155	227.48	0.000
. |****** |	. |* |	3	0.744	0.085	318.39	0.000
. |***** |	. |.	4	0.694	0.030	397.95	0.000
. |***** |	*|. |	5	0.629	−0.068	463.66	0.000
. |**** |	*|. |	6	0.547	−0.126	513.67	0.000
. |*** |	*|. |	7	0.456	−0.138	548.62	0.000
. |*** |	*|. |	8	0.374	−0.071	572.34	0.000
. |** |	*|. |	9	0.289	−0.086	586.60	0.000
. |* |	*|. |	10	0.182	−0.168	592.31	0.000
. |* |	*|. |	11	0.084	−0.088	593.53	0.000

表 6 自相关和异方差检验表

B - G Serial Correlation LM Test	F 统计量	563.9101	p 值	0.000000
	Obs * R - squared	139.7884	p 值	0.000000
White Heteroskedasticity Test	F 统计量	3.403068	p 值	0.035760
	Obs * R - squared	6.647021	p 值	0.036026

建立在商品市场和货币市场两部门基础上的货币供应量和价格水平关系模型不完善的原因，可能是模型中忽略了重要的解释变量，因为如果应该进入模型的带有自相关的解释变量被忽略，那么它的影响必然归并到残差项中，从而使误差项呈现自相关。此外，由于大多数经济变量的时间序列都存在自相关，其本期值往往受滞后值影响，从而建立模型时导致误差项自相关，因此应在引入新解释变量的同时引入滞后变量，对模型加以改进和完善。Tobin（1984）指出，金融市场上的金融资产囤积使额外的货币供应也并不一定会导致通货膨胀，因为多余的货币直接进入资本市场，促进了股票等金融资产价格的上涨，并不会影响商品和服务的价格，从而降低了通货膨胀压力。因此，我们将在引

入资产价格相关变量，并考虑变量自相关性的情况下，重新检验货币供应量和价格水平的关系。

四、资产价格波动的财富效应对价格水平的作用机制

正如《新帕尔格雷夫经济学大辞典》中有关"财富效应"的词条所阐述的："财富于经济分析是无所不在的，所以不同的作者甚至同一个作者使用'财富效应'这个术语表达许多截然不同的概念，就不会使人诧异了"，本文所探讨的财富效应仅局限于消费函数框架内所涉及的财富效应。这种财富效应就是哈伯勒（Haberler, 1939）、庇古（Pigou, 1943）和帕廷金（Patinkin, 1950）所主张的"货币余额的变化，假如其他条件相同，将会在总消费开支方面引起变动。这样的财富效应常被称作庇古效应或实际余额效应"①。

根据 Friedman（1957）的恒久收入理论与 Ando 和 Modigliani（1963）的生命周期理论，财富和收入共同决定经济主体的消费行为，资产价格的变动会通过财富效应影响消费需求。当理性消费者偏好平滑的消费，并试图将其一生的财富（或资产）均匀地分配到其生命周期的每个阶段时，消费者所拥有的财富就开始影响其消费决策了。Davis 和 Palumbo（2001）、Lettau 和 Ludvigson（2004）对美国宏观财富效应的研究都表明，总资产增加 1 美元会引起总消费增加 3~5 美分。

资产价格波动的财富效应影响消费，进而影响价格水平主要通过以下四种作用机制来实现：

1. 直接财富效应。在这种情况下，资产价格的变化引起消费者家庭财富的变化，从而改变消费者的收入预算约束，进而影响消费。如当股票等资产价格上升时，持有资产的消费者可以通过卖出该资产以套现方式获得实际收益的增加，从而提高消费者的消费支出水平。

2. 间接财富效应。资产价格的变化，会对消费者信心产生影响，进而影响消费，这种影响可以同时体现在持有资产者和不持有资产者身上。对资产持有者而言，如资产价格上升，资产持有者会对自己未来收入和财富增长的信心增强，在这种情况下，即使资产不变现，也会促使其提高消费。对部分不持有

---

① 约翰·伊特韦尔，默里·米尔盖特，彼得·纽曼. 新帕尔格雷夫经济学大辞典（第四卷）北京：经济科学出版社，1996：995.

资产者而言，资产价格的上升会影响他们对未来经济和收入的预期，从而影响消费需求。以股票市场为例，股票市场常被称为国民经济的"风向标"和"晴雨表"。较高的股票价格往往预示着未来经济会出现向好的变化，从而支持了不持有资产者对未来的信心，促使其增加消费支出。Romer（1990）和Zandi（1999）认为股票市场的上涨对消费者信心可以起到支持作用，所以即使是那些很少参与或没有直接参与股票市场的家庭，也将增加消费支出。再以房地产为例，房地产业与宏观经济密切相关，属于高关联产业，影响面极其广泛。据有关调查分析（胡胜、刘旦，2009），房地产业的生产、流通和消费，直接对几十个大类的几万个品种的产品提出需求，涉及建材、冶金、化工、交通、电子通信、纺织、机械、仪表、公用事业、金融保险、家用电器、商业服务等50多个产业部门。因此，房地产价格的上涨会刺激房地产投资支出的大幅增加，并带来数倍于此的国民收入增长，从而间接影响消费需求。

3. 流动性约束效应。这一效应的具体影响考虑了金融体系的作用。资产价格上升会增加资产拥有者的资产总值，消费者可以用升值的资产申请更多信贷获得更大流动性，实际上就是放松了消费信贷约束，从而带动消费增长。特别是在当前金融创新层出不穷，资产增值变现更容易的情势下，这个作用机制显得更为重要。相反，如果资产价格大幅度下降，银行出于风险管理的考虑，可能会对资产价格进行重估，同时要求贷款者提供更多的担保，从而加大了对消费者的流动性约束。

4. 替代效应。资产价格的上升，预示着未来购买此项资产的成本将会增加，这会使一些资产租赁者和那些打算购买资产的人减少他们的消费支出，增加储蓄，产生"替代效应"。也就是说，资产价格上升至少会对部分人的消费产生负面影响，这一点在房地产市场上体现得较为明显。例如，对于主要依赖租房的消费者来说，房地产价格的上升会推动租金的上涨，使这些租户的实际收入下降，进而减少其消费。同样，对于那些原来计划购买住房的家庭而言，住房价格的上涨会促使消费者未雨绸缪，减少当期消费，以便增加储蓄，在未来购买高价的住房。

由以上分析可知，资产价格波动对价格水平的最终影响效果，要看上述各效应综合作用的结果。下面，我们以资产价格上升为例，将资产价格波动的财富效应影响消费，进而影响价格水平的作用机制加以归纳，如图2所示。

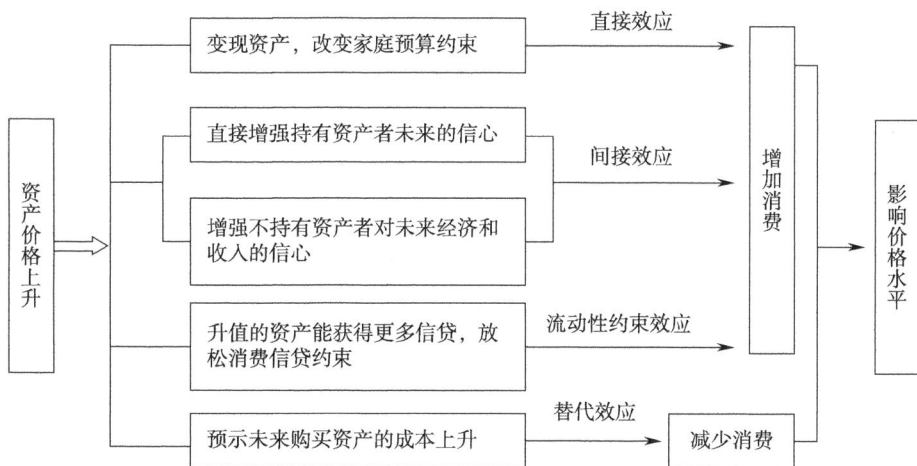

图2 资产价格波动的财富效应对价格水平的作用机制

五、对货币供应量和价格水平关系的再检验：引入资产价格变量

国内也有个别学者在引入有关资产价格变量的情况下，对中国货币供应量和价格水平之间的关系进行了实证研究。如伍志文（2002）通过引入以资本市场为代表的虚拟经济部门将传统的局限于实体经济部门的货币数量理论拓展为包括资本市场、商品市场和货币市场的广义货币数量理论模型，并在新模型框架下分析了"中国之谜"的生成机理。其分析结果表明，当考虑到金融资产这一新的变量对货币供应量的影响之后，传统的货币供应量与物价之间正相关的关系消失了。何问陶和王成进（2008）对 CPI 与货币供给以及虚拟经济之间的关系建立了模型，并通过实证检验得出结论，随着股票市场的不断发展壮大，货币供给已经不能够解释价格水平的变动，价格水平的变动更多地由 GDP 增长率决定，股市的变动已经对价格水平产生了较弱的正向影响。上述研究多有创新之处，但也存在一定的缺陷。首先，在变量的选择上，上述研究采用的是股票市场交易额指标（股票市场总市值或流通市值）。实际上，股票市场财富效应主要是通过股票价格变动体现的，总市值或流通市值的增加有可能并不是股票价格上涨带来的。如我国近几年股票市场处于加速扩容阶段，新股不断上市，也带来了股票市场总市值或流通市值的增加；同时，中国股票市场因股权分置改革而产生的大小非解禁也带来了股票市场流通市值的增加。因此，采用股票市场交易额指标会使实证检验受到政策性因素的影响，从而影响

检验结果的稳健性。其次，现有研究主要考虑了股票市场对价格水平的影响，没有考虑房地产等其他资产价格波动对价格水平的影响。此外，上述研究大多采用年度和季度数据，很少有研究是建立在月度数据基础上的。

因此，我们拟从资产价格波动的财富效应角度出发，引入资产价格指数，并采用月度数据，更深入地考察货币供应量对价格水平的影响。考虑到债券、外汇和黄金在中国居民家庭财富总量中占据份额极小，而房产和股票占据份额较大，因此本文只引进房地产价格指数（House）和上证综合指数当月收盘值（Stock）两个资产价格指标，综合考察它们对 CPI 的影响。数据区间为 1996 年 1 月至 2009 年 3 月，其中房地产价格指数来源于中宏网产业数据库，上证综合指数当月收盘值来源于中经网统计数据库。

先对变量进行 ADF 检验，确定是否为平稳变量。选取最大滞后期为 12，具体滞后期根据 AIC 准则确定。结果（见表 7）显示，在 5% 的显著性水平下明显拒绝 House 和 Stock 为平稳变量，但其一阶差分均为平稳变量。

表 7   **变量的 ADF 检验表**

变量	检验形式（c，t，k）	ADF 统计量	临界值（5%）	p 值	检验结论
House	(c，0，12)	−3.123104	−3.440894	0.1049	不平稳
ΔHouse	(0，0，12)	−5.169913	−1.943042	0.0000	平稳
Stock	(c，0，7)	−2.541750	−2.880591	0.1077	不平稳
ΔStock	(0，0，6)	−3.686982	−1.942952	0.0003	平稳

进行格兰杰因果关系检验，以确定 ΔHouse 和 ΔStock 与 ΔCPI 之间是否存在格兰杰因果关系，检验结果见表 8。ΔHouse 和 ΔCPI 之间的格兰杰因果关系检验结果表明，从滞后 2 期一直到滞后 12 期，均接受 ΔHouse 不是 ΔCPI 格兰杰原因的原假设，也接受 ΔCPI 不是 ΔHouse 格兰杰原因的原假设，这表明将房地产价格指数作为解释变量引入货币供给与价格水平关系模型中，不会增加模型的解释能力，不能改善模型。ΔStock 和 ΔCPI 之间的格兰杰因果关系检验结果表明，从滞后 4 期开始，拒绝 ΔStock 不是 ΔCPI 格兰杰原因的原假设，可以认为股票市场价格指数的变化能够产生财富效应进而影响价格水平的变化；无论滞后几期，均接受了 ΔCPI 不是 ΔStock 的格兰杰原因的原假设，也就是说价格水平的变化并不会对股票市场价格指数的变化产生影响。

表8 　　　　　　　　　　　　　格兰杰因果关系检验表

原假设	F 统计量	p 值	检验结论
ΔHouse 不是 ΔCPI 的格兰杰原因	0.31290	0.9860	接受原假设
ΔCPI 不是 ΔHouse 的格兰杰原因	0.61081	0.8296	接受原假设
ΔStock 不是 ΔCPI 的格兰杰原因	2.54595	0.0420	拒绝原假设
ΔCPI 不是 ΔStock 的格兰杰原因	0.98797	0.4162	接受原假设

注：本表中 ΔHouse 和 ΔCPI 的格兰杰因果关系检验的滞后阶数为 12；ΔStock 和 ΔCPI 的格兰杰因果关系检验的滞后阶数为 4。

　　为什么中国房地产价格指数的变化没有对价格水平产生明显影响呢？这就需要对我国房地产市场的购房群体、购房方式、购房目的以及居民消费传统、消费收入弹性等加以深入分析。目前，我国房地产市场呈现如下特点：一是购房主要采用贷款方式。《中国房地产金融报告（2008）》反映，2009 年上半年个人住房贷款新增额占同期商品住宅销售额的 33%；中国人民银行《2008 年房地产抽样调查报告》显示，20 个抽样调查城市平均首付款比例为 41.16%①。据此测算，采用一次性全额付款的商品房大约只有销售总额的 40% 左右。二是购买的主要是普通住房。《中国房地产金融报告（2008）》显示，个人住房贷款主要支持居民首次贷款购买普通住房。2009 年上半年在新发放的个人住房贷款中，首次购房贷款笔数占总笔数的 82.3%，第二次购房贷款笔数（包括改善型住房贷款）占总笔数的 12.6%，第三次以上购房贷款笔数仅占总笔数的 5.1%。另据中国建设银行统计，该行 2009 年上半年累计发放个人住房贷款 72 万笔，支持购买面积在 120 平方米以下的住房的占 70%。三是购房目的主要是自住。中国人民银行《2008 年房地产抽样调查报告》显示，20 个抽样调查城市大部分借款人购买住房目的仍是满足居住需求，只有 3%~5% 的借款人购房目的是用于投资。由此可见，目前除少数富有阶层外，大多数中国居民采用的是按揭贷款方式购买房产，且购房目的是自己居住，此部分房地产流动性很小。在这种情况下，对少数富有阶层而言，房地产价格上涨，其可支配财富增加，会刺激消费增加，但由于高收入者消费收入弹性通常较低，因此对消费的影响应该较为有限②；对贷款购房自住者而言，房地产价

---

　　① 调查以 2008 年新发放的所有住房贷款为总体样本。20 个城市指的是上海、天津、沈阳、南京、武汉、广州、成都、西安、北京、重庆、呼和浩特、哈尔滨、杭州、福州、郑州、长沙、乌鲁木齐、大连、青岛、深圳。

　　② 当然，这只是一个推论，是否属实尚需要进一步的实证分析，但限于目前数据的可获得性，这个推论只能有待于日后进行验证了。

格上涨，虽然账面财富增加，但由于尚有贷款需要偿还，再考虑到大部分中国人的消费传统——不愿借贷消费（购房除外），因此这部分人间接财富效应不会很大；对没有房产者而言，房地产价格的上涨，只能预示着将来会背上更加沉重的债务负担（与西方国家不同，中国人对房子有特殊的情结，无房者倾其一生也希望能拥有自己的住房），财富"替代效应"明显，对其消费产生挤出效应。因此，总体来看，我国房地产价格上涨的财富效应并不明显。Engelhardt（1996）和Poterba（2000）的研究也表明，房地产价格变化与非房地产消费之间的联系非常弱，房地产价格的波动对消费的影响小于股价波动对消费的影响。

在下面的分析中，我们只将股票市场价格指数作为解释变量引入货币供应量与价格水平关系模型中。按照 Hendry 从一般到特殊的建模方法，建立价格水平的分布滞后模型。考虑到样本长度的限制，我们将模型中变量的最大滞后期定为12。逐步剔除模型中统计上不显著的变量（以 p 值大于 0.05 为标准），并重新进行回归检验，最终得到价格水平的分布滞后模型如下（见表9）：

$$\Delta CPI = 0.1476\Delta CPI(-5) + 0.2604\Delta CPI(-11) - 0.5504\Delta CPI(-12) +$$

$$0.1132\Delta M_2(-2) + 0.0860\Delta M_2(-10) + 0.1466\Delta M_2(-11) +$$

$$0.1211\Delta M_2(-12) + 0.0009\Delta Stock(-6) + 0.0005\Delta Stock(-7)$$

表9   CPI 分布滞后模型检验结果表

Variable	Coefficient	Std. Error	t - Statistic	Prob.
$\Delta CPI\ (-5)$	0.147568	0.067804	2.176383	0.0312
$\Delta CPI\ (-11)$	0.260373	0.069005	3.773271	0.0002
$\Delta CPI\ (-12)$	-0.550444	0.070175	-7.843860	0.0000
$\Delta M_2\ (-1)$	0.113199	0.040755	2.777527	0.0062
$\Delta M_2\ (-10)$	0.085975	0.042026	2.045750	0.0427
$\Delta M_2\ (-11)$	0.146550	0.041228	3.554647	0.0005
$\Delta M_2\ (-12)$	0.121104	0.040645	2.979536	0.0034
$\Delta STOCK\ (-6)$	0.000891	0.000185	4.818597	0.0000
$\Delta STOCK\ (-7)$	0.000545	0.000188	2.900339	0.0043
R - squared	0.487054	Mean dependent var		-0.048630
Adjusted R - squared	0.457101	S. D. dependent var		0.662829
S. E. of regression	0.488384	Akaike info criterion		1.464231
Sum squared resid	32.67706	Schwarz criterion		1.648152
Log likelihood	-97.88888	Hannan - Quinn criter.		1.538963
Durbin - Watson stat	1.811644			

　　根据价格水平的分布滞后模型，我们发现价格水平受自身因素影响较大，但这种影响并不稳定，在滞后 5 期和滞后 11 期时价格水平变化对当期价格水平的影响为正，而滞后 12 期时的影响则为负。这种影响方向的变化，我们在下一节中结合 VAR 模型的脉冲响应方程再进行深入分析。我们同时还发现，货币供应量的变化对价格水平变化的影响也非常大，货币供应量的增加将导致价格水平的上升，但是这种影响滞后的时间比较长，除了滞后 1 期以外，货币供应量的变化主要在滞后 10 期、11 期和 12 期对价格水平的变化产生影响。股票市场的变化对价格水平变化也有影响，股票价格的上升将导致一般价格水平上升，而且这种影响主要在滞后 6 期和滞后 7 期时发生，也就是说资本市场的财富效应虽然存在，但对价格水平的影响不是立竿见影的。

　　对价格水平的分布滞后模型的残差进行检验。结果显示，残差不存在自相关和异方差（见表 10、表 11），且服从正态分布（见图 3）。通过对模型的递归残差序列进行检验可以看出，虽然有个别时间点的递归残差超出了正负两个标准差的置信范围（见图 4），但累计递归残差基本处于 0 均值线附近（见图 5），累计递归残差平方（见图 6）也在 5% 的显著性曲线范围内，表明模型回归参数稳定。这些检验结果证明了最终的货币供应量与价格水平关系模型设定是合理的，由此进行的实证分析及其结论是具有解释力的。

表 10　　　　　　　　　　　　　　自相关和偏相关检验表

Autocorrelation	Partial Correlation		AC	PAC	Q - Stat	Prob
.I* I	.I* I	1	0.086	0.086	1.0958	0.295
.I. I	.I. I	2	−0.003	−0.011	1.0973	0.578
*I. I	*I. I	3	−0.067	−0.066	1.7791	0.620
.I. I	.I. I	4	−0.031	−0.020	1.9242	0.750
.I. I	.I. I	5	−0.006	−0.002	1.9289	0.859
.I. I	.I. I	6	0.064	0.061	2.5574	0.862
.I. I	.I. I	7	0.071	0.058	3.3449	0.851
.I* I	.I* I	8	0.110	0.101	5.2534	0.730
*I. I	*I. I	9	−0.068	−0.079	5.9765	0.742
.I. I	.I. I	10	−0.021	0.003	6.0435	0.812
*I. I	*I. I	11	−0.083	−0.069	7.1556	0.786
*I. I	*I. I	12	−0.106	−0.104	8.9568	0.707

表11   自相关和异方差检验表

B – G Serial Correlation LM Test	F 统计量	0.580529	p 值	0.5610
	Obs * R – squared	0.557909	p 值	0.7566
White Heteroskedasticity Test	F 统计量	0.633857	p 值	0.7665
	Obs * R – squared	5.877630	p 值	0.7521

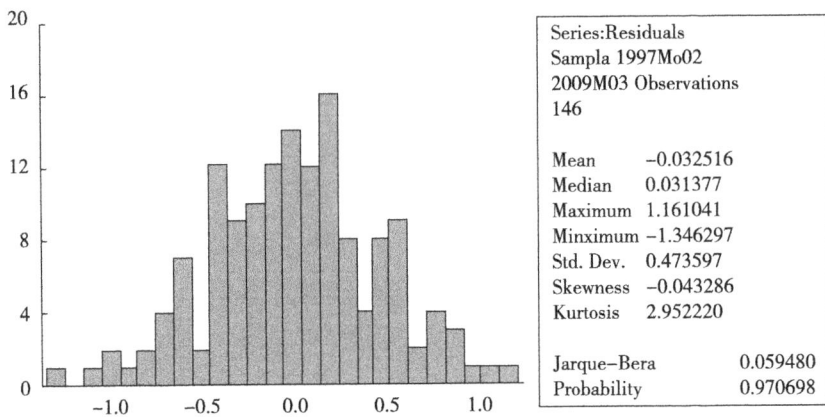

图3   正态性检验结果图

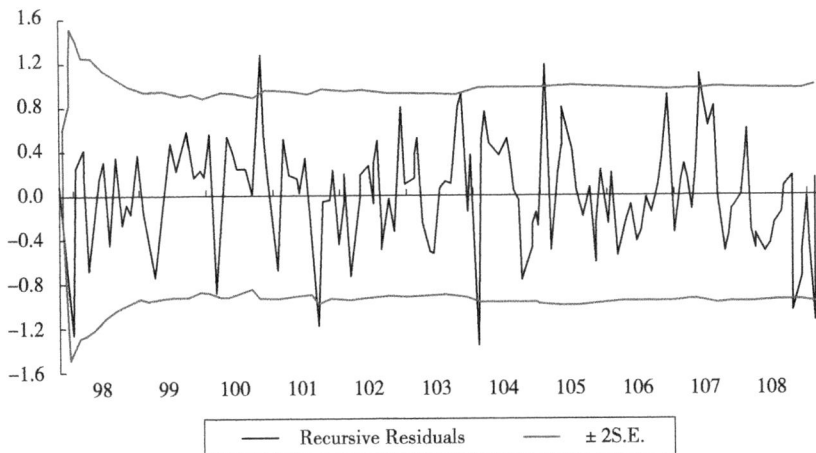

图4   递归残差检验结果图

根据上述最终价格水平的分布滞后模型，可以计算得出 ΔCPI 和 ΔM_2、$\Delta Stock$ 等变量的长期关系方程如下：

$$\Delta CPI = 0.4086\Delta M_2 + 0.0013\Delta Stock$$

本部分的实证分析结果表明，货币数量理论在中国仍具有一定的适用性，货币供应量和价格水平之间存在长期稳定的正向关系，但货币供应量的增加并不能引发价格水平同比例的上涨，货币供应量 M_2 同比增长率每提高一个百分点，从长期来讲，最终将使 CPI 提高 0.41 个百分点。同时，实证分析也证明了股票市场财富效应的存在，从长期看，上证综合指数每上涨 100 点，最终将使 CPI 提高 0.13 个百分点。

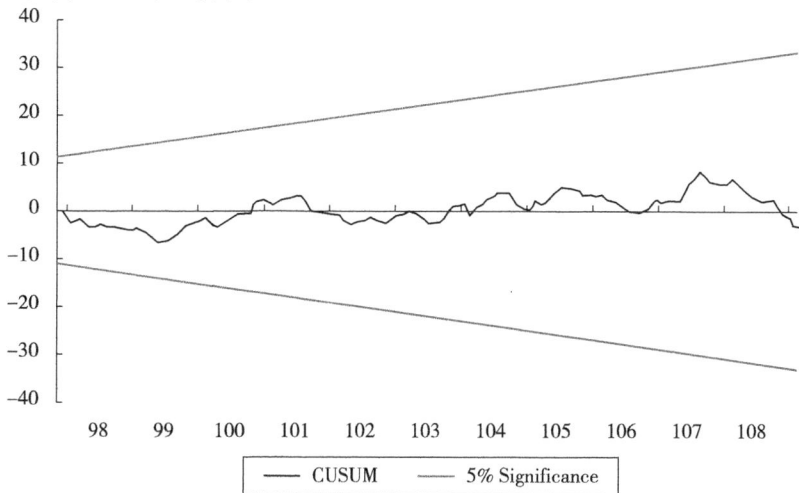

图 5　累计递归残差检验结果图

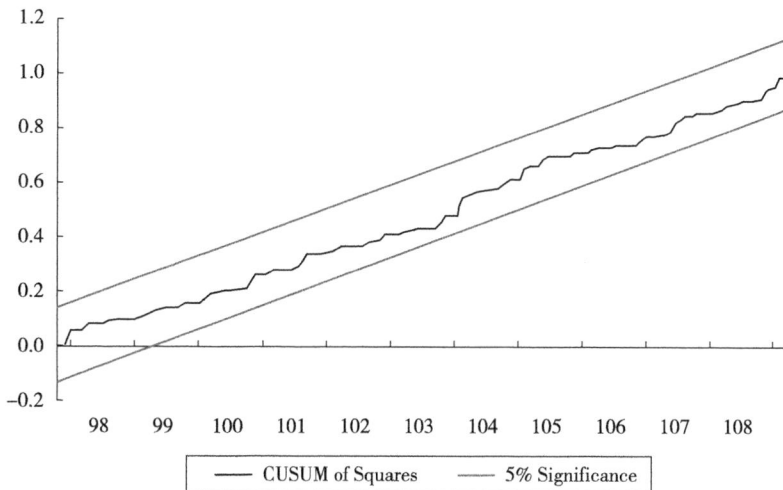

图 6　累计递归残差平方检验结果图

六、价格水平的动态调整过程分析：脉冲相应函数和方差分解

为进一步了解 CPI 受相关变量影响的动态调整随时间变化的过程，下面将采用 VAR 模型的脉冲响应函数来刻画这种过程。Sims、Stock 和 Watson（1990）指出，当一组变量存在协整关系时，基于水平值的向量自回归模型并不存在错误识别问题，此时最小二乘法得到的结果也是一致的。因此，我们采用 Johansen 协整检验法对一阶单整变量 CPI、M_2 和 Stock 的协整关系进行检验。检验结果显示（见表 12、表 13），无论是迹统计量还是最大特征根统计量均表明这三个变量之间存在一个协整关系。

表 12　　　　　　　　　　迹统计量检验结果表

Hypothesized		Trace	0.05	
No. of CE（s）	Eigenvalue	Statistic	Critical Value	Prob. **
None *	0.185852	46.56297	35.19275	0.0020
At most 1	14.48725	14.48725	20.26184	0.2572
At most 2	0.029859	4.728957	9.164546	0.3144

表 13　　　　　　　　　　最大特征根检验结果表

Hypothesized		Max – Eigen	0.05	
No. of CE（s）	Eigenvalue	Statistic	Critical Value	Prob. **
None *	0.185852	32.07571	22.29962	0.0016
At most 1	0.060637	9.758295	15.89210	0.3569
At most 2	0.029859	4.728957	9.164546	0.3144

在建立 VAR 模型之前，首先要确定 VAR 模型的滞后阶数。受样本容量限制，我们选取的最大滞后阶数为 12。根据 AIC 准则确定的滞后阶数为 12，而根据 SC 准则确定的滞后阶数为 2。我们发现，当滞后阶数从 2 增加到 12 时，AIC 的值没有显著减小，而 SC 值显著增加。进一步对 VAR（2）模型的根进行检验，VAR（2）的根全部在单位圆内（见图 7），因此，VAR（2）模型稳定。综合考虑，本文确定 VAR 模型的滞后阶数为 2。

由于广义脉冲响应函数较一般意义上的脉冲响应函数而言，得到的结果具有唯一性，且更具稳定性和说服力，因此本文用广义脉冲响应函数进行分析。从 CPI 的广义脉冲响应图（见图 8）可以看出，价格水平对自身一个标准差的

Inverse Roots of AR Characteristic Polynomial

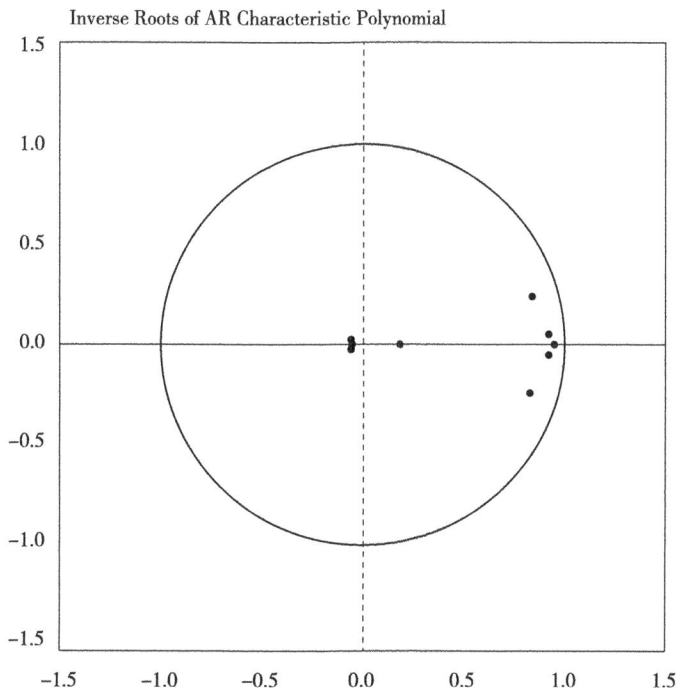

图 7   VAR（2）单位根检验图

冲击在前 11 期都是正向响应，表明短期内价格水平受自身冲击的影响较大，即存在价格黏性，但是这种影响从第 2 期开始不断减小，12 期后响应值变为负，这与上一小节货币供应量与价格水平关系模型中，滞后 12 期时价格水平变化对当期价格水平的影响为负的检验结果相一致。同时，通过方差分解表（见表 14）可以看出，价格水平表现出很强的惯性特征，其预测方差在前 11 期主要由自身引起，即使在第 12 期，仍能解释 45% 以上的价格水平波动。根据通货膨胀动态机制的相关理论可知，通货膨胀率主要由通货膨胀自身惯性（也即受自身过去值）和经济主体预期两个因素共同决定。如果当期的价格水平出现上涨，根据第三小节货币供应量和价格水平之间的格兰杰因果检验可知，从滞后 2 期开始，价格水平就是货币供应量的格兰杰原因，也就是说中央银行对价格水平的变动很快就采取了相应的措施，中央银行的政策措施必然会对经济主体的预期产生影响，但此时价格水平变化的惯性仍然占据主导地位，直到第 12 期，这种影响才发生了逆转，由正变负，中央银行政策措施的效果开始充分体现，这也与货币供应量从第 12 期开始是价格水平的格兰杰原因的检验结果相一致。

Response of CPI to Generalized One S.D. Innovations

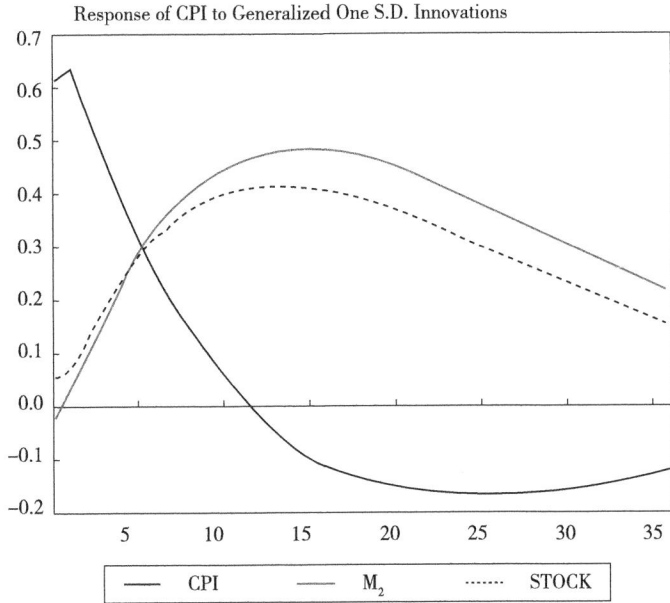

图 8　CPI 的广义脉冲响应图

货币供应量对价格水平的影响较大且持续时间较长，脉冲响应值在第 9～23 期始终保持在 0.4 以上，在第 15 期达到最大，此后缓慢减小。同样，从方差分解表可以看出，14 个月以后货币供应量对价格水平波动的影响超过价格水平自身的影响，成为影响价格水平波动的主要因素。这与上面的分析基本吻合，货币供应量对价格水平的影响存在较长时间的滞后，时滞大约在 1 年。我们的研究结果与刘金全和刘兆波（2008）的实证研究结果比较类似，即货币供给冲击的价格膨胀效果显著且长期存在。

表 14　　　　　　　　　　　　　　CPI 方差分解表

Period	S. E.	CPI	M_2	STOCK
1	0.608047	100.0000	0.000000	0.000000
2	0.879098	99.68756	0.309986	0.002450
3	1.048444	98.12526	1.515700	0.359042
4	1.169825	94.77956	3.817899	1.402540
5	1.268835	89.73633	7.111460	3.152210
6	1.358749	83.40941	11.12623	5.464358

续表

Period	S. E.	CPI	M₂	STOCK
7	1. 446434	76. 36312	15. 51732	8. 119557
8	1. 535111	69. 15714	19. 95265	10. 89021
9	1. 625857	62. 23959	24. 17268	13. 58773
10	1. 718527	55. 90437	28. 01232	16. 08331
11	1. 812346	50. 30017	31. 39298	18. 30685
12	1. 906278	45. 46566	34. 30016	20. 23418
13	1. 999253	41. 36914	36. 75932	21. 87154
14	2. 090285	37. 94122	38. 81651	23. 24227
15	2. 178528	35. 09757	40. 52511	24. 37732
16	2. 263303	32. 75259	41. 93806	25. 30936
17	2. 344089	30. 82674	43. 10380	26. 06946
18	2. 420513	29. 24971	44. 06473	26. 68556
19	2. 492334	27. 96120	44. 85686	27. 18194
20	2. 559422	26. 91045	45. 51030	27. 57925
21	2. 621739	26. 05522	46. 04991	27. 89487
22	2. 679324	25. 36061	46. 49610	28. 14328
23	2. 732278	24. 79791	46. 86558	28. 33651
24	2. 780748	24. 34351	47. 17198	28. 48451
25	2. 824920	23. 97800	47. 42646	28. 59554
26	2. 865002	23. 68544	47. 63811	28. 67645
27	2. 901226	23. 45272	47. 81439	28. 73289
28	2. 933832	23. 26899	47. 96142	28. 76959
29	2. 963066	23. 12534	48. 08422	28. 79045
30	2. 989176	23. 01436	48. 18691	28. 79873
31	3. 012408	22. 92996	48. 27291	28. 79714
32	3. 033002	22. 86706	48. 34502	28. 78792
33	3. 051187	22. 82146	48. 40558	28. 77296
34	3. 067186	22. 78970	48. 45652	28. 75378
35	3. 081210	22. 76891	48. 49942	28. 73167
36	3. 093454	22. 75670	48. 53562	28. 70768

　　股票市场价格指数对价格水平的影响与货币供应量对价格水平的影响相似，脉冲响应值在第 15 期达到最大，而且一直到滞后 36 期时，对价格水平的

影响仍然存在。同时，从方差分解表中可以看出，如果考虑到资本市场对价格水平的影响，则从第 12 期开始，货币供应量和资本市场的联合影响就超过了价格水平自身的影响。这表明随着中国资本市场的发展，资本市场收益率的提高确实会通过财富效应等渠道导致价格水平的上升。

七、结论及启示

本文通过对货币供应量与价格水平之间关系的初步检验和引入资产价格变量后的再检验，以及对价格水平动态调整过程的脉冲相应函数和方差分解分析，并结合目前的经济金融形势，得出以下结论及启示：

1. 研究货币供应量和价格水平之间的关系，不能只建立在商品市场和货币市场两部门模型基础上，而忽视资产价格波动财富效应的存在。

2. 货币数量理论在中国仍具有一定的适用性。第五部分的分析表明，货币供应量和价格水平之间存在长期稳定的正向关系，但货币供应量的增加并不能引发价格水平同比例的上涨，货币供应量 M_2 同比增长率每提高 1 个百分点，从长期来讲，最终将使 CPI 提高 0.41 个百分点。同时，根据第五部分价格水平的分布滞后模型和第六部分价格水平的动态调整过程分析可知，货币供应量对价格水平的影响不会立竿见影，而是存在 1 年左右的滞后期，但其对价格水平的影响较大且持续时间较长，在 14 个月以后货币供应量对价格水平波动的影响超过价格水平自身的影响，成为影响价格水平波动的主要因素，且一直到滞后 36 个月时，这种影响还十分明显。因此，在目前我国经济出现企稳回升态势的情况下，货币政策应适当进行微调，将货币政策目标的重心由保经济增长回归到维持物价稳定上来，逐步回收过多的流动性，防止因 2009 年货币供应量的大幅增长导致价格水平大幅上涨。尤其是目前在国内房价等资产价格上涨较快，国际上大宗商品价格持续上涨的压力下，我国通胀预期已经开始抬头。

3. 股票市场财富效应存在，股票市场价格指数的变化对一般价格水平有重要影响。第五部分的分析表明，股票市场价格指数和价格水平之间存在长期稳定的正向关系，从长期看，上证综合指数每上涨 100 点，最终将使 CPI 提高 0.13 个百分点。同样，第六部分价格水平的动态调整过程分析显示，股票市场价格指数对一般价格水平的影响持续时间较长，到滞后 36 期时，对价格水平的影响仍然存在。因此，在货币政策操作中，中央银行不仅要关注 CPI 的变动，还要关注资产价格通过财富效应对 CPI 的影响。中央银行传统的政策目标并不直接针对资产价格泡沫，但此次金融危机表明，在金融高度发达和产能供给充分的当今社会，通胀的表现形式和传导渠道可能发生了变化，其可能先表现为资产价格型通胀，即房地产市场和资本市场价格泡沫，然后通过财富效应，传导为消费价格型通胀。

4. 目前，中国房地产市场财富效应不明显，房地产价格指数的变化不会对价格水平变化产生明显影响。这与我国目前房地产市场的购房群体、购房方式、购房目的以及居民消费传统、消费弹性等密切相关。但是考虑到房地产市场在国民经济中的重要位置，尤其是房地产价格泡沫过高会对经济和金融稳定构成严重威胁，并对实体经济造成巨大伤害，因此，在目前房地产价格上升较快的情况下，要采取有力措施稳定房地产价格。

5. 价格水平具有较强的惯性。第六部分的分析显示，短期内价格水平受自身冲击的影响较大，表现出很强的惯性特征，其预测方差在前 11 期主要由自身引起，即使在第 12 期，其仍能解释 45% 以上的价格水平变动。因此，中央银行应从管理好流动性入手，引导和管理好通货膨胀预期，增强社会公众对中央银行预防通胀和控制通胀能力的信心，防止预期的通胀变成现实的通胀。

参考文献

［1］范志勇．中国通货膨胀是工资成本推动型吗？——基于超额工资增长率的实证研究［J］．经济研究，2008（8）．

［2］方勇，吴剑飞．中国的通货膨胀：外部冲击抑或货币超发——基于贝叶斯向量自回归样本外预测模型的实证［J］．国际金融研究，2009（4）．

［3］郭田勇．资产价格、通货膨胀与中国货币政策体系的完善［J］．金融研究：2006（10）．

［4］何问陶、王成进．货币供给、虚拟经济与通货膨胀——对通胀决定因素中货币供给与虚拟经济影响的再认识［J］．财经研究，2008（10）．

［5］胡胜，刘旦．房地产价格财富效应的传导机制分析［OL］．国研网，2009 - 6 - 11．

［6］刘金全，张文刚，刘兆波．货币供给增长率与通货膨胀率之间的短期波动影响和长期均衡关系分析［J］．中国软科学，2004（7）．

［7］刘霖，靳云汇．货币供应、通货膨胀与中国经济增长——基于协整

的实证分析［J］. 统计研究，2005（3）.

［8］刘金全，刘兆波. 我国货币政策的中介目标与宏观经济波动的关联性［J］. 金融研究，2008（10）.

［9］帅勇. 资本存量货币化对货币需求的影响［J］. 中国经济问题，2002（3）.

［10］唐毅亭，熊明渊. 当前我国 CPI 走势分析和展望［J］. 宏观经济研究，2008（12）.

［11］伍志文. 货币供应量与物价反常规关系：理论及基于中国的经验分析——传统货币数量论面临的挑战及其修正［J］. 管理世界，2002（12）.

［12］徐强. GDP 缩减指数是测度通货膨胀的可靠指标吗？［J］. 统计研究，2006（5）.

［13］赵留彦，王一鸣. 货币存量与价格水平：中国的经验证据［J］. 经济科学，2005（2）.

［14］朱慧明，张钰. 基于 ECM 模型的货币供给量与通货膨胀关系研究［J］. 管理科学，2005（10）.

［15］Davis，M. and Palumbo，M.（2001）："A Primer on the Economics and Time Series Econometrics of Wealth Effects"，Finance and Economics Discussion Paper，Federal Reserve Board.

［16］Engelhardt，G.（1996）: "House Prices and Home Owner Saving Behaviour"，Regional Science and Urban Economics，26，313 – 336.

［17］Frain，J.（2004）："Inflation and Money Growth：Evidence from a Multi – Country Dataset"，Economic and Social Review，35，251 – 266.

［18］Tobin，J.（1984）: "On the Efficiency of the Financial System"，Lloyds Bank Review，153，1 – 15.

［19］Lettau，M. and Ludvigson，S.（2004）"Understanding Trend and Cycle in Asset Values：Reevaluating the Wealth Effect on Consumption"，American Economic Review，94，276 – 299.

［20］McCandless，G. and Weber，W.（1995）："Some Monetary Facts"，Federal Reserve Bank of Minneapolis Quarterly Review，19，2 – 11.

［21］Moroney，J.（2002）："Money Growth，Output Growth and Inflation：Estimation of a Modern Quantity Theory"，Southern Economic Journal，69，

398 – 413.

[22] Budina, N.; Maliszewskib, W.; de Menil, G.; and Turlead, G. (2006): "Money, Inflation and Output in Romania: 1992 – 2000", *Journal of International Money and Finance*, 25, 330 – 347.

[23] Poterba, J. (2000): "Stock Market Wealth and Consumption", *Journal of Economic Perspectives*, 14, 99 – 118.

[24] Romer, C. (1990): "The Great Crash and the Onset of the Great Depression", *Quarterly Journal of Economics*, 105, 597 – 624.

[25] Sims, C.; Stock, J. and Watson, M. (1990): "Inference in Linear Time Series Models with Some Unit Roots", *Econometrica*, 58, 113 – 144.

在正确认识的前提下有效管理通胀预期①

2009 年底，中央经济工作会议将"管理通胀预期"作为我国宏观调控的一项重要任务；日前，温家宝总理在所作的《政府工作报告》中又重申了"管理好通胀预期"要求。围绕这一热点问题，"两会"期间，全国人大代表、中国人民银行沈阳分行行长盛松成认为，尽管"通胀预期"一词在经济理论中已经存在半个多世纪，具有重大的理论意义，现在大家也都把预期作为研究通货膨胀的一个重要方面，但它却是首次出现在我国中央经济工作会议和《政府工作报告》中，并作为调控目标出现。这无疑是一个重大进步，具有重大的实践意义和政策意义，不仅体现了宏观调控的前瞻性，而且是平衡"保增长、调结构与防通胀"三者之间关系的有效手段，也是防止通胀预期演变成实际通胀的有力保障。

一、正确认识通胀预期

记者：在分析讨论经济金融形势时，"通胀预期"一词的出现似乎总是让人有些心生忧虑。您是如何看待这一问题的？

盛松成：在我看来，对于通胀预期不能一概而论。有的通胀预期具有一定积极意义，而有的通胀预期则会造成很大负面效应，因此需要区别对待。

如果通胀预期是基于对实体经济复苏的信心产生的，就有利于经济恢复。无论是经济学家凯恩斯在解释 20 世纪资本主义"大萧条"时提出的建议，还是 2008 年诺贝尔经济学奖得主克鲁格曼为应对次贷危机开出的药方，都把这种情况下的通胀预期视为恢复公众投资与消费信心的积极因素。他们认为，现实地看，人的行为是有限理性的，容易受信心影响。如果缺少信心支撑，经济复苏火苗就难以越烧越旺；而有了足够的信心，就会产生巨大的乘数效应，推

① 本文系盛松成（时任第十一届全国人大代表、中国人民银行沈阳分行行长）于 2010 年 3 月 15 日接受《金融时报》专访时的报道。

动经济重新步入良性运转轨道。这样，政府投资就能引致启动民间投资，扩大民间消费。因此，这种类型的通胀预期，只要它不导致实际通胀，在一定程度上就不是坏事。

相反，如果通胀预期是由于人们对实体经济的信心不足，从而寻求资产保值或追逐资产买卖价差的话，就会影响民间投资与消费的真正启动，阻碍经济的复苏，严重的还会导致滞胀。因此，区别不同类型的通胀预期，是管理好通胀预期的前提。此外，对通胀率的预期往往是决定性的。较低的通胀率预期一般不仅不会损害经济运行，而且可能有助于投资与消费；而较高的通胀率预期则会引起社会恐慌，导致错误的投资与消费决策，并加剧实际通胀。

记者：通胀预期通常具有哪些特征呢？

盛松成：关于通胀预期的具体特征，经济理论中主要有三种代表性看法。一是凯恩斯的黏性预期，认为不确定性导致社会公众的通胀预期难以迅速改变，只能渐进调整。二是货币学派的适应性预期，认为社会公众将根据过去的物价水平以及以前的预期误差来形成当期通胀预期，即强调以往实际通货膨胀对现在通胀预期的影响。三是理性预期学派的理性预期，认为社会公众能根据所有信息，经过完全的理性分析，得出"正确"的通胀预期。上述三种预期特征的侧重点各不相同。其中，黏性预期强调形成通胀预期的不完全理性与通胀预期形成后的惯性；适应性预期强调亲身体验与以往经历在通胀预期形成中的作用；理性预期强调通胀预期的完全理性。他们侧重点的不同源于对社会公众信息获取能力与处理过程的假设不同，因此都只是触及通胀预期现实特征的某个侧面。最好把三种预期特征结合起来才更加符合实际。

现实地看，通胀预期同时具有"瞻前顾后性"、"黏性"和"加速性"三大特征。"瞻前顾后性"指通胀预期的形成既与预期者的以往通胀经历有关，又与他们对当前形势的前瞻判断分不开。"黏性"指通胀预期形成后的变化过程比较缓慢。除"瞻前顾后性"和"黏性"外，通胀预期还具有"加速性"特征，即在特定条件下（如物价上涨程度超过最近一次通胀的最高值或政府承诺过的目标值），通胀预期会因此加速。"加速性"意味着公众或企业在作出通胀预期决定时是不完全理性的。"加速性"还能使通胀预期成为实际通胀的独立原因。认识到通胀预期的上述三个特征，对通胀预期管理有重要意义。

记者：那么，人们的通胀预期又主要受哪些因素影响呢？

盛松成：一项针对25个市（地）12000户居民与1350户企业的问卷调查

显示，影响通胀预期的主要因素如下：

一是被调查者的收入水平。调查发现，被调查者收入越低，其通胀预期越强。分析表明，导致上述结果的主要原因是，低收入者的恩格尔系数较高，食品等基本生活支出在其支出中占比较高。而食品在CPI中占30%左右的高权重，是影响CPI变动的主要因素。因此，食品价格上涨会显著影响低收入者的通胀感受。相反，高收入者比较关注的消费品，如家庭轿车的价格一直呈下降趋势，因而他们的通胀预期相对较低。

二是被调查者的受教育程度。调查发现，被调查者的受教育程度越低，其通胀预期越强。分析表明，这是由于受教育程度影响被调查者对经济金融形势的分析判断能力与对政策的解读能力。如当回答对"某报纸说：只要票子发多了，物价就一定上涨"的看法时，学历在大专以下的认同者占78%，学历为本科的认同者占46%，学历为研究生以上的认同者仅占15%。

三是房地产价格的过快上涨。尽管房地产价格变动未纳入CPI，但调查发现，国务院连续出台旨在遏制部分地区房价上涨过快、抑制投资（投机）性购房需求的政策之后，70%的被调查者的通胀预期有所下降。

上述三个影响因素也说明通胀预期者并不是完全理性的。

第四个影响通胀预期的主要因素是以往的通胀经历。调查发现，受上一轮物价上涨的影响，7成被调查者将日常生活消费品价格上涨看做通货膨胀的先兆。这个结果也印证了通胀预期具有"顾后性"特征。

五是企业的行业属性。如电力、燃气及水的生产和供应企业认为未来有一定程度或较大程度通胀的比例合计占71.2%。房地产企业认为未来有一定程度或较大程度通胀的比例合计占65.3%。处于产业链末端的一般加工制造业、普通零售业认为未来有一定程度通胀或较大程度通胀的比例，分别为55.5%和63.4%。其他行业认同未来存在通胀的比例，低于50%。分析表明，通胀预期较高的企业多属于垄断行业。它们通胀预期较高是因为其提供的产品和服务具有较强的定价能力。这个结果与经济学原理一致。

六是政策的公信力。调查发现，当被调查者对宏观调控力度预期较大，对调控效果预期较高时，他们的通胀预期就较低。这个因素也印证了通胀预期具有"瞻前性"特征。

二、理解通胀预期与实际通胀的区别与联系

记者： 认识通胀预期有助于管理通胀预期，但管理通胀预期的关键还在于弄清通胀预期与实际通胀的区别与联系。您是如何看待两者关系的？

盛松成： 通胀预期与实际通胀有着明显区别。目前，一部分人包括个别专家，在这个问题上是混淆的。实际上，通胀预期可以在没有实际通胀的时候较长时期存在，并且不一定导致实际通胀。通胀预期既不是实际通胀的必要条件，也不是充分条件。通胀预期是对实际通胀的"想象"，但想象不等于现实，很多想象也从来没有成为现实。通胀预期与实际通货膨胀虽有联系，但毕竟是两回事。

通胀预期与实际通胀无疑又有密切联系。主要表现为：通胀预期通过影响货币供求，导致"钱过多"（总量上的过多或结构上的过多或二者兼而有之），从而为实际通胀创造了必要条件。很多人知道，货币学派代表人物弗里德曼有句名言，"通货膨胀归根到底是一种货币现象"。这句话并不像一些人解读的那样，意味着货币过多是通货膨胀的根本原因（即"钱过多"是通货膨胀的充分条件），而是说通货膨胀的实际发生需要足够的货币配合才行（即"钱过多"仅是通货膨胀的必要条件）。通俗地说就是，有"钱"不一定有通胀，但没有"钱"就没有通胀。

记者： 在现实中，通胀预期是如何导致"钱过多"，为实际通胀创造必要条件的呢？

盛松成： 首先，通胀预期导致货币流通速度加快。由于通胀预期，人们会觉得持有货币不划算，因而不愿意继续持有交易性和预防性货币。这样货币流通速度就加快了，从而导致货币变多。举例来说，7 万亿元信贷投放在货币流通速度为 0.5 时只相当于 3.5 万亿元，在货币流通速度为 1 时才是 7 万亿元，即投放同样货币量，由于货币流通速度的不同，其产生的实际影响是不同的。

其次，通胀预期往往促使人们出于保值或投资（投机）目的抛货币、购实物、购资产，典型的就是购买房地产。如我国最近一次房地产价格过快上涨，通胀预期就是重要原因之一。而通胀预期下的购实物、购资产行为，意味着人们的意愿货币需求在下降，这也间接导致"钱"变多。

再次，通胀预期一般都是在经济复苏和高涨过程中产生的，此时企业还款能力与流动性都比经济复苏前强，它们对货币的需求也因此减少了。另一种情

况是，在经济衰退时期，有些企业出于保持流动性目的囤积货币，扩大了货币需求；当经济复苏特别是出现通胀预期后，这些囤积货币变成了"烫手山芋"，企业对货币的需求就减少了。

综合上述三方面因素——货币流通速度上升导致同样的货币投放量发挥较大的作用，资产价格上涨降低了人们的持币意愿，通胀预期又使人们的货币需求减少，此消彼长的结果自然就是"钱多"。

"钱多"以后，由于有"钱"的配合，企业基于通胀预期的提价行为就更加容易了。如有些消费者在通胀预期下，对提价的反应往往不是减少商品需求，而是出于"通胀果然实现了"的心理扩大需求，这样，"钱变多"与"提价"就成了通胀预期与实际通胀的联系纽带。不仅如此，对最终消费者的"提价"行为还可能刺激中间产品与原材料价格上涨，导致 CPI 向 PPI 逆向传递。而房地产市场更容易出现提价现象，因为房地产在通胀预期下具有保值功能，也具有投资（投机）功能，比较容易形成追涨杀跌的购买行为。

通胀预期与实际通胀的上述联系对管理通胀预期有两点启示：一是要根据特定经济形势分析货币供求，具体考察"钱"是否过多；二是要密切关注通胀预期下的乱涨价行径。

三、有效管理通胀预期

记者：解决了"通胀预期究竟由什么因素决定"以及"通胀预期如何影响实际通货膨胀"等认识问题，对于我们在实践中"管理好通胀预期"有哪些指导意义？

盛松成：了解了通胀预期的类型、特征和影响因素，弄清了通胀预期与实际通胀的区别与联系，就能得出"管理通胀预期"的方式方法了。

首先，管理通胀预期的目标是割断通胀预期与实际通胀联系的货币纽带。新中国成立 60 年来的历史证明，我国经济要冷难，要热容易。因此，应加强流动性监测与分析，综合使用存款准备金、利率、公开市场业务、央行票据以及"窗口指导"等手段，根据需要及时回收流动性。考虑到贷款具有派生存款功能，要密切监测金融机构的信贷投放，避免因贷款投放过多而导致大量的新增流动性。

其次，管理通胀预期的根本是展现政府的反通胀决心，加强政策宣示工作。要防止物价上涨幅度突破最近一次通胀最高值或政府承诺过的目标值。媒体有责任加强对宏观调控政策的宣传工作，并尽量使用规范的词汇与表达方式。对于容易引起误解的词汇和说法（如"票子发多了，就一定有通货膨胀"），媒体有责任予以正确解读，以正确引导公众预期。

再次，管理通胀预期的重点是抑制房地产价格过快上涨。房地产价格过快上涨并不像有些人认为的那样，由于房地产价格未纳入 CPI，因而不会导致通货膨胀。实际上，房地产价格过快上涨最终往往导致通货膨胀。这已经被我国和其他国家的事实所证实。而且，此种通胀或通胀预期往往还意味着实体经济不振，普通百姓的消费能力也因房地产价格上涨而被削弱。因此，抑制房地产价格过快上涨应作为通胀预期管理的重点。

最后，管理通胀预期的关键是有系统性的政策安排。影响通胀预期的因素非常复杂，涉及的政策也很多，包括货币、信贷、财政、产业、收入、就业与价格管理政策，等等。这些政策务必要统筹安排，在调控方向、重点与力度上相互协调配合，以形成管理通胀预期的合力。一是要把管理通胀预期与经济结构调整结合起来。经济结构问题更具根本性、战略性与长期性。解决好了，能从根本上管理好通胀预期。管理通胀预期的总量调控政策也只有和结构调整政策配合起来，才能避免对不同企业的"一刀切"。结构调整就信贷角度讲，就是要优化贷款主体结构、期限结构、项目结构、产业结构，积极配合产业振兴规划，积极支持"三农"、中小企业、服务业、自主创新、节能减排与社会民生等领域。二是要密切监测市场行为，打击乱涨价行径。三是可以根据物价上涨情况，针对特定人群（如城市低收入者）和特定产品（如农产品）适当提供补贴。

单一商品价格与价格总水平决定因素是不同的[①]

当某一商品价格大幅上涨时，往往有人将其归因于货币供应的增加。无论是石油价格上涨、黄金价格上涨，还是房价的上涨，都出现过类似的议论。这种议论的错误在于混淆了单一商品价格与价格总水平的决定因素。单一商品的价格取决于该商品的供需状况，而货币供给影响价格总水平。这本来是一个基本的经济学原理，遗憾的是，很少有人专门论述这一问题，甚至有人（包括一些经济学家）有意无意地抛弃了这一基本原理。

一、单一商品价格取决于该商品供需状况

影响商品供给的因素主要有该商品的自身价格、生产的成本、生产的技术水平、相关商品的价格、生产要素的拥有量、生产者对未来的预期等。影响商品需求的因素主要有商品自身价格、替代品与互补品的价格、消费者的收入水平、消费者的偏好、消费者的预期等。商品价格由商品供需关系决定。供大于求，价格下降；求大于供，价格上升；供求平衡，价格稳定。"谷贱伤农"是经济学的一个范例。它指的是在丰收年份，粮食供应增加，粮价下降，甚至会导致农民收入减少；而在歉收年份，粮食供应减少，粮价会较快上涨，农民收入可能反而高于丰收年份。

从金融危机史看，即使在金属本位的年代也会出现金融泡沫和某些商品价格的暴涨暴跌。1636 年，荷兰出现郁金香投机泡沫。当时的荷兰处在金融发展的初级阶段，银行信贷不发达，商品交易可以分期付款。购买 1 磅普通的郁金香，当场付款需要 4 头奶牛，下一年支付则需要 525 荷兰盾。此外，还可以使用土地、房屋、家具、金银器皿、油画、衣服等物品分期付款。形成泡沫的

---

① 本文作者盛松成、刘西，发表于《中国金融》，2013 年第 15 期。

主要原因是当时的郁金香投机热加剧了人们的价格上涨预期，投机需求被过度夸大。1720 年英国南海泡沫也是由于投机过热引起的。南海公司股价由 1720 年初的 120 英镑急升至同年 7 月份的 1000 英镑。随着炒股热潮减退，9 月份股价又暴跌到 190 英镑以下，不少人血本无归，连大科学家牛顿也感叹，"我可以测算出天体的运动规律，却无法估计人类的疯狂"。

货币本身并不产生投机，而只是投机活动使用的交易工具。货币赋予所有商品同等机会。稳定的货币供给可能会抑制投机的发展，但不能避免投机的产生。当某一商品的需求远大于供给时，即使货币不增加，该商品价格也会大幅上涨。而投机泡沫最终破灭了，说明任何一种商品，无论如何炒作，终有供给大于需求从而价格下跌的时候。

二、货币供给影响价格总水平

价格总水平是全社会所有商品和服务的加权平均价格。价格总水平的百分比变动被称为通货膨胀率。货币是一般等价物，可以用来交换所有商品。货币增长，会扩大全社会的名义总需求，并在一定条件下影响价格总水平。消费者价格指数（CPI）、GDP 缩减指数（GDP deflator）等常被用来衡量价格总水平的变化。CPI 反映一定时期内城乡居民所购买的生活消费品价格和服务项目的价格变动程度。GDP 缩减指数以经济中生产的全部商品和服务的价格为测算对象。CPI 与 GDP 缩减指数主要有三个方面的不同：一是 CPI 统计的商品和服务种类短期内一般不发生变动，各商品权重变动也较小，而 GDP 缩减指数中各商品的权重随每年的产出状况变化；二是 GDP 缩减指数涉及的范围更广，包含全部社会最终产出；三是 CPI 还包括进口商品的价格，而 GDP 缩减指数只衡量国内产出的价格。CPI 与 GDP 缩减指数的变动在短期内可能并不相同，但在较长时间里，两者对价格总水平变动趋势的反映是比较接近的。由于 CPI 的统计频率更高，数据更易获得，同时其变化也较准确地反映了价格总水平的变动，很多央行将 CPI 作为衡量货币政策效果的重要指标。2001—2012 年，中国 CPI 年均上涨 2.4%，GDP 缩减指数年均上涨 4.2%。

由于货币是商品的计价、交易手段，名义货币供应量的增加可能引起商品的货币价格上升，也就是价格总水平的上涨。经济学说史上有一个著名的"交易方程式"：MV = PT。式中，M 代表流通中的货币量，V 代表货币流通速度，P 代表一般物价水平，T 代表全社会商品交易量。交易方程式本身是一个在任何情况下都能成立的恒等式。这个恒等式只有在一定的假设条件下才能显示出它的理论意义。费雪认为，V 和 T 不受 M 变动的影响，V 决定于人们的支付习惯、信用发达程度、运输及通信条件等，T 则决定于资本、劳动力以及自然资源的供给状况等非货币因素。因此，根据交易方程式，M 的变动决定 P 的变动（注意，P 代表一般物价水平，也就是价格总水平，而绝不是单一商品的价格）。诚然，现代西方经济学认为货币量变动会影响货币流通速度，也会影响产出，从而影响商品交易量，但我们依然不能否定货币量对价格总水平的作用。这就如同全世界的平均海平面（P）一样，海水量（MV）增加虽然会扩大海洋总面积（T），但同时也会引起平均海平面（P）的上升。从这个角度看，通货膨胀就是一个货币现象。

需要指出的是，在 MV = PT 这一恒等式中，T 是全社会的商品交易量，而不是总产出或者 GDP。因为用于交易的不仅仅是当期产出，在一定条件下，社会交易量可能大于总产出或者 GDP。所以用 M_2 与 GDP 之比来衡量货币宽松程度是不精确的。

无论依据 CPI 还是 GDP 缩减指数，我国近年来的通胀率都不高。我国的货币供应尽管保持较高增速，但与社会交易需求是基本一致的。我国的社会交易需求迅速扩大，主要原因在于，我国经济持续高增长、货币化进程加快、增加值率（总增加值/总产出）降低、住宅商品化、资本市场从无到有等。同时，由于我国国民储蓄率高、直接融资占比低、金融资产结构单一等原因，货币的周转效率下降，即货币的交易流通速度（交易方程式中的"V"）降低，于是相同的名义商品交易量 PT，就需要更多的货币 M。

三、单一商品价格与价格总水平的变动可能不一致

在价格总水平快速上升的时期，某一商品价格可能上涨较慢甚至下降。在价格总水平增长较慢的时期，某一商品价格可能快速上涨。

资产和大宗商品价格与物价走势并不完全一致。历史上，美国的住房及能源价格变动都曾经与 CPI 走势不一致。1983—1992 年，美国 CPI 年均上涨 3.8%，能源价格仅年均上涨 0.6%；2003—2012 年，美国 CPI 年均上涨 2.5%，能源价格却年均上涨 8.2%。从长期趋势看，近 30 年，美国 CPI 涨幅有所回落，但能源价格涨幅却迅速上升。美国的住房价格与 CPI 走势也不完全一致。2001—2006 年，美国

CPI 年均上涨 2.7%，房价年均上涨达 7.8%。2007—2012 年，美国 CPI 年均上涨 2.2%，房价却年均下降 2.8%。其中，2008 年美国 CPI 上涨 3.9%，涨幅比上年提高 1 个百分点；房价却下降 6.4%，降幅比上年增加 5.6 个百分点。

日本的住房和能源价格与 CPI 走势也不尽相同。1991—2000 年，日本 CPI 年均上涨 0.8%，住房价格却年均下降 5.2%，汽油价格年均下降 1.8%。2001—2012 年，日本 CPI 年均下降 0.2%，汽油价格却年均上涨 1.7%，住房价格年均上涨 1.6%。其中，2007 年 CPI 涨幅为零，住房价格却上涨 10.6%；2012 年 CPI 涨幅为零，汽油价格上涨 4%。

中国的情况也是如此。2003 年，我国 CPI 上涨 1.2%，车用燃料及零配件价格上涨 8.3%。2007 年，我国 CPI 上涨 4.8%，涨幅比 2006 年提高 3.3 个百分点，但车用燃料及零配件价格仅上涨 3.5%，涨幅比 2006 年回落 9.2 个百分点。2010 年，我国 CPI 上涨 3.3%，住房价格却上涨 12.2%。

普通商品价格也会偏离 CPI 走势。2000—2008 年，美国 CPI 年均上涨 2.9%，但服装价格却年均下降 1.1%。1995 年日本 CPI 下降 0.1%，糯米价格却下降 34.5%。2004 年，日本 CPI 零增长，但糯米价格上涨 42%。2005 年，日本 CPI 下降 0.3%，糯米价格下降 27.8%。近 10 年来，中国 CPI 最高涨幅为 5.9%（2008 年），最低为 −0.8%（2002 年），而通信工具价格均同比下降 10% 以上。

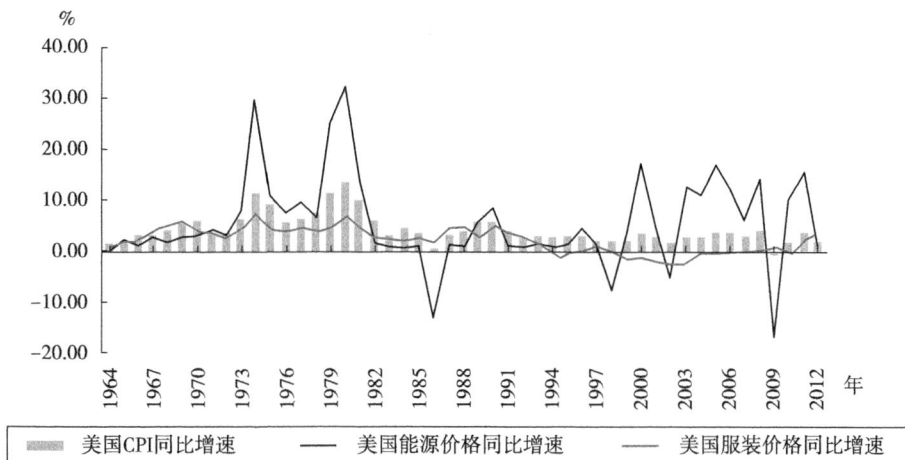

图 1　美国的 CPI、能源价格、服装价格

（资料来源：Wind）

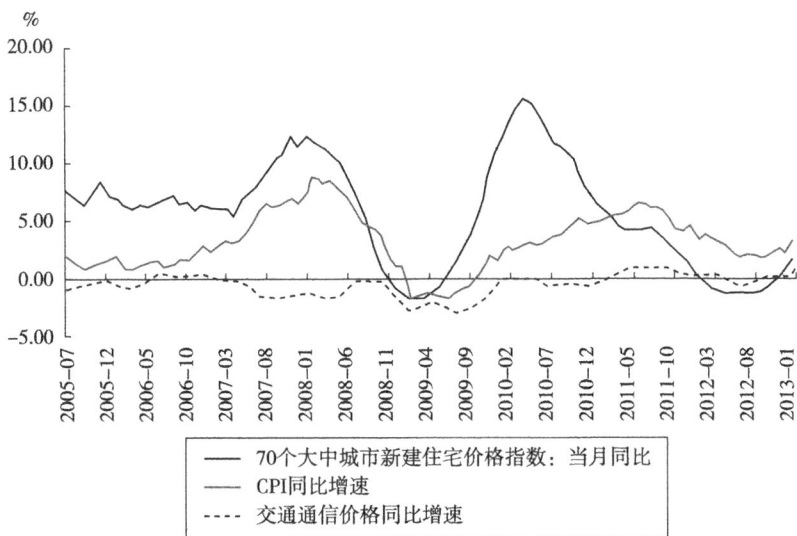

图2 中国的CPI、住房价格与交通通信价格

（资料来源：Wind）

四、不应将单一商品价格的大幅上升归因于货币因素

将单一商品价格的大幅上升归因于货币因素，不是缺乏经济学基本知识，就是有意混淆视听、转移视线，于事无补。货币供应并不是单一商品价格快速上涨的决定因素，任何单一商品的价格都决定于该商品的供需状况。这就像海水总量增加只会提高平均海平面，而不能决定哪里的浪高、哪里的浪低。浪高、浪低与当地的风向、风力等密切相关。海水总量的多少也不能决定哪个区域的海平面高，哪个区域的海平面低。某个区域海平面的高低与这一区域特定的地貌、气候、季节等相关。某一地区海水泛滥，并不意味着全球海水量增加，而是由于一系列因素引起该区域的海水在短期内突然增加。

石油等大宗商品价格的变动并不总是与货币供应密切相关。20世纪下半叶的三次石油危机源于石油供给的迅速下降，其导火索是战争，而不是货币供应的变化。1973年10月第四次中东战争爆发，石油输出国组织（OPEC）宣布石油禁运，暂停出口，原油价格在两个月内从每桶3美元涨到12美元。1978年底，伊朗爆发伊斯兰革命，随后又发生两伊战争，引发第二次石油危机。世界石油产量从每天580万桶骤降至100万桶以下，打破了原油市场的供求平衡。原油价格从 1979 年的每桶 15 美元左右涨到 1981 年 2 月的 39 美元。1990 年海湾战争爆发，伊拉克原油供应中断，原油价格在 3 个月内从每桶 14 美元涨到 40 美元以上。需要指出的是，西方国家并没有通过减少货币供应，而是通过改善石油的供需关系平抑其价格波动。美国、德国及日本等国家逐步建立起战略性石油储备。美国宣布进入"紧急状态"，对所有的石油产品实行全国配给，并鼓励使用高能效的汽车。

不仅一般商品的价格波动与货币供应无直接联系，而且黄金这一作为一般等价物的特殊商品也并不总是与货币供应密切相关。1973 年，布雷顿森林体系崩溃，加上西方国家连续遭遇石油危机，黄金的保值需求不断提高，黄金年平均价格从 1972 年的 46.91 美元/盎司，升至 1981 年的 570 美元/盎司。危机缓解后，黄金价格趋于下降。黄金价格从 1988 年的 459 美元/盎司降至 2002 年的 269 美元/盎司，而同期，美国货币供应量仍然保持了年均 4.7% 的增长速度。2002 年后，新兴市场国家经济腾飞，2007 年末又爆发了全球性金融危机，黄金的储备和保值需求上升，而各国央行很少卖出黄金，致使黄金缺口增大。黄金价格从 2002 年的 269 美元/盎司提高到 2012 年的 1673 美元/盎司。当然，世界主要国家相对宽松的货币信贷政策可能对黄金价格起到了推波助澜的作用，但货币发生作用的前提是黄金本身供不应求。近期，黄金价格大幅下降，白银、铜等贵金属价格也同时下跌，而欧美国家的量化宽松货币政策并未改变，日本更是罕见地大量投放基础货币。可见，单一商品价格的剧烈波动并不源于货币供应量。

五、房地产价格过快上涨主要源于其供需失衡

人口增长、国民收入增加、城市化发展、国际需求等因素都会提高房地产市场的需求，同时房地产又受稀缺性、垄断性、基本价值的不确定性等供给因素的制约。人口的快速增长曾经是芝加哥房地产泡沫的主要原因。从 1833—1926 年，芝加哥土地价值从 16.9 万美元飙升至 50 亿美元，比 1925 年美国 23 大州所有农场的总价还要高。其主要原因在于，芝加哥的总人口从 1833 年的 350 人增长到 1930 年的 338 万人。最近几十年来，世界上多数大楼盖于经济快速发展的区域。20 世纪 80 年代末，世界上近一半的高楼建设在东京，而到了 90 年代中期，摩天大楼建设转移到了上海、北京、广州。20 世纪 80 年代日本房地产价格飙升，源于日本经济的长期增长，社

会积累了大量财富，居民住房需求迅速提高。日本银行信贷快速增长为房地产泡沫提供了资金支持，但经济长期繁荣、房地产供不应求才是房地产投机的根本原因。

因此，有人说高房价是印出来的，这是不准确的。与其说高房价是"印出来的"，确实还不如说是"炒出来的"。从全球范围看，货币与房价上涨并不总保持一致。首先，两者的涨幅差异很大。1990—2012 年，美国 M_2 增长了 2.2 倍，而房价（OFHEO 房价指数）只增长了 92%。同期，韩国 M_2 增长了 11.6 倍，而房价（韩国房屋购买价格指数）只上涨了 55%。日本 M_2 增长了 65%，而房价（首都圈新建公寓平均单价）却下降了 31%。其次，两者的变动方向可能完全相反。2000—2012 年，美国、日本的房价增速与 M_2 增长都是负相关关系（-23%、-40%）。2007—2012 年，美国 M_2 年均增速达 6.8%，比前六年的平均增速高 0.6 个百分点，而房价却连续六年下降，年均增速比前六年低 10.6 个百分点。2003—2008 年，日本 M_2 年均增速为 1.7%，比 1991—2002 年平均增速低 0.8 个百分点，而房价却年均上涨 4.1%，结束了日本 1991—2002 年房价连续 12 年负增长的历史。2009—2012 年，日本 M_2 年均增速达到 2.8%，而房价却再次出现负增长。韩国也出现了类似情况，韩国近 20 年的最高 M_2 增速（23.7%）和最大房价降幅（-12.4%）均出现在 1998 年。

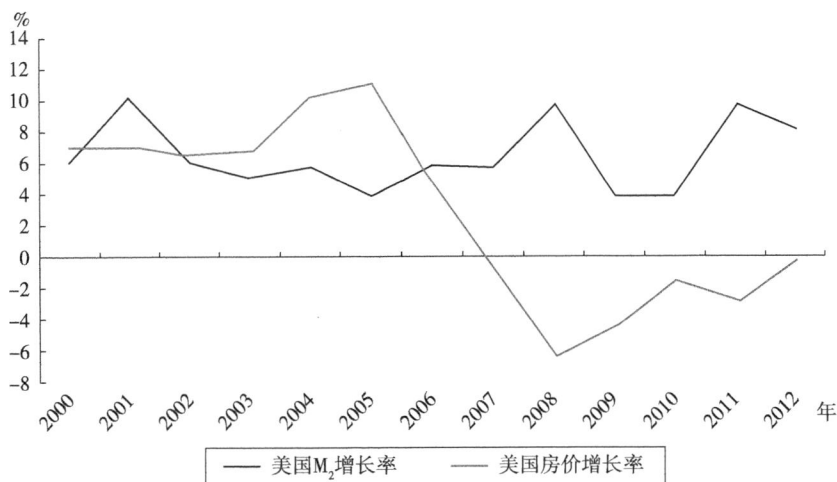

图 3　美国 M_2 与房价增速比较

（资料来源：Wind）

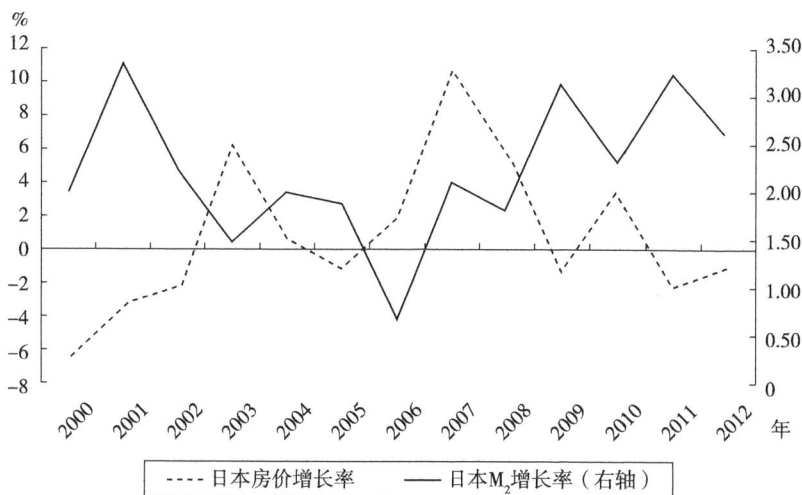

图4 日本 M₂ 与房价增速比较

（资料来源：Wind）

近10年，我国 M₂ 和房价都保持了较快增长速度，但由于我国住房商品化时间还不长，还未经历一个完整的房地产周期，我们不能从表象判断我国房价上涨是由 M₂ 高增长导致。事实上，我国 M₂ 与房价也会出现背离。首先，我国房价上涨最快的时期，并不是 M₂ 增速最高的时期。从全国房屋销售价格指数看，我国房价涨幅超过 10% 的年份是 2004 年（10.3%）和 2007 年（10.4%）。而 2004 年 M₂ 增长 14.6%，比上年回落 5 个百分点；2007 年 M₂ 增长 16.7%，比上年回落 0.2 个百分点。

其次，全国范围内货币完全自由流通，但各个区域的房价涨幅不尽相同。近年来，我国大部分中小城市房价平稳，而部分大城市（并非全部大城市）房价涨幅较大，难道是这些大城市货币供应多，而其他城市货币供应少吗？显然不是，而是由于不同城市的房地产供求关系不同。同样是大城市，房价涨幅可能相差很大；同一时期，不同区域的房价却很不一致。这些都表明，房价并不决定于货币供应量，而决定于房地产供求关系。

北京和上海的房价在全国（大陆 31 个省、自治区、直辖市）排名前两位，但二者的上涨周期不完全相同。北京房价涨幅较高的年份是 2005 年、2006 年、2007 年和 2010 年，上海房价则在 2003 年和 2009 年涨幅较高。上海房价上涨的年份，我国 M₂ 增速较高，而北京房价上涨的年份恰好是 M₂ 增速小幅回落的年份。即使西藏房价在中国排名靠后，房价涨幅也曾经远快于北京。2000—2004 年，西藏房价年均上涨 15.9%，位居全国第一。同期，北京房价年均下降 2.2%，在全国排名倒数第一。2005—2011 年，这一情况完全逆转。西藏房价仅年均上涨 3.4%，排名全国倒数第一。同期，北京房价却年均上涨 18.8%，位居全国第二，仅次于海南。另外，在北京、上海等地区房价快速上涨的同时，辽宁、黑龙江、云南、广西等省（自治区）房价上涨却相对平稳。

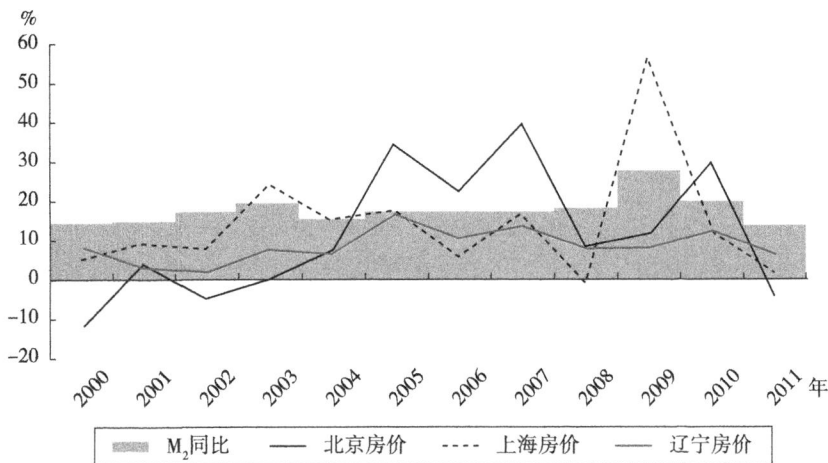

图 5　M₂ 同比与区域房价增长速度

（资料来源：Wind）

最后，各区域的房价涨幅与区域存款增长速度也不完全一致。2005—2011 年，我国本外币存款年均增速排名前三位的省（自治区）是青海（24.7%）、内蒙古（24.6%）、西藏（24.3%），而同期这三个省（自治区）的房价上涨幅度在全国处于偏低水平。同样这 7 年时间里，我国房价上涨幅度最高的三个省（市）分别是海南（20.6%）、北京（18.8%）、浙江（17.9%），而同期这三个省（市）存款的年均增速分别为 21.4%、17.7%、19.3%，处于全国中等水平。

六、物价总水平的基本稳定是我国货币政策的主要目标之一

可以把单一商品价格上涨的原因大致分为两个部分。与通胀率相等的那一部分是货币因素，而超出通胀率的那一部分则是非货币因素。也就是，如果所

有商品的供求关系都是均衡的，那么所有商品的价格变动与价格总水平变动是一致的，此时，单一商品价格的变动可以归因于货币因素。如果单一商品价格变动与价格总水平变动不一致，则应把不一致的部分视为由非货币因素引起的。当某一商品价格的涨幅远高于通胀率时，货币总量的调节对该商品价格的影响是有限的。

衡量货币供应量是否合适的主要标准是经济增长与物价水平，而不是任何一种特定商品价格的高低。当物价总水平并不很高而某一商品价格的涨幅较大时，紧缩货币未必能抑制该商品的价格，反而可能导致通货紧缩，伤害实体经济，因为紧缩货币会抑制总需求，而不能直接抑制对某一商品的需求。结果可能是，该商品的需求并未减少，而总需求却下降了。也就是，人们通过减少对其他商品的需求，维持了对该商品的需求。就像盛夏天，减少外出孩子的零花钱，并不能使孩子少买饮用水，而会使孩子减少其他方面的支出。所以此时想要抑制饮用水的价格，比较有效的办法是增加饮用水的供应，而不是让人们少用零花钱。新中国建立初期，解决部分城市棉纱等物资的投机和涨价问题，用的就是这个方法。当然，今天住房的供需关系，从而住房价格的问题，比当年棉纱等商品的价格问题复杂得多。

2007 年末全球性金融危机爆发后，中央银行的视野已不再局限于通胀率，央行开始监测房地产、股票等资产价格。货币政策也更强调与宏观审慎措施相协调。很多央行被赋予维护国家金融稳定的职责。从近年来央行实践看，各国货币政策对资产价格更多的是"关注"，货币政策更重要的目标依然是价格总水平。2009 年 4 月到 2013 年 3 月，美国道琼斯平均工业指数上涨 91.6%，年均上涨 17.7%，同期 CPI 年均上涨 1.8%。由于物价压力不大，而失业率较高，美国执行 0～0.25% 的低利率政策，并连续四次实施量化宽松货币政策。2012 年 7 月到 2013 年 3 月，日本东京证券交易所加权平均股价上涨 41.1%，但由于物价涨幅不高，而经济增长压力较大，日本银行仍然连续实施量化宽松政策。

我国货币政策同时考虑经济增长与稳定物价，而针对房价的是结构性信贷政策。2009 年和 2010 年，我国房价涨幅高于物价涨幅，但由于通胀率不高，而保持经济平稳增长的压力较大，人民银行实施了适度宽松的货币政策。对于房价的上涨，人民银行则配合相关行业政策，通过结构性信贷政策加以调控，比如提高二套房首付比例以及提高二套房贷款利率等。2011 年和 2012 年，人民银行连续两年实施稳健的货币政策，有效遏制了物价快速上涨的势头，同时继续实行结构性信贷政策调控房价。2011 年，CPI 上涨 5.4%，涨幅比 2010 年提高 2.1 个百分点，房价同比上涨 4.2%，涨幅比 2010 年回落 8 个百分点。2012 年，CPI 同比上涨 2.6%，房价同比下降 0.6%。2010—2012 年，人民银行运用相同的结构性信贷政策调控房价，但由于这几年的物价和经济运行情况有所不同，货币政策取向也不相同。

总之，我国货币政策的主要目标之一是物价总水平的基本稳定，而不是任何一种特定商品价格的稳定。任何一种特定商品的价格（包括房价）脱离一般物价趋势的剧烈波动都源于该商品的供求失衡（当然，这一失衡的背后可能是一系列深层次的矛盾），而不是货币供应的变化。因此，抑制任何一种特定商品价格（包括房价）的有效方法是改善该商品的供求状况，而不是从货币供应方面找原因，因为货币供应影响价格总水平，而不能决定任何单一商品的价格。

各国央行盯住 2% 通胀目标是刻舟求剑

——对中长期通胀的思考①

主要发达国家央行的"唯通胀目标"实际上已发生改变。本文回顾主要发达国家盯住通胀目标的历史经验，分析中长期通胀走势，探讨央行货币政策目标的改进方向。本文指出，以广义价格稳定作为连接点，有助于央行将货币政策与宏观审慎政策纳入同一体系内，实现货币政策、宏观审慎政策双支柱调控框架的统一，促进宏观经济与金融市场的平稳发展。

2019 年初美联储放缓加息节奏，货币政策姿态发生改变，一个主要压力是金融市场波动及其对就业、物价稳定可能产生影响。尽管通胀目标一直被多数发达国家央行视为首要的货币政策目标，但当金融市场动荡时，央行会在利率决议上顾虑重重，可见"唯通胀目标"实际上已发生改变。

一、全球主要发达国家央行盯住 2% 通胀目标

2008 年金融危机后，主要发达国家央行实现通胀目标的道路并非坦途。时至今日，美国通胀率在曲折中上升到 2% 目标位置，欧元区的通胀率目标实现得则相对缓慢，日本通胀率目标自 21 世纪初起始终没有达到。

发达国家央行纷纷致力于实现通胀目标，背后有着深刻的理论基础和现实需要。在凯恩斯主义货币政策框架中，菲利普斯曲线诠释了通胀率与失业率的反向关系，认为央行一旦实现其一则自动实现其二。20 世纪 60—70 年代困扰发达国家的"滞胀"打破了菲利普斯曲线的经验关系，于是货币主义与理性预期学派将微观个体决策机制，特别是预期概念引入宏观理论，认为央行只盯住通胀目标而无法控制经济增长。70 年代末至 80 年代初，时任美联储主席沃克尔为控制高通胀率而紧缩货币，最终通胀率下降而失业率上升，菲利普斯曲

---

① 本文作者盛松成、谢洁玉，发表于《清华金融评论》，2019 年第 6 期。

线再次展现解释力。90 年代起至 21 世纪初，新凯恩斯主义经济学将凯恩斯主义与新古典主义理念融合，引入价格黏性机制，认为货币政策不仅影响通胀率，而且短期会影响实际产出，长期保持中性。尽管菲利普斯曲线在过去半个多世纪时而有效、时而失灵，经过不断修正，其仍在央行货币政策决策中占有重要地位。

在新凯恩斯主义理论指导下，实践中全球大多数央行都会将物价稳定作为目标之一。一些央行选择盯住产出缺口（失业率）与通胀率，例如美联储依据泰勒规则，以充分就业与物价稳定为目标来制定货币政策。一些央行选择通胀单一目标制，由央行公开宣布一个中期的目标通胀率或通胀区间作为货币政策首要目标，例如新西兰、加拿大、英国央行等。美联储、欧央行、日央行虽没有明确采用通胀单一目标制的货币政策框架，但本轮金融危机后也纷纷设定了 2% 的通胀目标。

无论是采用通胀单一目标制还是设定通胀目标的国家，都会选择盯住某个通胀率点目标或区间目标。从经验数据来看，目前主要发达国家的通胀目标值围绕在 2% 附近波动。设定一个正值通胀目标主要是为应对零利率下限约束。至于为何这个正值是 2% 而不是其他数字，则起源于 20 世纪 90 年代的一些经验观察。泰勒在 1993 年首次提出泰勒规则时，2% 的通胀目标值是其基于当时历史数据以及通胀率测量误差的考虑。这一点在理论上没有一致意见，目前多数发达国家央行将通胀率目标设定在 2% 附近只是一个实践问题。

从 20 世纪 90 年代起，主要发达国家央行在"教科书式"严谨缜密的新凯恩斯主义理论框架内制定货币政策，其中一项任务是设定通胀目标并致力于实现。自 80 年代中期起，以美国为代表的发达经济体步入了温和通胀的"大缓和"时代，直至 2008 年金融危机爆发。央行设定通货膨胀目标相当于给公众提供了一个名义锚，这期间稳定的通胀率与央行 2% 的通胀目标互相引领、互相强化、互相印证，货币政策在设定通胀目标、实现通胀目标的闭环内良好运作。然而，盯住通胀率的货币政策没有预见 2008 年金融危机爆发，危机爆发后的 10 年内通胀率也没有回到 2% 水平，那么二十几年前制定的 2% 通胀目标是否时过境迁了呢？

二、影响通胀的因素正在悄然变化

"大缓和"时代的物价稳定既是货币政策的功劳，也是全球经济深层次变革的结果。全球化、科技进步、人口结构、资金流动、收入差距等深刻地影响着全球一般性商品与服务的供给与需求，供需两股力量共同决定了一般性商品与服务价格，促成了"大缓和"时代。当以往这些能够促进物价稳定的深层次因素发生变化时，通胀率也会变幻莫测，从而影响央行通胀目标的制定与实现。

第一，全球化极大地丰富了全球商品供给，逆全球化易引起消费品价格上行。我们注意到"大缓和"时代的开端与全球化的开端恰好重叠。一些进行市场化改革的亚洲国家和体制转轨的中东欧国家，在全球化潮流下提供了大量低成本劳动力，对过去二十几年低通胀有很大贡献。全球化整合了全球资源要素，使得各国在全球产业链分工中精耕细作，既降低了成本又提高了生产效率。一般性商品价格的下降能通过全球贸易网络传递至各个角落，于是我们看到全球主要经济体的通胀率走势保持高度一致。各国通胀率相关系数从 20 世纪 90 年代的 0.2 上升至目前的 0.6，形成了通胀率的全球化现象。物价稳定的背后是全球化的商品供应体系很好地平滑了单个地区的商品供应短缺。

近年来贸易保护主义抬头，全球化受到挑战，于是在过去二十多年曾推动全球通胀率下行的一个重要动能可能衰减或逆转。发达国家承接一般消费品生产的成本高于发展中国家，关税等贸易保护措施会进一步抬高进出口产品价格，最终带动一般性消费品价格上扬。当全球统一开放的经济体割裂成一个个封闭经济体时，各国国内物价将更多地由国内生产活动决定，全球通胀的同步效应将减弱，相应地央行货币政策的同步效应也可能弱化。

第二，科技进步降低了一般性商品成本，正在向服务业渗透。科技进步能够极大地提高劳动生产率，扩大一般性商品供给。科技在生产活动中的大规模应用初衷是替代更高价格的生产要素。例如，当劳动力成本上升时，在劳动密集型的传统制造业行业，自动化、机器人的大规模应用能够缓解劳动力数量短缺，平抑生产成本上涨。在销售、流通环节，自动化、人工智能、互联网的交互使用降低了交易成本，扩大了全球范围内的商品可得性。例如，亚马逊等线上电子销售平台突破了区域限制，既不受当地劳动力成本约束，也不受当地商业租金冲击，能够整合全球资源，平滑了商品价格波动。

过去科技进步极大提高了制造业的劳动生产率，现在互联网、信息技术正向服务业渗透。由于服务业劳动生产率天然地低于制造业，等量的科技进步对制造业劳动生产率的提高幅度要大于服务业。也就是说，同等程度的科技进步所带动的物化商品增量要多于服务增量。未来随着全球人均收入水平的提高，服务在居民一篮子消费中的占比将进一步提升，意味着科技进步的去通胀效果边际上减弱。

第三，人口增速放缓及人口老龄化对通胀具有深远影响。当前全球主要经济体都面临着人口增速放缓与老龄化问题。根据生命周期理论，居民消费率呈U形，即受抚养人口（16岁以下和65岁以上人口）消费率高于劳动人口。消费增加会对给定的一篮子商品和服务带来通胀效应，而生产行为则会扩大货物和服务的库存并带来通缩效应，因此当劳动人口增速超过受抚养人口增速时，将会带来去通胀（Disinflation）效果，反之将会抬升通胀。"大缓和"时期全球适龄劳动人口增速较高，特别是全球化使得发展中国家大量劳动人口加入到全球生产活动中，带动全球经历了二十多年的去通胀时期。反之若其他因素不变，全球人口老龄化将会产生通胀效应。

关于人口老龄化的通胀效应，经济学家指出一些抵消力量，例如遗产动机、科技替代等，但无可争议的是，随着人口老龄化，老龄人口的需求会逐步从传统制造业的物化商品向养老、医疗等无形服务迁移。养老、医疗属于劳动密集型行业，机器所能替代的较少，那么有限的供给与上升的需求易造成养老、医疗服务价格上涨。通常在衡量居民日常消费的一篮子商品和服务价格中，服务权重低于商品权重，也就是说现实生活中医疗、养老服务的价格上涨并不能及时、有效地反映在居民消费价格指数（CPI）增速中。而实际上居民所承受的综合物价已经很高，货币购买力已经被削弱。特别是当中国这样的人口大国迈入老龄化社会后，老龄化对通胀的影响将更加深远。

第四，收入差距扩大影响全社会消费总量。前述全球化与科技进步在提高劳动生产率的同时，也改变了生产要素报酬的分配。当劳动力在生产中是稀缺要素时，劳动报酬在国民收入初次分配中所占份额就相对较高，而当机器设备的大规模使用能够替代劳动力时，资本报酬在国民收入初次分配中的份额将会提升，从而扩大资本提供者与劳动者的收入差距。除了科技进步之外，收入差距迅速扩大的原因还包括税收累进性质的减退、机会不平等、全球化、资产价格波动等。近几十年大多数国家的收入不平等程度都在上升。根据最新的世界不平等报告，2016年欧洲收入前10%人口占国民收入的37%，中国为41%，俄罗斯为46%，美国为47%，撒哈拉以南非洲、巴西、印度为55%。以财富衡量，财富差距超过收入差距，全球最富有1%人群占有的财富份额从1980年的28%上升至2016年的33%。

收入不平等具有抑制通胀的效果。当收入越来越多集聚在富人手中时，全社会消费能力是下降的。不仅如此，收入差距扩大抬升全社会储蓄率，带动实际利率下行，低利率进一步促进富人加大新发明、新科技投资，扩大全社会商品供给，对通胀形成抑制。在国别之间，人均收入水平越高的国家，通胀率越低。我们看到经济合作与发展组织（OECD）国家通胀率一直较低，而落后的非洲地区则通胀率很高。

第五，资产价格动荡对一般性商品价格的溢出效应。随着物质资源的丰富，消费品与投资品的边界变得模糊，我们很难说清楚一件商品是消费品还是投资品。例如，日常的粮油是最普遍的消费品，但在商品紧缺年代或地区就成了大家争相囤货的投资品。因此，判断一件商品是消费品或投资品的一个重要标准是财富效应，能产生财富效应即为投资品，无则为消费品。任何一种商品、房产、收藏品、虚拟货币等有各自市场，有各自市值，并通过财富效应影响到人们的狭义日常消费。一般性商品的供给相对充足，其市值不容易大起大落；但股票、房产等典型投资品的合理价值很难判断，于是资金大量流入或流出容易引起市值超调，特别是当参与者甚广时会外溢至一般消费品。

金融危机后发达国家的非常规货币政策再次加深了这种影响。一方面，长期内的低通胀降低了人们的通胀预期；另一方面，全球货币宽松使得人们对币值存疑，从而加大对保值增值资产的追逐，纷纷加入对金融资产、不动产、收藏品、虚拟货币等有限供给、稀有商品的产权竞争。在资产价格上涨阶段，财富增长能通过财富效应激励人们扩大消费，最终传导至一般性商品价格上涨。但资产泡沫破灭、社会财富缩水会造成贷款损失和债务通缩循环，产生的通缩效应往往比单纯的一般性商品通缩更为剧烈。资产价格起伏还具有社会财富再分配的效果，当国际资本能自由流动时又具有国别间财富再分配的效果。

综上所述，全球化、科技进步、人口结构、收入差距、资产价格等因素从供给、需求两端作用于一般商品价格，对通胀有深刻影响，且这些因素并非独立，而是相互交织。例如，全球化带动发展中国家劳动力就业，缩小了发展中国家与发达国家的收入差距；同时也造成了发达国家精英阶层收入的大幅上涨与低端劳动力的就业困顿，拉大了国内收入差距。展望未来，上述因素可能发生趋势性变化，从而影响全球通胀形成机制及表现形式。央行在制定与实现通胀目标时，须考虑这些因素的变化，而墨守成规容易产生偏差。

三、关于央行通胀目标的讨论与反思

目前经济学家围绕央行通胀目标的讨论主要集中在以下几个方面：一是对通胀的衡量是否合理；二是 2% 左右的通胀率目标是否过高或过低；三是如何面对金融资产等广义资产价格的波动。

第一，我们是否能准确衡量通胀。通常我们使用居民一篮子商品与服务价格的同比变化来衡量通胀率，而这么做有一些问题。首先，一些央行着重关注剔除了食品与能源价格后的核心通胀率。然而在生产活动中，农产品、能源、初级产品作为其他商品生产的源头，即便在居民一篮子消费中直接剔除，也很难消除这类价格扰动对其他商品价格的间接影响及滞后效应。其次，在 CPI 一篮子商品与服务中，任何一种类别都会受到各种正向或负向冲击，例如电费、通信费用、药费的一次性调整等。但应该剔除哪些扰动，不应该剔除哪些扰动，没有明确标准。最后，随着人们消费偏好的变化，一篮子商品与服务中应该包含哪些商品、劳务，各类别权重多少，多久调整一次，需要不断摸索以保证测量误差最小化。

第二，通胀目标应该提高还是降低。学术界关于通胀目标值设为多少的争论从未停止过，2008 年金融危机后则更加频繁。美联储经济学家安东尼·迪克斯（Anthony Diercks）搜集了 20 世纪 90 年代中期至今有关最优货币政策的学术论文，发现经济学家们对最优通胀率的判定从 −8% 到 6% 不等，2008 年金融危机后则更加离散。以奥利维尔·布兰查德（Olivier Blanchard）和拉里·萨默斯（Larry Summers）为代表的经济学家，认为美联储应该提高通胀目标，例如从 2% 提高到 4%，以应对经济负面冲击来临时的零利率下限约束。也有经济学家认为央行应该在衡量通胀目标上加以改进，例如纽联储主席约翰·威廉姆斯（John Williams）认为美联储应该盯住物价水平而非通胀率，保证每年物价实现既定涨幅，而不是关注某个通胀率目标或早或迟实现。

第三，货币政策是否要考虑金融稳定。大萧条之后，凯恩斯主义经济学成为政府宏观经济调控的重要指引。凯恩斯在其研究框架中仅将金融市场局限在银行体系，不考虑金融市场与实体经济的内生联系。之后的主流宏观经济学范式大多数假设金融体系顺利运行，不会对实体经济产生实质性影响。20 世纪 80 年代末，发达国家央行货币政策从相机抉择向单一规则转型，央行货币政策目标逐渐向就业和通胀两个目标收敛，无须考虑其他目标。货币政策逐渐与

金融稳定相分离，央行承担货币政策职责，专注于物价稳定、充分就业等宏观经济目标；金融稳定职责另由其他金融监管部门承担。

2008 年金融危机令我们无法回避资产价格波动对宏观经济与货币政策的干扰。早在危机前，已有关于货币政策是否关注资产泡沫的讨论，有"事后清理"和"逆风干预"两大主流观点。"事后清理"一方认为货币政策目标是实现物价稳定，不需要对资产泡沫作出反应，以货币政策来应对资产泡沫会对实体经济产生副作用；"逆风干预"一方反对央行对资产泡沫的善意忽视，主张货币政策应该收紧以防资产泡沫扩大，否则泡沫破灭会对实体经济造成巨大损害，事后救助容易加大金融机构道德风险。金融危机使人们深刻意识到现有货币政策框架存在缺陷，有待修正。危机后涌现出大量文献，试图将金融市场摩擦引入新凯恩斯主义宏观模型，将金融因素与金融扭曲引入利率传导机制，进而对最优货币政策进行调整。然而，研究结论对假设高度敏感，结论大相径庭，如何将金融稳定纳入最优货币政策框架尚无定论。尽管过去几十年间，菲利普斯曲线仅有一半时候成立，但人们总是期待危机后一度"休眠"的菲利普斯曲线能够再次生效，继续作为央行货币政策的重要理论基础。虽然金融危机使人们意识到现有货币政策框架有缺陷，但尚没有形成明确的新理论框架。于是，央行继续在旧的货币政策框架内思考与决策，并诉诸宏观审慎管理和金融监管来解决金融稳定问题，在忐忑中警惕下一场危机。

四、对货币政策目标调整的启示

全球化、科技进步、人口结构等因素的变化正在对一般消费品价格产生深刻影响，这种影响可能不仅是眼前几年而且是未来几十年。自 20 世纪 90 年代开始流行的通胀目标制既没有阻止 2008 年金融危机爆发，也没有为应对将来通胀形势变化做好准备。30 年前央行制定了 2% 通胀目标，随着全球通胀形成机制及表现形式发生深层次变化，央行依然守着 2% 通胀目标有刻舟求剑之嫌。

尽管央行提供基础货币给商业银行，商业银行再通过信用派生来创造存款，但货币总量并不完全用于实体经济产出，还会流向现存资产，引起社会存量资产市值的变动。当货币流入实体经济，用于一般性商品的生产与交易时，会服务于产出且计入国内生产总值（GDP）；当货币流向各类现存资产，例如土地、二手房、股票二级市场等，这些活动并不直接参与产出，不计入 GDP。

有研究发现如果杠杆率（M_2/名义 GDP）上升没有体现为实体经济投资率的上升，则过量的杠杆率反而不利于经济增长，会引起实际经济增速下降。央行作为信用货币的初始创造者，需要维持币值稳定以保障货币持有人的购买力。尽管一般性商品价格直接影响到居民生活的方方面面，体现在持币者狭义购买力的升降，但资产价格对衡量购买力同样重要。金融稳定对宏观稳定的作用越来越不能忽视。

已有一些学者提出，央行可以将包括资产价格在内的广义价格指数作为货币政策目标，而不仅仅是狭义的一般消费品价格。货币政策仅盯住狭义物价指数可能产生偏差，而需要关注广义的价格变动。即使在本轮金融危机爆发前夕，全球通胀水平仍保持平稳状态，一般物价方面没有征兆，而广义价格指数可能早已出现变化。待一般消费品价格指数明显上涨时，资产价格可能已开始下降，社会财富缩水使居民不敢消费，进而再次拖累一般消费品价格，如此环环相扣、周而复始。在此思路下，可以对货币政策目标稍加修改，例如，可以尝试在货币政策目标函数中采用广义价格指数涨幅来替代 CPI 涨幅，而产出目标保持不变。当然，如何定义广义价格指数的难度和重要性一样大。

本轮金融危机后，货币政策与金融稳定的职能仍处于分离状态。实践中，主要发达国家央行仍然盯住通胀与产出目标以稳定宏观经济，寄希望于宏观审慎政策以稳定金融市场。而如果货币政策保留盯住广义价格指数的职能，那么看似分割的宏观审慎政策与货币政策就有了共通基础，即均以广义价格稳定作为目标。以广义价格稳定作为连接点，有助于央行将货币政策与宏观审慎政策纳入同一体系内，实现货币政策、宏观审慎政策双支柱调控框架的统一，促进宏观经济与金融市场的平稳发展。

第四章

货币政策的实践与创新

◎我国金融宏观调控的改革和发展

◎中国货币政策的二元传导机制

◎论以国债运作作为财政政策与货币政策的最佳结合点

◎支付系统发展对公开市场操作效果的影响

◎余额宝与存款准备金管理

◎中国央行不会像美联储那样缩表

◎央行直接购买股票的理由不成立

◎专访：以券换券不直接增加基础货币，不是QE

◎不存在美联储"冻结"美国国债的问题

我国金融宏观调控的改革和发展[①]

近年来，随着社会主义市场经济体制的日益完善和金融体制改革的逐步深化，我国的金融宏观调控体系也发生了历史性的变化，原先在计划经济体制下的那种以指令性信贷计划和不变的利率为主要手段的直接调控方式越来越不能适应市场经济条件下进行宏观调控的需要。市场经济强调发挥市场在资源配置中的作用，政府只能通过经济的而不是行政的手段对经济进行间接的而不是直接的调控，作为政府实施宏观调控的主要执行者的中央银行，其相应的调控目标、机制、基本货币政策、监管方式等都要适应新形势的需要。

20世纪80年代，我国对宏观经济的调控还是以行政的计划的手段为主，这种直接的调控是服务于计划经济的，但是，到了90年代，随着市场经济体制的逐步确立，以直接手段为主的调控受到了严峻的挑战。90年代初，我国宏观经济正处于新一轮的高涨期，各地盲目加大投资力度，导致经济出现过热，宏观形势一度十分严峻。当时，由于大量资金涌向房地产行业，建材等生产资料价格上涨，同时，也由于忽视了农业的基础地位，对农业的投入减少，使得农副产品供不应求，拉动物价上涨，造成严重的通货膨胀。在金融领域里则表现为相当程度上的金融秩序混乱，各地乱集资、乱拆借、乱提高利率现象严重，造成了资金的无序流动，影响了部分金融机构的支付能力；同时，也使得社会信用急剧膨胀，货币供应量超常增多，信用风险日益增加。针对90年代初的经济过热，我国政府从1993年起开始了以抑制通货膨胀为首要任务，以适度从紧的货币政策及与其他政策相配套为主要手段的宏观经济调控。与80年代相比，这次的宏观调控有三个方面的变化：一是宏观调控目标由过去的以控制贷款规模和现金发行为主转变为以控制货币供应量为主；二是宏观调控的工具由以直接控制工具为主逐步过渡到以间接控制工具为主；三是宏观调

---

① 本文作者盛松成、王维强，发表于《财经研究》，1999年第1期。

控中加强了金融监管的力度和加快了金融法制建设的步伐。

一、宏观经济调控目标的确立

关于宏观调控的最终目标，传统的提法是"稳定货币、发展经济"。1993年12月25日，国务院《关于金融体制改革的决定》首次明确将宏观调控的目标定为"保持货币的稳定，并以此促进经济增长"。1995年3月15日，全国人大八届三次会议通过的《中华人民共和国中国人民银行法》又以法律的形式重申了这一提法，该法第三条明确规定，货币政策目标是"保持货币币值的稳定，并以此促进经济增长"。与传统的提法相比，新提法强调了稳定币值的重要性，将保持币值稳定作为货币政策的首要任务，并阐明了稳定币值与经济增长的关系，指出保持币值的稳定是促进经济增长的前提和基础，而要保持经济增长又必须摈弃零通胀的方案，在适当增加投入的基础上保持经济的适度增长。这一目标是在对当时宏观经济形势进行分析、判断和总结历史经验，适应市场经济新形势的基础上提出的。

在当时通货膨胀严重、物价上涨幅度较大的情况下，人民银行把控制通货膨胀作为货币政策实施的出发点，提出通过实施适度从紧的货币政策控制总需求的过快增长。这一措施是合理的。后来，我国政府提出在整个"九五"期间都实行适度从紧的货币政策，这一政策是与央行的宏观调控目标相一致的，是宏观调控目标的具体表现形式。它包括以下三层含义：

1. 货币政策目标适当，即在制定货币政策目标时，既不过高也不过低，而是始终使物价的增长低于经济的增长。我国政府在制定"九五"规划时，提出在"九五"期间将物价水平保持在6%～7%，经济增长水平保持在8%～9%。这个目标是适当的。

2. 货币供应量适量。在"九五"规划中，央行将 M_1 的年均增长率定为18%左右，M_2 的年均增长率定为23%左右，M_1 的年均增长目标与年均经济增长目标8%和物价增长目标6%之和相比，尚有4%的余地，这说明央行的货币供应量目标是适度的。

3. 货币政策工具间接化。执行适度从紧的货币政策，要求央行加大推进金融宏观调控改革的力度，逐步改革货币政策手段，运用利率、公开市场操作、准备金率、央行再贷款等间接的、经济的政策工具来调节货币供应量，以达到央行的宏观调控目标。

二、中央银行货币政策的实施

（一）货币政策中介目标的转变

货币政策的中介目标应该是能够代表和反映社会总需求变化的指标。在1984年人民银行行使中央银行职能之前，是以信贷规模（贷款限额）和现金发行量（M_0）作为货币政策中介目标的，其间还用过信贷差额。1984年以后，央行对金融机构的再贷款被纳入货币政策中介目标。1993年，国务院《关于金融体制改革的决定》将"货币供应量、信用总量、同业拆借利率和银行备付金率"作为货币政策的中介目标。1994年第三季度，人民银行开始向社会按季度公布货币供应量。次年，人民银行开始尝试将M_1、M_2作为中介目标，并于1996年正式把M_1、M_2作为货币政策的中介目标的组成部分。从上述中介目标的变化可以看出我国经济体制的变迁，在过去单一的银行体制下，信贷管理高度集中统一，金融工具和金融资产结构单一，对货币供应量的创造几乎全部依靠银行贷款，国家银行贷款总量与货币供应量接近，因而，控制了国家银行的贷款规模也就基本控制了社会总需求。在那时，以贷款规模作为中介目标是合适的。但是，随着我国经济体制的变迁，贷款规模的局限性日益明显，表现在：一是随着股份制商业银行等新兴金融机构的兴起，贷款规模管理的范围只包括了四大商业银行的新增贷款，而对其他商业银行和城乡信用合作社，以及变相办理存贷款业务的信托投资公司的信贷活动难以管理，也就是说，贷款规模所管理的不再是贷款的全部，控制了贷款规模不意味着就控制了全社会贷款规模的增长。二是随着我国银行的资产结构向多元化方向的发展，贷款在银行资产中的比重相对下降，其他资产业务，主要是外汇占款和银行对财政净债权所创造的货币增多，单单控制贷款规模难以控制全社会货币供应量的变化。从贷款规模对货币供应量的形成和创造的贡献度来看，1986年国家银行规模管理的贷款对广义货币M_2增长的贡献度是110.1%，1989年为100.4%，1990年为82.3%，1995年为49.6%，这表明贷款规模管理的作用已经越来越小。形势的发展要求央行寻求新的足以代表社会总需求变化的货币政策中介目标。正是在这种情况下，央行经过长期的探索，建立了能够预示社会总需求变化的货币供应量统计制度，正式将货币供应量定为货币政策中介目标。其中，广义货币M_2的变化代表社会总需求的变化，反映总需求的中长期变化趋势；狭义货币M_1是货币供应量中最活跃的部分，它代表全社会的即期需求，反映短期经济运行状况。以货币供应量作为货币政策的中介目标，是我国金融宏观调控体系由以直接控制为主向以间接调控为主转变的重要举措和标志。

了解央行对货币供应量的调控过程可以从分析央行的资产负债结构入手。我国中央银行的主要资产构成是：对金融机构（主要是商业银行）的再贷款、财政净借款（财政透支及借款减财政存款）、黄金及外汇占款、人民银行的其他各项贷款。随着我国金融、财政体制改革的不断深化，财政净借款及其他贷款将很少发生，对央行资产起主要作用的是对金融机构的再贷款、再贴现商业票据、开展公开市场业务后主动买进的政府债券及黄金外汇占款。主要负债是其向市场提供的基础货币，包括流通中的现金、法定存款准备、超额准备及一般存款。中央银行本身的特点决定了其可以通过变动自身的资产、利率及准备金率水平等方法，影响其主要负债——基础货币。而基础货币的供应对整个社会货币供应量的变动起着决定性的作用。央行可以通过调节基础货币的供应，影响存款银行及其他社会经济主体的经济行为，调控社会货币供应量。其作用过程是：货币供应量等于基础货币与货币乘数的乘积，货币乘数是由法定存款准备金率、超额储备率、现金漏损率、活期存款占存款的比率等共同决定的。其中，现金漏损率、活期存款占存款的比率是由金融机构的技术装备水平，企业、居民、个人的行为决定的。超额储备率是由商业银行的行为决定的，而中央银行所制定的法定存款准备金率、再贴现率、基准利率以及央行的公开市场操作等都会影响金融机构的行为。一般来说，法定存款准备金率、超额储备率越高，活期存款占存款的比率越高，货币乘数越小；现金漏损则等于直接增加等量基础货币。在我国近年的宏观调控中，对货币供应量的调控已经转向以控制基础货币为主，并取得了极大的成功。如 1994 年外汇体制改革以后，针对当时外汇占款增加较多的情况，央行为了控制货币供应量的增加，采取了资产"对冲"操作，即减少或回收对金融机构贷款的方法控制基础货币量。在资产"对冲"仍不能抑制货币过快增长时，又通过负债业务，发行中央银行融资券和对某些金融机构发行特种存款进行对冲，有效控制了基础货币的增长。与此同时，央行引进了再贴现政策工具，试行公开市场业务政策。目前，在我国，通过调控基础货币间接调控货币供应量的格局已基本形成。

（二）货币政策工具的转变

与以贷款规模和现金发行作为央行货币政策的中介目标相适应，在货币政策工具的使用方面，传统的宏观调控做法是，对贷款规模和现金发行实行严格的指令性管理。随着我国经济体制的变迁，这一做法越来越不能适应宏观调控的要求，特别是进入20世纪90年代以来，问题更加严峻。于是，从1993年开始，央行便着手进行货币政策工具的改革，以寻求通过控制基础货币调控货币总量的有效途径。

1. 信贷规模的取消

将信贷规模作为货币政策工具的理论基础是"贷款＝存款＋现金"，货币都是贷款供应的，只要控制住贷款，就能控制住货币供应量。改革开放前30年的实践，证明了这种理论是正确的。之所以如此，原因在于，1979年以前我国经济尚属于封闭式的，国际收支变动对货币供应量的影响甚微；国内在财政预算管理方面长期实行"收支平衡，略有节余"的方针，财政部门的净储蓄抵销了贷款供应货币的相当部分；加之，在信贷管理上长期实行"统存统贷"的政策，国有银行垄断金融，使贷款成为银行信贷资产的唯一形式，除了贷款之外，几乎没有其他渠道供应货币，这样，控制住了贷款就相当于控制住了货币。

改革开放以来，随着我国经济的日益开放和经济结构多元化进程的加快，我国的国际收支状况对经济的影响越来越大，金融机构的数量和种类越来越多，金融资产越来越呈现出多元化的倾向。国家银行增加的贷款在新增贷款总额中所占的比重也越来越低，从1980年的91.6%下降到1990年的82%，到1995年又进一步下降为70.3%。这意味着，光控制贷款规模已经不足以控制货币供应量了。到了1993年的下半年，由于一系列改革措施的出台，人民银行初步具备了根据货币政策需要调控基础货币的能力。

一是从1993年下半年起，人民银行将再贷款权收归总行，并将再贷款的实施对象改由人民银行总行直接贷给商业银行总行，从而基本取消了地方政府对人民银行基础货币投放的压力。同时，也强化了商业银行总行统一调度资金的权力，明确指出各商业银行实行总行一级法人制度，这样，总行对系统内各分支机构的控制能力和抵御地方政府干预的能力大大加强了。

二是在1994年，先后成立了3家政策性银行，即国家开发银行、中国农业发展银行、中国进出口银行，并开始发行金融债券。3家银行的成立基本上将除了农副产品收购之外的各种政策性贷款需求与基础货币供给相脱钩。

三是从1994年起人民银行发布了对商业银行等金融机构实行资产负债比例管理的一系列考核办法。资产负债比例管理和风险控制开始在商业银行中试行，商业性金融机构信贷扩张约束机制开始形成。

在上述改革措施实施的基础上，人民银行从 1998 年 1 月 1 日起取消了对国有商业银行的贷款限额控制，改为对商业银行实行贷款增加量管理，不再下达指令性计划，改为指导性计划，在逐步推行资产负债比例管理和风险管理的基础上，实行"计划指导，自求平衡，比例管理，间接调控"的信贷资金管理体制，从而实现了货币信贷总量由直接控制向间接调控的转变。

2. 准备金政策的变革

存款准备金要求作为一项制度，是在中央银行体制下建立起来的，建立存款准备金制度的初始意义在于保证商业银行的支付和资金清算的需要。世界上最早以法律形式规定商业银行向中央银行缴存准备金的国家是美国，早在 1913 年，"美联储"就在其颁布的联邦储备条例中作出了缴存存款准备金的规定。之后，历经演变，存款准备金制度才成为宏观调控的货币政策工具。存款准备金制度作为货币政策工具，其调节货币供应量的作用表现在，通过变动存款准备金率，可以影响货币乘数，进而影响货币供应量和社会信用总量。

我国是在 1984 年开始建立存款准备金制度的。与西方国家相比，我国的存款准备金制度还很不完善，较具中国特色，主要表现在：一是在存款准备金的计算方法上，有的国家以存款余额为计提基础，有的国家以一段时间内的平均存款余额为计提基础，后一种方法比较科学。由于受条件所限，目前我国只采取前一种方法。二是在所提准备金的核算上，我国是以存款准备金计提期的最后一天的余额为标准核算的，这样只能反映某一时点上的准备金余额，而不能反映准备金计提期内的平均准备金余额。三是在准备金的构成上，国外多数国家是由商业银行的库存现金和在央行的存款构成的，而我国的存款准备金则是分为准备金账户和备付金账户的。四是我国央行对准备金存款是付息的，并且利率较高，而西方国家大都对商业银行的准备金存款不支付利息。

从准备金率的水平来看，我国央行制定的准备金率也是很高的。在央行制定存款准备金政策之初，为加强央行的结构调整力度，确定了较高的准备金率。当时，央行按存款种类核定工商银行、农业银行、中国银行 3 家银行的缴存比例为，企业存款 20%，储蓄存款 40%，农村存款 25%。1985 年，针对当时法定存款准备金率偏高（1984 年末，工商银行、农业银行、中国银行 3 家银行各项一般存款的平均缴存比例为 25.7%），超过了各银行的承受能力的情况，为促进各大银行自求资金平衡，减少央行再贷款的过度投放，央行对存款准备金率作了第一次调整，将 3 家银行按存款种类核定的准备金率一律调整为 10%。其后，央行又分别于 1987 年第四季度和 1988 年 9 月将存款准备金率上调为 12% 和 13%，这两次调整都是针对当时宏观经济过热、货币投放过多、物价上涨幅度较大的情况而作出的，并收到了一定的效果，但考虑到调整存款准备金率对商业银行的影响比较剧烈，且央行对各商业银行发放大量再贷款影响了准备金政策调节货币供应量的功效，从 1989 年至 1998 年 3 月，央行在长达 9 年的时间内没有再调整过准备金率。

由于我国商业银行的法定准备金已全部用于再贷款，不能用于商业银行的日常资金清算，1985 年以后，人民银行规定各国有商业银行和其他金融机构都要在人民银行设立备付金账户，以保证存款支付和资金清算。1989 年，针对当时各国有商业银行普遍存在备付金率过低，支付出现困难，一些商业银行总行和分支机构在人民银行出现透支的情况，人民银行对备付金率作出了具体的规定，要求各商业银行的备付金水平应占其各项存款的 5% ~7% 。

从以上介绍来看，我国的存款准备金制度是很不完善的。首先，它算不上是真正的货币政策工具。我国建立存款准备金制度的初衷是平衡中央银行信贷收支，弥补由于大量发放再贷款而造成的资金短缺，而不是将其作为货币政策工具来运作的。一方面，过高的存款准备金率（法定存款准备金率加备付金率之和超过 20%）使得各商业银行在中央银行保持大量的储备；另一方面，中央银行为解决结构调整所需资金，又通过再贷款的形式将大量资金回流到商业银行，这在一定程度上抵消了存款准备金率变动对货币乘数的影响，削弱了其对货币供应量的调控功能。其次，法定存款准备金不能用于清算支付，使得商业银行必须在央行保持大量的备付金存款，增大了商业银行的经营成本；同时，中央银行又要为商业银行的准备金存款和备付金存款支付大量的利息，加重了央行的利息负担。再次，央行虽然规定了一定的备付金率，但在实际操作中约束性不强，波动较大，影响货币乘数的稳定，使央行通过控制基础货币来调控社会货币供应总量的传导机制难以发挥明显的作用。此外，在准备金的计提缴存方式、准备金计算期的确定等方面，我国的存款准备金制度都存在一些缺陷，有待于进一步改进提高。

针对我国存款准备金制度存在的各种问题和当前宏观经济调控的需要，为了更好地发挥存款准备金政策的作用，实现央行金融宏观调控由直接向间接的转变，1998 年 3 月 21 日，央行对存款准备金制度进行了改革，其主要内容是：

将现行的各金融机构法定存款准备金账户和备付金存款账户合并为存款准备金账户，结束了"两户并行"的局面；降低了法定存款准备金率，由现行的13%下调为8%，同时降低了央行对金融机构的存款利率，由现行的存款准备金利率7.56%和备付金利率7.02%统一降为5.22%。这次改革是央行改进金融宏观调控的重大举措，也是一项通过改革存款准备金制度，调节货币供应量，以实现1998年经济增长目标的重要措施（随着1998年3月21日以后的两次降息，准备金存款利率又作了下调，12月7日开始为3.24%）。

这次存款准备金制度的改革是在我国经济成功实现软着陆，国民经济正沿着"高增长，低通胀"的良性轨道运行的宏观背景下进行的。近年来，为保证国民经济的健康稳定增长，我国在制定国民经济"九五"计划和2000年远景规划时，明确提出我国在整个"九五"期间都要实行适度从紧的货币政策。这次央行下调准备金率就是运用货币政策工具对宏观经济进行的微调，并没有改变央行适度从紧的货币政策。从政策措施来看，为削弱下调准备金率给商业银行带来的信贷扩张能力，中央银行同时采取了对冲操作手段。一是收回了央行向商业银行的再贷款，限制了金融机构的信贷扩张能力。二是发行了2700亿元特别国债，这些国债定向向四大国有商业银行发行，用以补充四大银行的资本金，使其达到8%的最低资本金要求。当四大银行用自己的存款和下调准备金回流到商业银行的资金购买国债时，其信贷扩张能力就会减弱。而且，就那些商业银行自身而言，在商业银行普遍实行资产负债比例管理和风险意识日益加强的今天，那种不计成本、不计效益、不顾投资后果的盲目冲动投入和扩张机制已经不复存在。所以，这次准备金制度的改革应该说是非常成功的，央行能够既不改变既定的适度从紧的货币政策，又能达到宏观调控目标，适当刺激国内需求，拉动经济增长，这本身就说明央行进行金融宏观调控能力的增强，说明我国以间接调控为主的宏观调控体系已经初具规模。

3. 利率政策的变革

我国央行将利率作为一种货币信贷政策工具使用，始于1986年。当时的中央银行利率体系由存款准备金利率、备付金存款利率、再贷款利率、再贴现利率组成。其中，准备金存款、备付金存款和再贷款利率水平的制定主要从利益的角度考虑，遵循以下原则：各商业银行向央行的存款利率应略高于商业银行吸收存款的平均利率，央行对商业银行的计划内再贷款利率略高于商业银行吸收存款的平均利率，计划外再贷款利率略低于商业银行吸收存款的平均利率；再贴现利率低于再贷款利率。1987 年，中国人民银行下发《关于执行中国人民银行对专业银行贷款利率有关事项的通知》，对再贷款利率不再按计划内外划分，统一按 9％ 的利率水平执行。1993 年，央行再次修订了这一办法，改为按期限长短划分档次，实行期限利率，并规定再贷款利率的期限不得超过 1 年。这几种利率种类和利率水平的确立，初步构筑了中央银行的利率体系。其后，随着金融体制改革的日益深化，央行的利率体系也作了一些补充和修改。如为适应货币政策的需要，央行推出融资券和特种存款，规定了融资券、特种存款利率，规定了保险公司存入人民银行的保险总准备金和未到期责任准备金及财产保险金利率，以及专项贷款利率、邮储转存款利率等，这些利率种类和档次的确立，进一步完善了我国央行的利率体系。

由于我国经济体制正处于转轨时期，作为央行货币政策工具的利率也不可避免地打上了计划经济的烙印，央行的利率体系还存在着不少问题，这些问题的存在严重削弱了利率作为货币政策工具在宏观调控中的作用，表现在：一是央行利率水平的确定不是根据货币信贷市场的松紧，由市场供求决定，而是着重于利益的调整。我国央行最初确定准备金、备付金利率和再贷款利率时，其政策目标是鼓励专业银行将暂时不用的资金存入中央银行，同时运用央行再贷款利率对贷款规模进行控制，促使专业银行尽量运用自身吸收的存款发放贷款。但是实际的结果是，在准备金存款和备付金存款增长的同时，央行再贷款也大幅增长，1995 年各金融机构的两金存款总计为 8937 亿元，而同期再贷款达 11628 亿元。这说明央行的利率水平不合理，利率调整达不到预期目的。二是央行利率的政策导向作用小。根据我国利率管理暂行规定，央行对专业银行和其他金融机构的存贷款利率是基准利率，是央行利率体系的核心，应起到引导和调节社会利率水平的作用。但是，在现行利率管理体制下，央行不仅制定基准利率，而且制定社会存贷利率，在我国，几乎所有的利率，包括存贷利率水平、利率种类和利率档次都由人民银行统一管理和制定，央行利率作为基准利率，难以发挥其应有的导向和调节作用。三是准备金和备付金利率水平过高，使得商业银行大量的资金存入央行，商业银行可用资金减少。在国外，央行一般不对准备金付息或很少付息，不付息或少付息，可以鼓励商业银行放贷，同时，由于央行对商业银行的利息支付实际上相当于基础货币投放，不付息或少付息有利于控制基础货币和货币乘数。此外，再贷款的利率水平过低使得商业银行在资金上过分依赖央行。

　　针对我国利率体系存在的问题，央行从 20 世纪 90 年代起，陆续采取措施对利率体系作了一些调整，并且在宏观调控过程中明显地加大了对利率的调整力度。从 1996 年起，央行先后 6 次降低了存贷款利率，其频率之高，力度之大，影响面之广，均是前所未有的，这表明利率作为宏观调控工具，正发挥着越来越重要的作用。这 6 次降息尽管调整的方式都是向下的，但每一次降息都是针对当时不同的宏观环境而展开的。如 1996 年的两次降息是在 1995 年国家宏观调控取得明显成效，物价大幅下降，实际利率水平较高，导致货币流动性减弱，资金面偏紧的情况下，为增加货币供应量，调整货币结构而采取的调整策略；1997 年的第三次降息是在国内买方市场形成，物价持续回落，国内需求不振的情况下，为实现稳中求进的经济目标，在总量从紧的前提下，对经济进行结构调整而采取的措施；1998 年的 3 次降息则是为了确保经济增长目标的实现，支持国内投融资体制、社会保障体制、住房体制改革的顺利展开，刺激国内需求，消除亚洲金融危机对我国的影响而进行的宏观经济调控的一部分。从这 6 次降息的实施过程来看，我国央行体现了较高的宏观调控水准，表现在：一是在利率调整中，市场决定的因素在不断增加。这 6 次降息都是在市场物价回落，以及货币资金供应偏紧的情况下进行的，这与市场化利率体系下利率决定因素主要应由物价水平和金融市场资金供求状况决定的原则相一致，为我国最终实现利率市场化改革奠定了一定的基础。二是这 6 次利率调整是与其他货币政策同时出台的，确保了利率调整的政策效果。三是这 6 次调整的方式多样化，更注重了对存贷款流动性的调整。这 6 次调整，既有所有档次利率的调整，也有局部档次利率的调整，又有存款准备金利率和再贷款利率的调整；并且这几次调整，基本上定期存款利率下降幅度大于活期存款利率的下降幅度，这种分档次、不同力度的调整，有利于增加货币流动性，调节资金流向，满足生产和交易的资金需求。对再贷款和准备金利率的调整则进一步理顺了央行利率体系。总的来看，这几次利率调整时，央行不仅注重了利率调整对经济运行带来的实际影响，而且更加注重利率本身作为价格信号在调整过程中所表达出来的各种信息。这样既能表达央行的宏观政策意向，又使经济主体能产生合理的经济预期。此外，对再贷款和准备金利率的调整则进一步理顺了央行利率体系，理顺了中央银行和商业银行的利率关系，促使商业银行下调了内部资金往来利率，改变了商业银行内部上存、下贷利率高于基层行对社会办理存贷款利率的格局，消除了资金从基层行向总行倒流，再向央行倒流的机制，使利率体系更趋合理化。

4. 再贴现业务和公开市场业务的开展

我国人民银行再贴现是从 1994 年 11 月正式开办的。目前，央行用于再贴现的余额偏少，比例偏低，与其作为宏观调控政策工具的地位极不相称。造成这种现象的主要原因在于：我国银行结算工具票据化的程度比较低，银行票据保有量偏少，难以形成再贴现所需的票据量。企业金融意识淡薄，不会运用各种商业票据进行结算，部分企业的信用观念差，企业间相互拖欠现象严重，商业银行由于缺乏良好的信用环境，不能大胆地运用票据承兑手段，从而限制了贴现与再贴现业务的发展；此外，对贴现和再贴现业务范围的限制也使得票据业务难以普遍开展。我国在推行再贴现业务之初，曾明确规定其应用范围为五行业和四品种，这虽然对优化信贷结构、保证重点资金需求起了重要作用，但不利于票据业务的开展。

为了扩大再贴现政策的作用，今后我国央行应加大对再贴现业务的拓展。首先，应当以《票据法》的颁布实施为契机，积极推广和普及商业承兑汇票的承兑、贴现和再贴现，取消对再贴现范围的限制，扩大再贴现业务的适用范围，为再贴现政策的开展创造条件。其次，应当取消对再贴现额度的限制，只要在申请贴现时商业银行以真实合法的商品交易为基础，能提交合格的商品交易合同和增值税发票复印件就必须保证其能通过贴现融通资金，而不再给以规模限制。再次，应降低再贴现利率与央行再贷款利率的差距，1987 年央行规定再贴现利率按同档次再贷款利率的 0.36% 执行，这一利率差距过大，不能吸引商业银行积极向央行再贴现。今后，应进一步降低再贴现率，扩大商业银行办理贴现和再贴现的利差，以利益驱动促进票据业务的发展。据分析，按我国经济结构对贷款的需求，只有再贴现占央行资产运用的 30% 以上时，再贴现利率才能成为央行的基准利率，再贴现利率的变化才能成为央行货币政策的强有力工具。

公开市场业务操作是指央行在金融市场上买卖有价证券（主要是政府短期债券）的活动，它是央行吞吐基础货币、调节各金融机构超额储备的一种货币政策工具。在我国，公开市场业务与再贴现业务一样，也是一项"年轻"的货币政策工具。与西方国家不同，我国的公开市场操作不是一开始就以单一的政府债券为交易工具的，而是以外汇和国债同时作为交易工具。我国央行首次进行的公开市场操作是 1994 年的外汇公开市场操作。当时，受结售汇规定的影响，央行大量买入外汇，投放基础货币。其后，又于 1995 年进行了以融资券为工具的公开市场操作。直到 1996 年 4 月 9 日，央行才进行了以国债为交易工具的公开市场操作，当日央行回购短期国债 2.9 亿元，这标志着我国央行开始全面运用公开市场业务工具进行间接调控。我国之所以采用外汇和国债作为操作工具，主要是考虑到我国的具体情况。我国在 1994 年外汇体制改革以后，基本实现了以市场供求为基础、单一的有管理的浮动汇率制，建立了全国银行间外汇交易市场，这些为外汇成为交易工具奠定了基础；重要的是，我国人民币汇率没有实现自由兑换，央行通过在银行间外汇市场买卖外汇同样可以达到吞吐基础货币的作用。对国债而言，由于我国目前国债发行的市场化程度明显提高，国债的发行方式日益多样化，期限由长期向短期转变，加之一级自营商和国债一级市场的形成，更使国债作为交易工具的条件成熟了。

参考文献

［1］中国人民银行货币政策司．转轨时期的货币政策［M］．北京：警官教育出版社，1998.

［2］盛松成．现代货币供给理论与实践［M］．北京：中国金融出版社，1994.

［3］中国人民银行计划资金司．金融·现代企业制度——政策与法规［M］．成都：西南财经大学出版社，1995.

［4］张新泽，万存知，蒋万进．1993 年以来金融宏观调控经验和存在问题［J］．金融研究，1997（5）.

中国货币政策的二元传导机制

——"两中介目标，两调控对象"模式研究[①]

摘要： 本文利用 1998 年 1 月到 2006 年 6 月的经济金融月度数据，主要运用 VAR 模型对中国货币政策的中介目标、传导渠道进行实证检验和理论分析，发现：（1）货币供应量 M_2 是货币政策的重要指标，它对经济变量的解释（预测）能力远高于其他货币变量；（2）货币供应量 M_2 对工业增加值和 CPI 作出系统性的反应，且 M_2 新息是由央行决定的，表明货币供应量 M_2 是货币政策的中介目标；（3）我国基本不存在货币传导渠道，主要的传导渠道是银行贷款，信贷规模是事实上的中介目标，直接调控经济，并引导货币供应量的变化，因而，我国的货币政策中介目标实际上是两个——信贷规模和货币供应量 M_2，这种调控模式在 1998 年前后没有发生根本性的改变；（4）两个中介目标调控不同的领域：信贷规模主要针对实体经济，货币供应量主要针对金融市场，这是我国央行的一种现实选择，央行也较为成功地实现了两者之间的一致和协调。上述结论对于货币政策实践是有意义的，表明我们更应关注信贷规模指标并以此为核心来调控经济。当然，这种货币传导模式存在缺陷，只是阶段性地起作用。从未来的发展模式来看，要采用包含更多信息的利率作为政策中介，其前提条件是利率和汇率的市场化改革。

一、引言

货币政策传导机制是指由中央银行货币政策的变化引起经济过程中各中介变量的连锁反应，并最终引起宏观经济指标变化的工具、渠道、机理和效应。

---

① 本文作者盛松成、吴培新，发表于《经济研究》，2008 年第 10 期。该文的英文翻译版 The binary transmission mechanism of China's monetary policy—A reaserch on the "two intermediaries, two targets" model 刊登于 Frontiers of Economics in China 2009，4（3）：335 –360.

对货币政策的中介目标、传导渠道进行测定，是研究货币政策传导机制的核心内容，并对货币政策的实践有很强的现实指导意义。

本文试图对 1998 年以来的中国货币政策的中介目标、传导渠道等进行实证检验和理论分析。国外对货币政策传导机制的研究由来已久，成果丰硕，形成了各种不同的理论。传统的凯恩斯主义的 IS - LM 模型是通过利率渠道来传导的。由于价格黏性，货币政策的名义变量变动导致实际利率的变化①，从而对经济产生影响。货币主义者对此提出了批评，认为不仅仅只有利率传导渠道，还有汇率、股票价格、财富效应以及房产土地价格等渠道。以上这些渠道一般统称为"货币渠道"（Money Channel）。

与货币渠道相对应的是 20 世纪 80 年代发展起来的"信贷渠道"（Credit Channel）。货币政策的信贷传导渠道是指货币政策的变化通过银行系统引起了信贷市场的系统性变化，从而影响实际经济。在 Tobin 和 Brainard（1963）、Brainard（1964）等研究的基础上，Bernanke 和 Blinder（1988）对货币政策的信贷观点做了开创性和经典性的研究。他们在传统的 IS - LM 模型的基础上放松银行信贷和市场债券之间的完全可替代性假定，由 CC（商品和信贷）曲线替代原来的 IS 曲线，其主要结论是：如果货币需求冲击比信贷需求冲击更加重要，那么，盯住信贷规模的货币政策可能比盯住货币供应量的政策更好。他们随后对此做了进一步的研究，结果表明：除了银行存款对货币政策作出系统性反应外，银行的资产（证券和贷款）结构也对货币政策作出系统性的反应，银行信贷渠道是货币政策传导机制的重要组成部分（Bernanke and Blinder，1992）。Kashyap 等（1993）则通过企业外部融资（银行贷款和商业票据）结构的变化证实了货币政策信贷渠道的存在。

值得一提的是将信贷规模作为与货币供应量并重的货币政策指标理论（Friedman，1983），这种理论与我国 1998 年以前的将货币供应量和信贷规模并列作为中介目标的货币政策实践有一定的相似之处，本文将对此特别关注。

从我国的货币政策实践来看，1998 年以前，货币调控是以信贷行政分配（即信贷规模的行政切块管理）方式进行的。1998 年，我国改革了货币调控方式，取消对商业银行信贷规模的直接控制，实行资产负债比例管理，宣布以货币供应量为唯一的中介目标，并于当年 5 月恢复公开市场操作，这些举措标志

---

① 卢卡斯的理性预期理论认为，在信息充分的情况下，由于公众的预期而使价格黏性不存在，货币政策的效果全部反映为价格的变化，而对实际经济无效（Lucas Critique）。

着我国的货币调控由直接方式向间接方式的转变。

实际上，以美国为代表的西方工业化国家基于货币主义理论而于 20 世纪 70—80 年代普遍采用以货币供应量为中介目标的调控模式，但金融产品的创新和金融技术的发展，导致各层次货币之间的界限模糊、货币数量与经济目标之间稳固关系的瓦解以及货币数量的可控性较差，从而迫使这些国家放弃以货币供应量为中介目标的货币政策框架。现在的问题是：我国依然采用以货币供应量为中介目标的政策框架。这种货币政策传导是有效的吗？它有什么独特之处？

国内学者对我国货币政策的调控模式已经做了大量的研究。夏斌和廖强（2001）认为货币供应量在可测性、可控性及其与宏观经济的相关性等方面均已出现明显问题，货币供应量已经不适宜作为货币政策中介目标。秦宛顺等（2002）从货币政策规则角度，考虑了以货币供应量和短期利率作为中介目标的福利损失，提出以货币供应量和短期利率作为我国货币政策中介目标是无差异的。范从来（2004）认为货币供应量作为货币政策中介目标存在一定的局限性，但要克服这种局限性不是简单地放弃货币供应量目标，而是要调整货币供应量的统计内涵，应该创造出一种有利于货币供应量发挥中介作用的货币控制机制，提高货币政策有效性。刘明志（2006）认为，由于货币供应量增长率变化对通胀变化有明显影响，现阶段继续使用货币供应量作为货币政策中介目标仍具有一定程度的合理性，但由于流通速度不稳定，应将中介目标动态化。李春琦和王文龙（2007）进行的实证研究表明：货币供给的内生性增强，货币供给的可控性降低；短期货币需求和货币流通速度不稳定，货币供给的可测性较差，但货币供应量与 GDP 和物价之间的相关性较好。这些研究主要侧重于对货币供应量作为中介目标的适用性进行实证分析，加深了我们对货币政策一元传导机制的认识。

这种一元传导机制是足够和有效的吗？是否存在另外的中介目标和传导渠道？有相当多的学者注意到了信贷指标对政策传导的作用，而将它与货币供应量一起作为中介目标进行了大量实证研究及比较分析。大家普遍认同的观点是信贷指标在货币政策传导中发挥了重要作用。[①]

---

①　全面而简要的综述参见蒋瑛琨等（2005）。最近的研究见莫万贵和王立元（2008）的文章，他们通过实证分析认为，以货币供应量 M_2 作为调控目标的同时，也要把贷款作为调控的目标，相对于使用利率等价格型调控工具，通过数量型工具来加强 M_2 和贷款数量调控更有效。

上述研究多有创新之处，研究结论也基本与政策实践相一致，但存在一定的局限性，主要有：（1）或许是受期限较短的约束，这些研究的期限大多是从 20 世纪 90 年代初开始到 21 世纪初结束，而忽视了 1998 年我国货币政策传导的体制性变革因素可能对研究结论的影响。（2）有些研究仅从金融变量与宏观经济的相关性入手来进行实证检验，由相关性高低来确认其是否适宜作中介目标，这是不够的，因为我国间接融资占据主导地位，信贷规模与宏观经济的相关性较强，但不能由此就确认信贷规模就是中介目标。[①]（3）有些研究不大关注计量检验的前提条件。比如，利用非约束 VAR 模型的前提条件是不同变量间不存在同期影响，而以季度或年度数据表示的不同变量之间很难排除这种同期关系，因而，在检验非约束 VAR 模型时用季度或年度数据可能是存在问题的。

本文试图对我国自 1998 年 1 月 1 日中国人民银行宣布取消信贷规模限额控制、以货币供应量为唯一的中介目标以来，对货币政策的中介目标、传导渠道等基础性问题进行实证研究，希望以此加深对中国货币政策传导机制的理解。

本文其余部分安排如下：

第二部分简单交代本文的研究模型和研究方法。

第三部分在 VAR 模型基础上，分别运用 Granger 因果检验法和方差分解法研究货币的价格和数量指标对宏观经济的解释能力，明确 M_2 是我国货币政策的中介目标。

第四部分利用 Granger 因果检验法、协整检验法研究 M_2 对宏观经济变量的脉冲响应函数，即中央银行是否对宏观经济变量作出系统性的反应。进一步地，通过检验 M_2 新息与各经济变量残差的同期相关系数，确定了 M_2 是央行的控制变量。

第五部分用 Granger 因果检验法分别检验了货币政策的利率传导渠道，结合第三部分的检验，表明我国不存在这种传导渠道。

第六部分也用 Granger 因果检验法检验了货币政策的信贷传导渠道，得出信贷规模是 M_2 的决定变量，同时用邹氏分割点检验法对信贷规模作为中介目

---

① 当信贷规模完全随政策中介的变化而变化时，尽管信贷规模与宏观经济之间关系密切，但仍不能将其视作中介目标。

标的稳定性进行了检验，结果表明信贷规模始终是货币政策的中介目标。

第七部分用理论推理方法分析了"两中介目标，两调控对象"传导模式的可行性、现实性，并指出了这种货币政策传导模式的不足之处及改革方向。

第八部分是结论及相关建议。

二、本文的研究模型和研究方法

本文主要运用 VAR 模型进行研究。一个普遍适用的结构 VAR 模型（结构向量自回归模型，Structural Vector Autoregression Model，SVAR）表述如下：

$$Y_t = A_0 Y_t + A_1 Y_{t-1} + B_0 P_t + B_1 P_{t-1} + u_t \tag{1}$$

$$P_t = C_0 Y_t + C_1 Y_{t-1} + D P_{t-1} + v_t \tag{2}$$

在上述模型中，Y 是以向量形式表示的宏观经济变量（如经济增长、通货膨胀等），P 是以向量形式表示的政策变量（如政策利率、货币供应量等），u 和 v 分别是以向量形式表示的经济变量和政策变量的随机扰动项。该模型方程的等式表示等号右边决定或解释等号左边的变量，A、B、C、D 分别是相应变量的系数矩阵。

由于时滞的存在，可以假设宏观经济变量 Y_t 不对当期的政策变量 P_t 发生影响，即政策决策对宏观经济的反应存在时滞，即式（2）中的 $C_0 = 0$。将式（2）代入式（1），可得：

$$P_t = C_1 Y_{t-1} + D P_{t-1} + v_t \tag{3}$$

$$Y_t = (I - A_0)^{-1} [(A_1 + B_0 C_1) Y_{t-1} + (B_0 D + B_1) P_{t-1} + u_t + B_0 v_t] \tag{4}$$

这是标准的非约束 VAR 模型（Unrestricted Autoregression Model）。在这个模型中，货币政策方程放在 VAR 模型中的第一个，Y_t 除了受自身扰动项的影响外，也受政策变量扰动项 v_t 的影响，货币政策效应可以通过经济变量 Y 对货币政策扰动项 v 的脉冲响应函数来描述。

类似地，可以假设政策变量 P_t 不对当期的宏观经济变量 Y_t 产生影响，即货币政策对经济发挥作用是有时滞的，即式（1）中的 $B_0 = 0$，则方程式（1）、方程式（2）变形如下：

$$Y_t = (I - A_0)^{-1} (A_1 Y_{t-1} + B_1 P_{t-1} + u_t) \tag{5}$$

$$P_t = [C_1 + C_0 (I - A_0)^{-1} A_1] Y_{t-1} + [D + C_0 (I - A_0)^{-1} D] P_{t-1}$$
$$+ v_t + C_0 (I - A_0)^{-1} u_t \tag{6}$$

在这个模型中，货币政策方程放在 VAR 模型的最后，政策变量 P_t 除了受

自身扰动项 v_t 的影响外，也受经济变量扰动项 u_t 的影响。本研究将根据不同需要，分别运用不同模型进行检验。

值得一提的是，上述经济变量和政策变量之间没有同期影响的假设是重要的，因为这样，模型就可由结构式转化为简约式，不存在约束条件问题。也正是这个原因，我们要运用月度数据而不能用季度数据来检验。

本文用统计软件 Eviews 5.1 进行检验，具体运用了单位根检验、协整检验、Granger 因果检验、方差分解、残差相关检验、邹氏分割点检验、最小二乘估计等方法，在严格的检验结果的基础上展开逻辑推导和理论演绎。

三、各货币指标对经济变量解释能力的比较

货币政策中介目标的选择主要是在利率和货币供应量之间展开的，其适用性受当时该国经济结构的影响和决定。西方主要国家（如美国、欧盟、日本等）一般选择利率作为中介目标，但在某一特定时期也曾选择货币供应量作为中介目标，如 20 世纪 70—80 年代的西方主要国家和 21 世纪初的日本。在本部分，先比较货币的价格指标和数量指标对宏观经济变动的重要性。

在我国的利率体系中，储蓄存款利率和贷款利率对社会公众和宏观经济的影响最大。央行根据当前及未来一段时期的通货膨胀状况及其他因素来调整一年期储蓄存款利率，而贷款利率一般是由央行在一年期储蓄存款利率的基础上，根据银行的经营管理成本测算加点而成，因而，一年期储蓄存款利率在存贷款利率体系中具有标杆性的作用。另外，同业拆借利率和国债回购利率是银行间市场利率，与金融机构关系密切，市场化程度高，其利率水平有一定代表性。本研究将这三个利率作为货币的价格指标，与货币供应量 M_1、M_2 一起构成货币指标体系，用以解释宏观经济变化。

在选取宏观经济变量时，考虑了两个条件：（1）数据的可得性，需要月度数据并能折实；（2）数据的代表性，要求对宏观经济活动具有代表性，其数值不大受进出口因素的影响。本研究选取了工业增加值、主要工业企业总产值、主要工业企业销售收入、水泥、发电量和粗钢等 6 个指标作为宏观经济变量。[①]

先用 Granger 因果检验法比较各货币指标对宏观经济变量的重要性。为避

[①] 本研究的所有数据来源、处理情况及其数据特征留存备索。

免宏观经济变量之间的干扰，为每个宏观经济变量构建一个 VAR 模型①，用 Granger 因果检验法来测定各货币指标对宏观经济的解释能力。② 这种方法实际上是运用非约束普通最小二乘法（Unrestricted Ordinary – Least – Squares）。检验排除某一个列变量的滞后项对方程预测能力的影响，排除后方程的预测能力以概率 P 值表示。P 值越小，表明排除该变量对方程的预测能力影响最大，该变量对宏观经济变量的解释能力越显著。这样，比较各货币指标的 P 值就可以比较各货币指标对宏观经济的解释能力，即对宏观经济的影响能力。

检验结果列于表 1 中，列中的经济变量自身（结果没有显示在表 1 中）、CPI、货币变量用来解释左侧相应的经济变量。从表 1 结果来看，货币供应量 M_2 对宏观经济变量具有显著的解释能力，对 6 个经济变量都具有比其他货币指标更好的解释能力，而同业拆借利率、国债回购利率等利率指标基本没有解释能力。③

表1　　各货币指标对宏观经济变量的边际解释能力显著水平检验结果

宏观经济变量	CPI	同业拆借利率	国债回购利率	储蓄存款利率	M_1	M_2
工业增加值	0.6759	0.8140	0.8994	0.9453	0.1855	0.1529
主要工业企业总产值	0.0144	0.7428	0.9606	0.6786	0.3868	0.0589
主要工业企业销售收入	0.0002	0.4875	0.9419	0.6871	0.2682	0.0250
水泥	0.9256	0.8079	0.5656	0.7314	0.8048	0.1327
发电量	0.0388	0.0348	0.0518	0.0042	0.0008	0.0000
粗钢	0.0461	0.1097	0.1397	0.1175	0.0405	0.0047

注：1. 工业增加值、主要工业企业总产值及销售收入的样本期为 1998 年 1 月至 2006 年 6 月；水泥、发电量、粗钢的样本期为 1999 年 1 月至 2006 年 6 月，其单位为实际生产的数量而非产值。2. 工业增加值、主要工业企业总产值、主要工业企业销售收入是剔除价格因素后的实际值。3. 引入 CPI 是为了剔除解释变量中的价格因素，从而表示是真实的（real 与 nominal（名义的）相对）货币变量影响实际经济。4. 所有一阶单整序列经差分处理为平稳序列。5. 模型的滞后阶数都是 8。

_____

① 这是非约束 VAR 模型，该模型的一个隐含的假设是变量间不存在同期影响，在实际使用时对该假设作出检验。若采用季度数据，显然不能满足这个条件，就要用结构 VAR 模型（SVAR），SVAR 的检验结果受人为设定的约束的影响，其结论的客观性受到影响；另外，由于所要估计的系数较多，季度数据的样本容量不能满足统计要求。

② 由于结果对滞后阶数的选择比较敏感，故对 VAR 模型进行了单位根检验（unit root test）、滞后长度准则（lag length criteria）、滞后排除检验（lag exclusion tests）、Granger 因果检验、残差相关检验（residual tests）等由高阶向低阶开始逐阶排除，以使选定的阶数是恰当的。

③ 为避免 CPI 因素可能对检验结果产生影响，本研究先用名义变量做了同样方法的检验，得出的结论是一致的。

但是，用 Granger 因果检验法有一个严重的缺陷：解释变量之间可能存在多重共线性，即解释变量中的某变量被另一解释变量所决定，这样，会影响相关变量的实际解释能力。尽管在计量软件的编程时已经考虑到这个问题，并力求避免由此而对统计结果产生的影响，但是，由于上述模型中的解释变量较多，共线性对检验结果的影响难以避免。为避免共线性这一缺陷对检验结果造成的影响，本研究试用另外的方法——方差分解法来检验。

下面用方差分解法（Variance Decomposition）来比较各货币指标对宏观经济的解释能力。方差分解是指对 VAR 模型的残差矩阵进行方差分解，其主要思想是，把系统中每个内生变量的波动按其成因分解为与各方程新息相关联的组成部分，从而可以比较各新息对模型内生变量的重要性。该方法也有一定的缺陷，即检验结果受 VAR 模型内方程设定顺序的影响，方程设定顺序靠后的，其影响被低估。从数值上来说，某指标的方差分解数值越大，表明该指标对宏观经济变量的解释能力越强。用上述已经构建的 VAR 模型进行检验，方差分解期限设定为 24，检验结果见表 2。

表 2 宏观经济变量的方差分解结果 单位：%

宏观经济变量	滞后变量	CPI	同业拆借利率	国债回购利率	储蓄存款利率	M_1	M_2
工业增加值	57.3301	7.2108	3.1667	6.5566	3.6348	13.3693	8.7318
主要工业企业总产值	53.3886	8.0482	2.5523	1.0156	5.3706	11.3014	18.3233
主要工业企业销售收入	53.5787	13.4283	3.3235	1.9714	4.0106	7.2907	16.3968
水泥	33.8929	15.7119	7.9735	7.4961	5.3011	6.3292	23.2953
发电量	33.8447	10.2160	15.5343	7.9045	9.2774	10.1158	13.1074
粗钢	33.8854	19.1115	10.9588	8.4346	6.8659	11.6078	9.1360

注：1. 本表的数据来源、处理情况及建模同表 1；2. 在 VAR 内方程的设定顺序如表所示由左至右排列；3. 各行相加值为 100%。

表 2 显示，尽管 M_2 被置于最后位置，其对经济变量的解释能力被低估，但是，从总体来看，M_2 对宏观经济变量的解释能力还是优于其他货币变量，因而，用方差分解法所得的检验结果与前述的 Granger 因果检验法的结果是一致的。[①]

Granger 因果检验法和方差分解法各有优势，也各有缺陷。由于本研究主要关注各货币指标对经济变量的解释能力的排序及相对强弱，而不太关注具体

①　同样地，本研究也先用名义变量做了同样方法的检验，其结论是一致的。另外，若非平稳序列不经差分处理，其检验结果比经差分处理的结果要好。

的数值，因而，用这两种方法来比较各货币指标对实体经济的解释能力是足够的。

四、M_2 的脉冲响应函数及其新息决定

第三部分确认了货币供应量 M_2 对宏观经济的解释能力远优于其他货币变量。本部分将要研究的是：如果货币供应量 M_2 是我国中央银行货币政策的中介目标，那么，M_2 应该与宏观经济的目标变量（如通货膨胀、经济增长、充分就业、国际收支平衡等）之间存在系统的、有规则的关联，M_2 应对宏观经济变量作出系统性的反应，即存在 M_2 的反应函数（Reaction Function）。进一步地，要探讨 M_2 是如何决定的。

根据《中国人民银行法》，我国中央银行货币政策的目标是"保持币值稳定，并以此促进经济增长"，也就是说，物价稳定和经济增长是我国央行主要关注的两个目标。我们假定 M_2 为政策变量，且不对当期的宏观经济变量（工业增加值和通胀）产生影响[1]，这样，可以利用前述式（3）、式（4）的非约束 VAR 模型求得脉冲响应函数，以其表示政策反应函数。因而，选择居民消费价格指数 CPI、实际工业增加值[2]与货币供应量 M_2 构建三变量的 VAR 模型，分别用水平变量和差分变量建模[3]。

Granger 因果检验结果如下：

表3　　　CPI、实际工业增加值和货币供应量之间的因果关系检验

原假设	水平变量模型		差分变量模型	
	Chi – 统计量	p 值	Chi – 统计量	p 值
LCPI 不能 Granger 引起 LM_2	10. 652	0. 0587	10. 1022	0. 0788
LIVA 不能 Granger 引起 LM_2	17. 829	0. 0032	21. 4320	0. 0005
LCPI、LIVA 不能同时 Granger 引起 LM_2	23. 478	0. 0091	29. 1954	0. 0010

注：1. LCPI、LIVA 和 LM_2 分别表示居民消费价格指数、实际工业增加值和货币供应量 M_2 的对数值（下同）；2. 水平变量模型的滞后阶数为 5，差分变量模型的滞后阶数为 6。

---

[1]　这个假定至少在以货币的数量指标为政策变量的情况下是合理的，因为在数量指标下，公众难以在短期内形成政策变化而导致经济变化的一致预期，对宏观经济的影响存在时滞。

[2]　因为 GDP 只有季度数据，故用工业增加值来代替，这是合理的，因为我国的经济增长主要是由工业带动的。

[3]　在用水平变量建模时，这三个变量都是一阶单整非平稳序列。我们进行了协整检验，结果表明三个变量间存在协整关系，因而避免了伪（Spurious）回归现象。

表 3 显示，水平变量模型和差分变量模型的检验结果是一致的，CPI 和工业增加值不能分别 Granger 引起货币供应量 M_2 的假设分别在 92% 和 99% 以上的置信度下被拒绝，即 CPI 和工业增加值分别对货币供应量 M_2 有较强的解释能力，货币供应量 M_2 对 CPI 和工业增加值的变化作出反应。

另外，对水平变量模型进行协整检验表明，这三个变量之间存在协整关系（秩为 1），即三变量之间存在长期均衡关系。

利用水平变量模型，脉冲响应函数如图 1 所示。

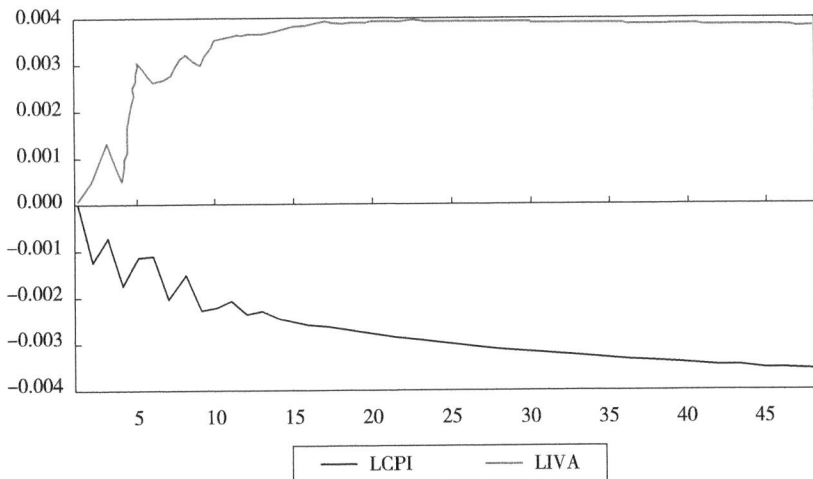

图 1　货币供应量 M_2 对工业增加值和通货膨胀冲击的反应[①]

由图 1 可知，LIVA 方程残差的一个标准差冲击将导致 LM_2 发生同向变化，并于 20 个月后趋于稳定，即货币供应量 M_2 保持在一定水平上；LCPI 方程残差的一个标准差冲击将导致 LM_2 发生反向变化，并在较长时滞后才能趋于稳定，表明通货膨胀将导致央行的紧缩政策，使货币供应量水平下降，但最终将趋于稳定。[②]

前面已经研究并确认了货币供应量 M_2 对 CPI 和工业增加值作出滞后反应，那么，又是哪些因素决定 M_2 的变化呢？是来自货币的需求方，即由实际经济变化导致的，还是由货币的供给方，即中央银行的货币政策导致的？显然，如

[①]　用 LIVA 和 LCPI 方程残差的一个标准差（Residual – One Std. Devia）作为脉冲。

[②]　用差分模型检验脉冲响应函数时，d（LM_2）在一定时期后逐步收敛为 0，与图 1 在经济含义上是一致的。

式（3）所示，假如货币供应量 M_2 的变化作为货币政策走向的指标，代表的是中央银行货币政策的立场，应该由中央银行所控制，而不受当期宏观经济的影响。[①]

对此的研究理念和思路如下：

M_2 作为一个政策变量，对实际经济的变化作出反应有一定的时滞，中央银行必须在经济统计数据出台后才能作出决策，即政策不可能在经济变量 Y_t 当期（在本研究中是"当月"）内作出反应，因而，政策变量的随机扰动项和经济变量的随机扰动项之间不存在当期相关关系，M_2 新息应由货币政策决定；否则，当 M_2 新息主要是由宏观经济的变化决定时，则 M_2 的随机扰动项与经济变量的随机扰动项之间应该有较强的同期相关关系，这时 M_2 冲击就是由当期宏观经济变动决定的，就不是货币政策目标。从计量经济学的角度看，可以通过对 VAR 模型各方程的残差进行同期相关矩阵检验来得到各个随机扰动项之间的相关系数。

利用在第二部分使用的 VAR 模型，得到 M_2 方程与各变量方程之间的残差同期相关系数如表4。

表4　　　　　　　　　　M_2 新息与各变量的残差同期相关系数

宏观经济变量	变量自身	同业拆借利率	国债回购利率
工业增加值	−0.2530	0.0462	−0.1929
主要工业企业总产值	−0.1239	−0.1797	−0.1423
主要工业企业销售收入	−0.1445	−0.1163	−0.1908
水泥	−0.0982	−0.2450	0.2822
发电量	−0.1348	−0.1345	−0.2437
粗钢	−0.1931	−0.3333	−0.3359

注：表中的"自身变量"是指表中左侧的各经济变量。表中第2列数值是 M_2 方程与第1列相应的经济变量方程之间残差的同期相关系数值；第3、第4列数值是 M_2 方程分别与同业拆借利率、国债回购利率方程之间残差的同期相关系数值。

从表4的第2列数值可以看出，M_2 方程与各经济变量方程之间的残差同期相关关系基本不成立，表明 M_2 的变化不是由当期经济变量的变化所决定，而是由中央银行的货币政策决定的。另外，我们也顺便检验了同业拆借利率和国

[①]　在这里仅研究 M_2 新息的决定，而不是研究 M_2 的内生性和外生性问题，这两者是有区别的。M_2 的内生、外生性问题还应包括 M_2 对经济的滞后反应，而不仅仅是当期关系。

债回购利率的变化对 M_2 新息的同期影响，可以看出这两个利率的变化与 M_2 新息不存在同期影响，[1] 这也从侧面验证了 M_2 新息是由央行政策决定的。

因而，实证检验表明，货币供应量 M_2 是货币政策的中介目标。

五、中国货币政策的传导渠道 I ：利率渠道检验

前面已经研究并确认了货币供应量 M_2 是货币政策的中介目标，本部分和下一部分将要研究货币政策的传导渠道。研究逻辑是：由于货币政策中介目标 M_2 新息代表了央行货币政策的意图，那么，如模型（5）和式（6）所示，各货币指标（如利率、贷款等）对 M_2 新息的响应情况就能测定货币政策的传导渠道。我们在本部分以及第六部分分别对中国货币政策的利率传导渠道和信贷传导渠道进行检验，而忽略对其他相对次要的传导渠道的检验，如汇率、资产价格、财富效应等渠道。

本部分对货币政策传导机制的货币渠道的检验集中于利率渠道。

按照传统的货币政策传导机制观点，无论是以货币供应量还是以利率为货币政策的中介目标，对实际经济发生影响都要通过利率这一中介，可以说，利率是货币政策发挥作用的中枢。[2]

近年来，外汇占款成为我国央行基础货币发行的主要渠道，且央行的冲销操作未能完全吸纳市场的流动性，导致流动性过剩。具体表现为存差规模发展迅速，市场利率处于超低水平，甚至经常出现市场利率低于银行资金成本的"利率倒挂"现象。本研究分别用两变量的 VAR 模型来研究货币供应量对同业拆借利率和国债回购利率的影响，结果见表 5。

表5　　　　　　　　　货币供应量与市场利率之间的因果检验结果

原假设	滞后阶数	F－统计值	相伴概率 P
d（LM_2）不能 Granger 引起 chibor－7d	1	16.1902	0.0001
chibor－7d 不能 Granger 引起 d（LM_2）	—	2.6011	0.1100
d（LM_2）不能 Granger 引起 br－7d	3	2.6382	0.0543
br－7d 不能 Granger 引起 d（LM_2）	—	1.3742	0.2557

---

[1] 表 4 的结果是用表 1 所使用的 VAR 模型检验而得的，若用不经差分的模型进行检验，其相关系数数值更小，似乎更切合实际。

[2] 即便是货币政策传导的信贷观点中，利率也是发挥重要作用的，见 Mishkin（1996）。

从表 5 的结果来看，同业拆借利率（chibor – 7d）和国债回购利率（br – 7d）都受 M_2 变化的影响，但同业拆借利率受 M_2 的影响更加明显。这是由于：（1）同业拆借所形成的资产或负债是银行的"边际资产"或"边际负债"，对货币政策的反应最敏感；（2）银行买卖国债主要作为盈利手段而不是调控其流动性。西方主要国家的同业拆借利率对政策和市场的变化也比较敏感，且与其他市场利率之间有较强的关联性，因而普遍采用其作为货币政策的操作目标。

尽管同业拆借利率和国债回购利率受货币政策中介目标的影响较大，但这两种利率对实体经济基本没有传导功能。中国各种市场利率的形成表现为：除了存贷款利率外，同一层次的利率是由市场竞争形成的，即在"横截面"上是市场化的，而不同层次的利率（如同业拆借利率、存款利率和贷款利率）之间由于利率管制而不能根据成本和风险由市场竞争形成，即在"纵向"上尚未形成利率的联动机制①，因而，不同层次的利率之间不能形成市场化的传导链条，货币政策也就难以通过利率渠道来传导。② 本文第三部分的检验也已经表明了实际的同业拆借利率、国债回购利率和一年期储蓄存款利率等利率指标对宏观经济基本没有解释能力。

六、中国货币政策的传导渠道 Ⅱ：信贷规模渠道检验

如引言部分所述，国外对信贷渠道的检验是通过银行资产构成或企业外部融资结构是否对政策变量变化作出系统性反应的方式来验证的。鉴于中国直接融资市场不发达，间接金融占据绝对主导地位，本研究对中国货币政策传导渠道的检验也就局限于检验银行信贷规模是否对政策变量的变化发生系统性反应。

（一）信贷传导渠道的检验

构建含有 M_2、CPI、工业增加值、贷款等变量的 VAR 模型，分别检验货币政策对贷款及工业增加值的影响。为避免价格指数的误差对检验结果的影

---

① 夏斌和廖强（2001）分析了由于利率管制而使证券投资和固定资产投资经的风险调整的预期收益率不一致，从而导致货币政策效果不佳的情况。我们认为货币市场和信贷市场经风险调整后的预期收益率也是不一致的，致使货币政策效果受到影响。

② 王召（2001）对我国货币政策的利率传导机制作了计量分析，认为不存在利率传导渠道。张曙光等（2001）对利率传导渠道的障碍作了全面细致的描述和推理。

响，分别用实际变量和名义变量建模检验。

分述如下：

1. 用实际变量建模。由工业增加值、CPI、贷款（LLOANS）、货币供应量 M_2 等指标构建 VAR 模型，其中工业增加值是经企业商品价格指数折实后的实际值。为避免共线性的影响，用组（Group）中的 Granger 因果检验法来考察变量间的关系。[①] 结果见表6。

表6 实际变量的信贷传导渠道检验 p 值

原假设	1 阶	2 阶	3 阶	4 阶	5 阶	6 阶	7 阶
LM_2 不能 Granger 引起 LIVA	0.0006	0.0082	0.0242	0.0291	0.0149	0.0121	0.0124
LIVA 不能 Granger 引起 LM_2	0.4246	0.7184	0.5052	0.1367	0.0430	0.0020	0.0067
LLOANS 不能 Granger 引起 LIVA	0.0095	0.1502	0.1742	0.1304	0.0492	0.0647	0.1105
LIVA 不能 Granger 引起 LLOANS	0.5529	0.2798	0.4254	0.4519	0.6604	0.6090	0.4229
LM_2 不能 Granger 引起 LCPI	0.0321	0.0284	0.0202	0.0125	0.0097	0.0193	0.0439
LCPI 不能 Granger 引起 LM_2	0.3900	0.1667	0.3824	0.4758	0.4328	0.3570	0.3262
LLOANS 不能 Granger 引起 LCPI	0.0209	0.0035	0.0024	0.0028	0.0032	0.0051	0.0456
LCPI 不能 Granger 引起 LLOANS	0.9410	0.0059	0.0004	0.0010	0.0021	0.0108	0.0239
LLOANS 不能 Granger 引起 LM_2	0.4121	0.0371	0.0357	0.0883	0.1123	0.0210	0.0571
LM_2 不能 Granger 引起 LLOANS	0.1760	0.0719	0.1536	0.2264	0.3601	0.3147	0.2014

注：1. 用前述方法可确定该模型的恰当滞后阶数为5阶；2. 鉴于本文的研究是用工业增加值代表宏观经济指标，我们也用工业品价格指数来代替 CPI 做同样的检验，检验结果完全相同。

由表6得出：货币供应量 M_2 和工业增加值之间互为因果关系；贷款→货币供应量；贷款→实际工业增加值；货币供应量 M_2→CPI；贷款→CPI。

2. 用名义变量建模。为避免价格指标对检验结果可能造成的影响，用名义工业增加值（LIVA－N）、贷款、货币供应量等名义变量构建 VAR 模型，检验结果见表7。

---

① 以下采用相同方法来检验。

表7 　　　　　　　　　　　　名义变量的信贷传导渠道检验 p 值

原假设	1 阶	2 阶	3 阶	4 阶	5 阶	6 阶	7 阶
LM$_2$ 不能 Granger 引起 LIVA – N	0.0059	0.0084	0.0095	0.0135	0.0070	0.0062	0.0079
LIVA – N 不能 Granger 引起 LM$_2$	0.9825	0.8740	0.7804	0.2547	0.1202	0.0059	0.0158
LLOANS 不能 Granger 引起 LIVA – N	0.0149	0.0317	0.0217	0.0174	0.0136	0.0165	0.0390
LIVA – N 不能 Granger 引起 LLOANS	0.6235	0.1969	0.3950	0.4766	0.6898	0.6085	0.3172
LLOANS 不能 Granger 引起 LM$_2$	0.4121	0.0371	0.0357	0.0883	0.1123	0.0210	0.0571
LM$_2$ 不能 Granger 引起 LLOANS	0.1760	0.0719	0.1536	0.2264	0.3601	0.3147	0.2014

注：用前述方法可确定该模型的恰当滞后阶数为 5 阶。

由表 7 得出：货币供应量 M$_2$ 和工业增加值之间互为因果关系；贷款→货币供应量；贷款→名义工业增加值。

对上述两个模型进行的协整检验表明，协整关系存在，即各变量间存在长期稳定的关系。

由表 6、表 7 可以得出：（1）贷款是货币供应量 M$_2$ 的 Granger 成因；（2）货币供应量 M$_2$ 和贷款都是名义和实际的工业增加值的 Granger 成因，名义变量模型比实际变量模型更有解释能力，表明货币政策的效应有部分转化为价格的变化——这与理论和经验都是相符的；（3）货币供应量 M$_2$ 和贷款都是 CPI 和工业品价格指数的 Granger 成因。

信贷规模的变化导致货币供应量的变化，而不是相反，这与货币主义的信贷规模被动地随政策中介的变化而变化的观点不同，也与 20 世纪 80 年代后期发展起来的以 Bernanke 为代表的信贷规模对政策变量（隔夜联邦基金利率）作出系统性反应的结论不同。因而，有必要进一步仔细考察货币供应量与信贷规模之间的关系以及对经济、金融的作用机制。

前述的检验表明，货币供应量和信贷规模的水平变量之间存在 Granger 因果关系，货币供应量依存于信贷规模的变化。下面我们进一步考察两者的差分变量之间的依存关系。经过简单计量，信贷规模和货币供应量的同期差分变量之间相关系数为 0.2385，这表明两者之间基本不存在同期相关关系。我们进一步对差分变量进行 Grange 因果检验，结果见表 8。

表8　货币供应量 M₂ 和信贷规模差分变量之间 Granger 因果关系检验 p 值

原假设	1 阶	2 阶	3 阶	4 阶	5 阶	6 阶
dLLOANS 不能 Granger 引起 dLM₂	0.01154	0.01793	0.06211	0.10255	0.02469	0.08221
dLM₂ 不能 Granger 引起 dLLOANS	0.27696	0.56823	0.71745	0.72377	0.83100	0.74208

表 8 显示，从差分变量来看，信贷规模单向 Granger 引起货币供应量 M₂ 变动。这表明，信贷规模在经济金融活动中占据核心地位，这种因果关系与西方货币政策理论中以货币供应量 M₂ 为中介目标的货币政策传导模式不相符。信贷规模是中央银行事实上的中介目标，中央银行通过对贷款规模的控制来调控经济，并对货币供应量产生重大影响。本文第三、第四部分所阐述的 M₂ 的政策中介作用实际上是作为信贷规模的"代理变量"（Proxy Variable）在起作用，这种情况与 1998 年以前是类似的。[①]

（二）信贷规模作为中介目标的稳定性检验

由于我国已于 1998 年 1 月 1 日取消信贷规模控制，采用单一的货币供应量 M₂ 作为货币政策的中介目标，而从本文的实证检验来看，信贷规模显然仍在货币政策操作中扮演着重要角色，这种状况在样本期间是稳定的吗？

有一种可能性是：由于近年来存差规模增长太快，央行迫不得已重新采用信贷规模指标，也就是说，在样本期间央行的调控模式可能发生了改变。

我们用存差占信贷规模和存差占货币供应量 M₂ 的比值来衡量存差的相对规模。从占比情况看，2000 年 1 月和 2004 年 1 月前后存差的相对规模发生了跳跃。为了检验存差相对规模的这种变化是否导致央行调控模式的变化，用邹氏分割点检验法（Chow's Breakpoint Test）对此进行检验。参照前述的货币政策通过贷款发生作用的 VAR 名义变量模型，用最小二乘法估计工业增加值的多项式分布滞后方程作回归，结果如下：

$$LIVA = -1.6379 + 0.4693LIVA(-1) + 0.2878LIVA(-2) + 0.1129LIVA(-3) +$$
$$\quad (0.0021) \ (0.0000) \qquad\quad (0.0120) \qquad\qquad (0.2663)$$
$$\quad 1.0059LLOANS(-1) - 2.0426LLOANS(-2) + 1.2942LLOANS(-3) +$$
$$\quad (0.0891) \qquad\qquad (0.0367) \qquad\qquad\quad (0.0323)$$
$$\quad 0.8949LM_2(-1) - 0.3138LM_2(-2) - 0.6093LM_2(-3)$$
$$\quad (0.1015) \qquad\qquad (0.6413) \qquad\qquad (0.2713)$$

---

① 参见戴根有. 中国货币政策传导机制研究［M］. 北京：经济科学出版社，2001：10，表2.

$$R^2 = 0.9952 \qquad 调整后\ R^2 = 0.9947 \qquad D.\,W.\ 值\ = 2.0932$$

各系数下圆括弧内的数值为 p 值。方程的拟合程度很好，调整的 R^2 达 0.9947，F 检验通过，估计得到的参数也与 VAR 模型的结果相一致。进一步地，由于个别参数不满足显著性要求，根据检验 p 值依次剔除了 LM_2（-2）和 LIVA（-3）后，得到估计参数显著性更好的方程（方程没有列示）。分别对这两个方程进行邹氏分割点检验，分割点选择为 2000 年 1 月和 2004 年 1 月，检验结果见表 9。

表9 　　　　　　　　　　工业增加值方程的邹氏分割点检验结果

分割点选择	F - 统计值		相伴概率 p	
	剔除前	剔除后	剔除前	剔除后
2000 年 1 月, 2004 年 1 月	1.2449	1.5216	0.2470	0.1146
2000 年 1 月	1.4631	1.2860	0.1691	0.2621
2004 年 1 月	1.0645	1.4708	0.3994	0.1804

从表 9 可以看出，检验结果并不支持方程在样本期间发生了结构变化。因而，可以认定，在样本期间，央行对经济的调控模式没有发生变化。也就是说，在 1998 年以后，信贷规模一直作为货币政策的中介目标在发挥作用。

七、"两中介目标，两调控对象"传导模式分析

综合上述对我国货币政策传导的检验，发现：货币供应量 M_2 对同业拆借和国债回购等市场利率有较强的影响力，信贷规模对市场利率显然没有直接的影响力；信贷规模是货币供应量 M_2 的 Granger 成因，货币供应量对实体经济的调控实际上是以信贷规模的代理变量形式在起作用，信贷规模对宏观经济有直接的调控作用。因而，我国的货币政策传导实际上存在两个中介目标——货币供应量 M_2 和信贷规模，针对的调控对象分别是金融市场和实体经济。我们称之为"两中介目标，两调控对象"的并列传导模式，这种传导模式与一般的经验和理论都不相符。本部分分析这种传导模式的特点及其存在的问题。

（一）并列传导原因分析及作用机制

按照一般的理论推理，在一个经济体中，不可能同时存在两个（或以上）中介目标，因为两者之间将产生不一致性。但是，从当前中国的现实状况来

看，这种"两中介目标，两调控对象"的传导模式是并行不悖的，不可舍弃其中的任何一个中介目标，这是中国的现实选择。

从实体经济来看，现阶段需要信贷规模作为中介目标的原因是：（1）利率尚未完全市场化，以货币供应量为单一中介目标难以对宏观经济实施有效调控；[①]（2）持续的经常项目和资本项目"双顺差"及其当前的外汇制度安排，使我国的流动性大量地被动发放，央行未能有效冲销过剩的流动性，因而需要由信贷规模指标直接对银行贷款进行约束；（3）货币供应量的可控性相对较差，从而使央行难以通过货币供应量来有效调控经济。[②]

从信贷规模作为货币政策中介目标的操作来看，央行对信贷的调控同时体现在价格和数量两方面。央行对贷款的利率管制和数量控制是同时进行的，只是在不同时期运用的侧重点有所不同而已。通常而言，金融市场的流动性要强于信贷市场的流动性，经风险调整后的贷款下限利率要高于金融市场均衡利率，贷款的利率下限管理减少了贷款的部分需求，使市场过多的流动性不能进入实体经济，此时，央行主要用价格管制方式调控信贷规模。而在经济高涨时期，尽管此时市场流动性过多，但由于贷款需求旺盛，资金供求的均衡利率可能要高于经风险调整后的贷款下限利率，央行主要采取数量控制方法——自2007年9月以来的对信贷规模施行严格的按季规模管理就是很好的体现。

央行在每年初根据以往的信贷规模及来年的经济增长目标拟定当年的信贷规模总量，与商业银行协商后落实到各主要商业银行。[③] 年中，央行适时根据当时的宏观经济金融形势，利用"窗口指导"甚至是发行惩罚性的央行票据、特种存款、差别准备金率等手段对信贷规模及其放贷进度进行调整。因而，央行对信贷规模的管理有一定的行政色彩，具有较强的可控性。这种传导模式与市场经济国家的信贷渠道传导模式是有区别的。当然，信贷规模管理带有较强的行政色彩，从长远来看，不能作为货币政策的中介目标。

---

① 货币供应量要真正起到货币政策中介目标的作用，利率市场化是前提条件。利率的非市场化是我国货币供应量未能真正发挥作用的一个重要原因。世界上其他以货币供应量作为货币政策中介目标的市场经济国家，其利率是市场化的。

② 国内学者夏斌和廖强（2001）对货币供应量作为货币政策中介目标的有效性提出了质疑。彭兴韵（2008）也对2000年以来的货币政策调控机制作了详尽分析，认为数量调控的有效性较低，应加强利率在经济调控中的作用。

③ 这种方式与1998年以前的信贷规模在各地区、各银行间进行切割是有区别的，行政色彩已大大弱化。

近些年我国的货币政策实践也在一定程度上印证了信贷规模作为宏观调控指标的重要性。本轮经济周期的上升期始于 2003 年。为解决固定资产投资增长过快、通胀压力加大等问题，在 2004 年主要采取了严把土地和信贷这两个闸门的调控政策，取得了良好绩效。GDP 平减指数和 CPI 在 2004 年达到阶段高点后回落。在随后的 2006 年至 2007 年 9 月的调控中，放松了对信贷规模的控制，仅以加息、提高准备金率、发行央行票据等手段调控货币供应量。尽管调控力度不可谓不大，但仍未能避免 2007 年通胀水平再度上扬并在 2008 年上半年有加速趋势。[①] 这表明，在人民币升值背景下，以货币供应量为中介的货币调控模式受到了进一步的挑战，其有效性或许正在减弱。这迫使央行在 2008 年采取严厉的信贷控制手段——要求各商业银行（含地方法人和外资法人）2008 年的信贷增长不能超过 2007 年的增长余额，按季监测投放进度，并对超规划增长采取惩罚性措施。

但是，利用信贷规模作为事实上的中介目标并不意味着就可以放松对货币供应量的调控，这是因为：（1）现行的金融制度安排使信贷规模指标一般只能对实体经济有较好的调控作用，而对金融市场的直接作用则相对较弱；（2）货币供应量对货币市场的利率形成有较大影响，并通过市场利率对资产市场（主要是资本市场和房产市场）产生影响，最终对实体经济也产生一定的影响——这种影响随着资产市场的发展而将显得越来越重要；（3）货币供应量也可通过民间非正规金融渠道流入实体经济，从而对实体经济产生影响。因而，在现阶段，这种两个货币政策中介目标的传导模式是一种现实选择，这种传导模式对货币政策传导机制的环境要求不高，且简便易行，易于操作。

分别用不同方法和手段调控信贷规模和货币供应量，信贷规模的调控对象主要是实体经济，而货币供应量主要是调控金融市场（即货币市场和资本市场），这种状况是与信贷市场和金融市场的割裂相适应的。也就是说，中国的金融制度安排及央行的信贷规模控制使信贷市场和金融市场割裂，两个中介目标分别主要针对不同市场发挥作用。[②] 但是，这种割裂是暂时的、相对的，并且随着金融市场的发展，两个市场之间的联系将越来越紧密。

与国外的货币政策实践不同，我国的信贷规模独立于货币供应量，并引导

---

① 2003—2007 年的 GDP 平减指数依次为 2.87、7.61、4.60、3.59 和 5.55，CPI 上涨指数为 1.2、3.9、1.8、1.5 和 4.8。从 2008 年上半年的发展势头看，通胀水平要远高于 2007 年的水平。

② 这种状况或许表明信贷市场和货币资本市场的流动性是不一致的、割裂的。

其变化。这表明，信贷规模在我国的经济、金融实践中占据核心地位，这种状况是与我国主要以投资推动的经济增长密切相关的。尽管货币供应量对经济增长和通胀有较好的解释作用，但它似乎是以信贷规模的代理变量形式出现，信贷规模的变化派生随后的货币供应量的变化。

上述认识对于我国的货币政策实践是有意义的，它表明应当密切关注信贷规模指标，并以此为核心调控经济——这在我国大量流动性被动地输入国内且央行未能有效冲销的情况下更应如此。

（二）我国货币政策传导模式的不足之处及改革方向

当前我国货币政策传导模式显然是有其不足之处的，主要在于：（1）并列传导模式存在两个中介目标之间的协调问题，并且随着经济发展和金融深化，两个中介目标分别针对两个调控对象的政策有效性将逐步降低。（2）无论货币供应量还是信贷规模，都是总量概念，政策透明度（表现为政策的清晰性、简单性和可理解性）不高，社会公众难以形成清晰的预期，即缺乏"名义锚"（nominal anchor）。而预期在货币政策的效应中具有非常重要的作用，因为社会公众是按照预期来作出其决策的。（3）货币政策的透明度不高或缺乏名义锚，将导致时间不一致（time‐inconsistent）问题，即中央银行容易受到行政压力或诱惑而采取与长期目标不一致的短期行为，从而使经济不稳定。（4）存贷款利率的非市场化导致利率在货币政策传导中的无所作为或作为不大，货币政策传导效率不高。（5）随着商业银行逐利动机的日益增强以及资本市场的发展，以信贷规模调控作为货币政策调控手段的做法将面临日益严峻的挑战。

我国的货币政策传导机制显然与市场经济国家有相当差距，唯一的出路就是继续深化金融体制改革，包括汇率制度改革、利率市场化、商业银行和工商企业更加严格规范的市场化运行等，改革央行的货币政策调控模式，逐步建立一个以短期利率为中介目标的货币政策传导机制。当前比较迫切的是人民币对内、对外价格的市场化改革，即利率和汇率的市场化改革。

八、结论及建议

本文经过对货币政策的中介目标、传导渠道等的实证检验和理论分析，得出如下主要结论：

1. 利用 VAR 模型，分别用 Granger 因果检验法和方差分解法检验国债回购利率、同业拆借利率、储蓄存款利率、货币供应量 M_1、货币供应量 M_2 等货币变量对宏观经济变量的解释（预测）能力，发现货币供应量 M_2 对经济变量的解释能力远高于其他变量。

2. 实证检验表明，货币供应量 M_2 对实际工业增加值和 CPI 作出系统性的反应，且 M_2 新息受制于央行政策，这说明货币供应量 M_2 是由央行控制的货币政策中介目标。

3. 对货币政策传导渠道的实证研究表明，我国尚不存在利率传导渠道，主要的传导渠道是银行贷款。进一步的研究表明，信贷规模调控实体经济，并引导货币供应量的变化，因而，我国的货币政策中介目标实际上是两个——信贷规模和货币供应量 M_2，并且这种调控模式在 1998 年以后一直没有改变。这种状况与央行公开宣布的以货币供应量 M_2 作为单一的货币政策中介目标是不一致的。也就是说，我国央行的货币政策传导机制在 1998 年前后并没有发生根本性的改变。这种以信贷规模为核心的货币调控模式有很强的现实意义，表明应当密切关注信贷规模指标，并以此为核心来调控经济。

4. 从理论上分析了这种"两中介目标，两调控对象"模式选择的现实性，由于我国实施间接调控的市场环境尚不完全具备，如利率尚未完全市场化、存差规模大、信贷市场和金融市场割裂等，两个中介目标分别调控不同的调控对象——信贷规模主要调控实体经济，货币供应量主要调控金融市场，而且，央行较为成功地实现了两者之间的协调。当然，这种调控模式是有缺陷的。

从货币政策的实践来看，由于金融技术的发展和金融产品的创新，货币供应量的可控性越来越差，与实体经济的关联也日渐松散，世界各国央行自 20 世纪 90 年代以来已经普遍放弃其作为货币政策的中介目标。[①] 从信贷规模作为中介目标来看，由于对信贷规模的调控具有较强的行政色彩，因而将其作为货币政策中介目标只能是权宜之计。现行的货币政策模式必然面临调整、改革。

从未来发展来看，我国建立直接盯住通货膨胀的或以利率为中介目标的货币政策框架是必然的选择。这需要有很多的基础性条件，如货币政策的独立性（包括央行的独立行使职能和开放经济下的货币政策的独立性）、利率市场化机制的形成、信息的迅速传播、商业银行完善的公司治理结构及良好的风险定

---

① 这导致在宏观经济分析时，传统 IS – LM 模型中 LM 的消失（Romer，2000；Friedman，2003）。

价、风险管理能力以及各实际经济体的利润导向和约束等，满足这些基础性条件是长期的任务。

参考文献

［1］戴根有．中国货币政策传导机制研究［M］．北京：经济科学出版社，2001．

［2］范从来．论货币政策中间目标的选择［J］．金融研究，2004（6）．

［3］方阳娥，张幕瀚．理论有效性与实施有效性：西方货币政策有效性理论述评［J］．经济评论，2006（2）．

［4］李春琦，王文龙．货币供应量作为货币政策中介目标适应性研究［J］．财经研究，2007（2）．

［5］刘斌．我国货币供应量与产出、物价间相互关系的实证研究［J］．金融研究，2002（7）．

［6］刘明志．货币供应量和利率作为货币政策中介目标的适应性［J］．金融研究，2006（1）．

［7］蒋瑛琨，刘艳武，赵振全．货币渠道与信贷渠道传导机制有效性的实证分析——兼论货币政策中介目标的选择［J］．金融研究，2005（5）．

［8］莫万贵，王立元．货币供应量和贷款仍是当期合适的货币政策调控目标［J］．经济学动态，2008（2）．

［9］彭兴韵．加强利率机制在货币调控中的作用［J］．经济学动态，2008（2）．

［10］秦宛顺，靳云汇，卜永祥．从货币政策规则看货币政策中介目标选择［J］．数量经济技术经济研究，2002（6）．

［11］王召．对中国货币政策利率传导机制的探讨［J］．经济科学，2001（5）．

［12］夏斌，廖强．货币供应量已不宜作为当前我国货币政策的中介目标［J］．经济研究，2001（8）．

［13］张曙光．疏通传导渠道　改善金融机构——当前中国宏观经济分析［J］．管理世界，2001（2）．

［14］Bernanke，B．S．and Blinder，A．S．，1988，"Credit，Money，and Aggregate Demand"，*American Economic Review*，May，Vol. 78 No．2，435 – 39.

[15] Bernanke, B. S. and Blinder, A. S. , 1992, " The Federal Funds Rate and the Channels of Monetary Transmission ", *American Economic Review*, *September*, Vol. 82 No. 4, 903 – 21.

[16] Brainard, W. , 1964, "Financial Intermediaries and a Theory of Monetary Control", *Yale Economics Essays*, Fall, 4, 431 – 482.

[17] Friedman, B . M . , 1983, " The Role of Money and Credit in Macroeconomy Analysis", in: J. Tobin, ed. , Macroeconomics, Prices and Quantities: Essays in memory of Arthur M . Okun. pp. 161 – 189. Washington: The Brookings Institution.

[18] Friedman, B . F . , 2003, "The LM Curve: A Not – So – Fond Farewell", NBER Working Paper 10123.

[19] Mishkin, F . S. , 1996, " The Channel of Monetary Transmission: Lessons for Monetary Policy", NBER Working Paper 5464.

[20] Kashyap, A . K. , Stein, J. C . and Wilcox, D. W. , 1993, " Monetary Policy and Credit Conditions: Evidence from the Composition of External Finance", *American Economic Review*, *March*, 83, 78 – 98.

[21] Romer, D. , 2000, "Keynesian Macroeconomics without the LM Curve", NBER Working Paper 7461.

[22] Taylor, J. B . , 1995, " The Monetary Transmission Mechanism: An Empirical Framework", *Journal of Economic Perspectives*, Fall, 9, 11 – 26.

[23] Tobin, J . and Brainard, W. , 1963, " Financial Intermedianries and the Effectiveness of Monetary Control", *American Economic Review*, June, Vol. 53, 383 – 400.

论以国债运作作为财政政策与货币政策的最佳结合点[①]

一、财政政策与货币政策的结合点——问题的提出

在宏观经济调控体系中，财政政策与货币政策都发挥着主体作用，它们对调控方向及调控力度的选择直接影响着宏观经济走势。在调控过程中，财政政策主要通过税收、补贴、支出预算等国民收入再分配的方式影响宏观经济的运行；货币政策则主要通过货币供应量的变动、利率的调整等方式来影响社会总需求和总供给。这两种不同方式、不同途径的宏观调节手段，需要相互协调并配套使用。如果两者各自为政、互相摩擦，就会降低宏观调控的效果。特别是在经济体制转轨时期，财政政策和货币政策的协调问题尤为重要。目前，关于协调方式，有"主次论"和"松紧论"两种意见。我们认为，财政政策与货币政策孰为主孰为次的问题很难取得一致的意见，而两者谁松谁紧之类的协调方式固然需要探讨，但更重要的是要确认与两者有着直接联系的调节因素或协调方式。为此，我们提出财政政策与货币政策的最佳结合点这一问题。

这里所谓的结合点，是指能使财政政策和货币政策统一起来并共同发挥对宏观经济调节作用的调节因素，这个因素既可能是财政政策实施的结果，同时又可能是货币政策实施的结果。所以，这个调节因素的确定相对财政政策和货币政策的其他调节因素的确定就具有更加重要的意义。在现实经济中，财政政策和货币政策虽然也是彼此制约、相互影响的，但这些制约和影响一般是间接的。比如，企业所得税率的调节，是财政税收政策的内容，它对企业生产，从而对社会总供给产生相应的调控作用，但它不直接影响货币供应量或利率水平，所以，它的调控职能属于财政政策的范围，它本身不直接涉及与货币政策

[①] 本文作者盛松成、顾铭德、马强，发表于《上海金融》，1996年第8期。

的协调问题。同样，货币政策也有属于其自身范围和职能的调节因素，如利率、货币供给等。这些因素的确定，当然也有与财政政策协调的问题，但它们直接决定于中央银行，它们对财政政策的影响以及与财政政策的协调只有间接的或次要的特性。显然，这些因素还不能作为财政政策与货币政策的最佳结合点。

我们认为，财政政策与货币政策的最佳结合点，应当一头牵连着财政收支状况，另一头关系到货币供应量，因为财政收支状况的变动是财政政策的直接结果，而货币供应量则是我国货币政策的主要目标。这个结合点在传统的计划经济时期和在向社会主义市场经济转变时期具有不同的内容。在传统的计划经济时期，这个结合点就是财政向中央银行的透支额或财政在中央银行的存借款额。当财政收支出现顺差时，财政在银行的存款额增加，中国人民银行由此回笼或少投入货币量。反之，当财政出现支大于收的赤字时，财政便向中国人民银行透支，从而引发中国人民银行增发货币。所以财政向银行的透支一方面体现财政收支政策的扩张性或松动性，另一方面又直接导致中央银行货币政策的松动。透支额既是财政政策扩张的结果，又是中央银行增加货币、扩张信贷规模的结果。如果中央银行拒绝财政部的透支，那么财政政策的扩张（在没有其他途径的情况下）也就无从谈起。所以说，财政向中央银行的透支额是财政政策和货币政策的结合点，当然，这种结合方式在传统的计划经济时期是以财政政策为主动性手段，而以货币政策为被动性手段为特征的。

财政政策与货币政策的结合点概念提醒我们，财政政策与货币政策的协调有两种方式：一种是各自以自己的调控内容与对方保持某种程度的协调，就是人们常说的松紧搭配等；另一种则是两种政策的直接联系，也就是所谓结合点的协调方式。经济转轨时期的财政体制和金融体制都处在变革之中，其结合点也会因此而变动。

二、国债发行规模：财政政策与货币政策新的结合点——现实的途径

20世纪80年代以来，我国财政收支体制实施了"放权让利"等改革措施，这一方面调动了地方财政和生产企业的积极性，促进了商品经济的发展；另一方面则使中央财政出现了长期的收不抵支的非均衡现象，财政赤字逐年增加，财政向银行的透支额与借款额也相应扩大。由此，货币供应量难以控制，

社会各方对财政透支的危害性开始关注起来。从 1981 年起，财政部开始利用国债的方式来弥补财政赤字。近几年，尽管财政每年向银行的透支额还在增加，但其占财政收入的比重已经逐年降低，它对货币供应量的影响也逐渐下降。与此形成对照，财政部每年发行的国债数量呈加速增长之势。发行国债已成为财政扩大支出，弥补赤字，力求收支平衡的主要手段。到 1995 年，财政发行的国债数量已达 1537 亿元，占当年财政收入 6187.73 亿元的 24.8%。

财政通过发行国债来弥补赤字的方式使财政政策与货币政策的结合点发生了相应的变化，这种变化迄今还没有引起人们足够的重视。有些文章认为，以国债方式弥补财政赤字，对货币供应量不发生影响。政策通过国债方式"挤占"了企业投资和消费资金，使社会总需求规模相对稳定。

这个观点的自然延伸便是：国债规模的规定属于财政政策范畴，它与货币政策的协调属于前述协调方式的第一类型，而不是最佳结合点类型。

事实上，上述观点仅仅适用于财政部恢复发行国债的初期阶段。我国自 20 世纪 80 年代初期恢复国债发行以来，国债市场及规模已经经历了三个阶段。这三个阶段可用购买国债资金的主要来源来区分。

第一阶段，即购买国债的资金主要来源于社会上的闲散资金阶段。在这一阶段，由于国债缺乏流通市场而且其流动性不强，居民和企业购买国债是被动行为。居民在剩余资金用途的主动性选择栏目中，还没有国债。当时的国债规模只有 100 余亿元，它对储蓄存款还不能有较大的分流作用，对社会信贷总量和货币供应量也没有实质性影响。从社会资金流程来看，它只是使游离于银行之外的资金从民间转向了政府。这种流向的经济效果是社会在既定货币供应量的前提下扩大了投资和消费规模，社会资金使用效率得到提高。在这一阶段，国债发行规模的决定确实属于财政范畴。这一阶段大致为 1981—1989 年。

国债发行的第二阶段可理解为存款分流阶段，这一阶段大致为 1990—1995 年。在此期间，国债流通市场已经开辟，国债已成为居民和企业主动性投资理财的品种之一，国债发行规模从 197 亿元增加到 1537 亿元。随着国债发行规模的扩张，国债对银行储蓄存款的分流作用越来越明显。这种分流对社会信贷总量及货币供应量开始发生实质性影响。当居民和企业把原先准备用于存款的资金购买国债时，各银行用于信贷的资金来源相对减少。银行只能通过增发货币来实现预定的信贷规模。从社会资金流程看，它表示银行信贷资金向财政部门的分流。这种分流要么相应缩减银行信贷规模，要么促使银行增发货币以维持既定的信贷规模。事实上，信贷规模决定于整个经济的运行和国家的经济政策，而不仅仅决定于银行部门，因而它往往是既定的，是很难缩减的。于是，增发货币势所难免。当然，在国债还没有被银行作为资产而直接持有之前，国债规模对货币供应量的影响还属于间接的和隐性的，它作为财政政策与货币政策新的结合点的作用还没有显性化。

国债发行的第三阶段可理解为银行直接参与的公开市场操作阶段。从1996年4月1日起，中国人民银行开始试行公开操作业务，这不仅标志着中国人民银行货币政策手段的改进，而且表明我国国债市场发展到了新的阶段。在这一阶段，国债交易市场的参与者已经从居民和工商企业拓展到以中央银行和商业银行为主要代表的金融机构。并且，各金融机构持有的国债相对量和绝对量有逐年增加的趋势。这种增加使国债市场规模与货币供应量之间的联动关系显性化和直接化。国债市场规模作为财政政策与货币政策新的结合点的作用越来越突出。中央银行和商业银行资产结构中国债比重的增加改变了我国传统的货币量供应机制。原先，中央银行投放货币量的主要渠道是再贷款规模，如今增加了国债持有量这一新的途径，而且近年来，在我国中央银行资产来源中，国债所占的比重越来越大。中央银行增加国债持有量，就有相应的基础货币投入社会，反之就相应回笼货币。对商业银行和其他金融机构来讲，其资产结构中国债比重的增加对货币供应量的影响具有双重性。其一，商业银行对国债持有量的增加如果来自中央银行公开市场操作的吐出，那么这种增加意味着商业银行在中央银行的存款准备金的增加，社会信贷规模由此缩减，货币投放量相应减少。其二，商业银行对国债持有量的增加如果来源于财政部扩大国债发行规模或从国债交易市场购买所得，那么，这种增加就表示银行信贷资金向财政支出部门的直接流入，社会信贷规模和货币量由此扩张。如前所述，在我国特定条件下，商业银行的信贷规模往往不决定于商业银行本身，因此商业银行所持国债的增加，一般不会相应减少其向社会的贷款。在反映银行信用活动的资产负债表中，任何资产都产生相应的存款或现金。显然，当国债市场规模发展到国债在商业银行资产中占一定比重时，国债市场对货币供应量和社会信贷规模的影响也就越来越直接。它与第二阶段，即存款分流阶段的区别在于，存款分流使银行信贷资金来源减少，银行信贷规模或资产总量并没有直接扩张，除非银行为了维持既定信贷规模而不得不扩大货币发行。

1995年，人民银行为了准备实施公开市场操作，解除了商业银行资产结构中持有国债比重的禁令，国家银行开始增加国债持有量。当年，国家银行用于购买债券的资金达3064.19亿元，占国家银行资产运用总额的5.67%。从发展趋势看，这一比重将随着国债发行规模的扩大和公开市场操作的推广而逐年提高。这种提高与财政预算账面上的赤字相对减少和社会信贷规模的增加呈同一过程。这种趋势表明，扩张性财政政策对货币供应量的影响已经从财政向银行的透支额转向国债发行规模，同时表明，国债发行规模已经突破了原先的单纯财政范畴，转而成为财政—货币政策双重范畴。此时，中央银行货币政策调控货币量的途径必然从原先的再贷款和存款准备金方式转到公开市场操作。由于公开市场操作是国债买卖的双向行为，而不是单向买进行为，所以，中央银行在进行公开市场操作过程中，必然关注国债发行规模的变动，因为这个规模本身也是影响货币供应量的重要因素。如果否认中央银行对国债市场规模的约束力或发言权，那么，社会货币供应量的变动，除了央行货币政策之外，还由另一个笼头，即财政通过国债发行量来共同决定。这样，中央银行公开市场操作的后果便是中央银行和各商业银行资产结构中所持债券比重的被动性变动，社会货币供应量将随国债发行规模的变化而变化。财政政策与货币政策的关系仍然表现为前者为主动性调控手段，后者为被动性调控手段，后者充当前者的实施工具。这就等于取消货币政策在调控货币供应量方面的基本职能。总之，在国债市场规模达到第三阶段时，强调中央银行对国债市场规模有制约影响作用与承认中央银行对货币供应量负有调控职能是一致的。国债发行规模已经成为财政政策与货币政策新的结合点。

三、财政政策与货币政策结合点的支出平衡与总量平衡的原则与选择

财政政策与货币政策新的结合点要求双方在保持相对独立性的基础上，以国债发行规模为主要构合渠道。在这一过程中，财政政策和货币政策会从不同的角度，提出对发行规模差别性原则与选择性规则，以求国债发行规模符合不同调节背景与不同调节职能的需要。这些准则从不同的角度和时期看，可能一致也可能不一致。它们常常表现为财政收支平衡与宏观经济均衡之间难以两全的矛盾选择。

一般讲，财政政策从满足支出需求和收支平衡的角度来安排国债发行规模。如前所述，财政的这一原则在国债发行初期阶段，对货币供应量没有实质性影响，与宏观经济均衡也不会有矛盾冲突。可是，到国债发行规模与货币供

应量变动具有联动性时，"挤占"效应下降，财政以扩大国债规模为前提的"收支平衡"原则就有可能与宏观经济均衡发生冲突。因为，真正意义上的财政收支平衡应当是在收入基础之上的支出平衡，而向银行透支或发行国债，则表明财政支出实行了国民收入超额分配。这种超额支出除了部分地"挤占"了民间的投资和消费需求之外，一般总是会引致没有物质基础的社会需求。其结果则导致社会总需求规模大于总供给规模，宏观经济失衡，通货膨胀加剧。而能够对此产生制约或抗衡作用的就是货币政策。货币政策与财政政策的区别在于，它主要以货币供应量作为调控标的，而以总供给和总需求的平衡作为调控目标。在指令性计划作用力度减弱之时，货币政策对宏观经济的平衡作用越来越突出。

首先，货币信贷支出处于总需求形成的最后闸门地位，这种地位决定了货币政策对总需求规模形成的关键作用。总需求包括投资需求和消费需求两大类。投资需求和消费需求主要由三方面的货币支出所决定。第一，各类企业财务支出，包括企业自有资金的投资和职工工资、奖金、管理费用等。这些支出可分为投资需求和消费需求两部分。第二，各级政府财政支出，即用于投资和消费的各类支出。第三，银行信贷支出，主要指各类贷款、货币投放等。

在三方面支出中，对总需求规模具有决定性作用的是银行信贷支出。因为，企业支出资金来源于出售产品所得收入，这些资金具有与其相对应的社会产品。在没有银行信贷支持的条件下，企业支出上限不可能形成超过总供给的需求规模。同样，财政支出资金是各个企业、团体、个人上缴税利的总和。这些税利也有与其相对应的社会剩余产品。如果没有银行信贷（通过对财政贷款、对财政透支或持有国债等途径）支出的支持，财政政策的扩张或收缩只会引起企业和个人支出的同量而反方向的变化，不会形成总需求规模的扩张。与财政支出和企业支出不同，银行信贷支出对社会总需求规模具有决定性影响。这是因为，银行信贷资金来源和使用方式有其特殊性。银行信贷资金主要来源于各类存款和中央银行通过印刷机创造的新增货币。各类存款和新增货币量之和即信贷支出与实物经济之间的比例关系，并不像财政或企业收入支出那样明确或预先被规定，信贷支出具有派生存款和投放货币的自我扩张能力。因此，中央银行如果对信贷支出的调控放松，那么，社会新增货币购买力就会超过产值增长速度，总需求就会超过总供给。信贷支出对社会总需求的闸门作用说明，当国债发行规模与社会货币供应量有关联性时，应当以货币政策的信贷支出规模为首要参照指标，并以此来框定国债每年发行规模的上限。

其次，财政政策与货币政策在调控总供给的能力方面发生了根本变化。改革开放以来，经济建设的资金来源主渠道已逐渐转向了银行系统。银行信贷规模决定了社会投资规模和企业流动资金状况（参见表1）。

表1　　　　　　　1991—1994年社会投资规模和企业流动资金　　　单位：亿元

年份	1991	1992	1993	1994
财政支出投向经济建设的资金	1608.60	1821.72	2143.69	2495.06
银行对经济建设的贷款规模	18043.95	21615.53	26461.14	31602.9

最后，流动资金是决定总供给的主要因素。企业再生产必须配有相应的流动资金，否则企业无法正常运转。1983年之前，企业流动资金由财政投资、银行筹资及企业自有三渠道共同解决。此后，财政渠道逐年减少，最终停止了对原有企业流动资金的供给。企业自有流动资金由于物价上涨、留成比例过低、生产规模扩大等原因而逐年减少。于是，国有工商企业所需流动资金的80%来源于银行贷款。由上可见，由货币政策决定的银行信贷规模已经成为宏观经济运行的关键性调节因素。

支付系统发展对公开市场操作效果的影响[①]

摘要： 支付系统的发展将加快公开市场操作中人民币资金清算和债券交割的速度，实现券款对付（DVP），有利于防范清算风险。支付系统发展也将使货币乘数变大，导致通过公开市场操作投放（或回笼）同样的基础货币对货币供应量变动的影响更明显。研究发现，为达到相同的货币供应量目标，支付系统运行效率越高，公开市场操作投放（或回笼）的基础货币可越少。我国公开市场操作对货币供应量变化的影响存在时滞，公开市场操作当期并没有引起同期货币供应量显著变化。而支付系统运行效率不但对同期货币供应量变动有影响，而且对以后几期的货币供应量变动仍有影响。此外，实证证据还显著支持了我国人民币公开市场操作和外汇公开市场操作呈负相关关系，人民币公开市场操作主要用于冲销央行外汇占款增加的影响。

一、问题的提出

在多数发达国家，公开市场操作是中央银行吞吐基础货币，调节市场流动性的主要货币政策工具。中央银行通过公开市场操作与指定交易商进行有价证券和外汇交易，实现货币政策的调控目标。1999年以来，公开市场操作已成为中国人民银行货币政策日常操作的重要工具，对于调控货币供应量、调节商业银行流动性水平、引导货币市场利率走势发挥了积极的作用（中国人民银行，2005）。公开市场操作实质上是中央银行通过在公开市场买卖有关证券，导致商业银行准备金或者说基础货币发生相应变化，即公开市场操作是准备金和有关证券之间的互换。中央银行通过公开市场操作增加或减少基础货币供应量来调节银行体系内的准备金数量，进而达到控制银行体系的信用创造能力，

---

① 本文作者盛松成、方轶强，发表于《金融研究》，2009年第10期。

并最终控制货币供应量的目的。中央银行要顺利开展公开市场操作，除了具备一定的经济、金融条件外，还必须具备一定的技术条件。这里的技术条件主要指支持公开市场操作的交易系统和支付系统等金融基础设施（张红地；2001，2002）。

支付系统是支撑各种支付工具应用、实现资金清算并完成资金最终转移的通道。支付系统是金融市场和经济运行的核心基础设施，安全、高效的支付系统对于畅通货币政策传导，密切各金融市场有机联系，维护金融业稳定，提高资源配置效率都具有十分重要的意义。我国的跨行支付清算系统经历了从手工联行系统到电子联行系统，再到现代化支付系统①的跨越式发展（中国社会科学院金融研究所课题组，2007）。其中大额支付系统与中央银行货币政策的实施具有非常密切的关系，它对中央银行灵活、有效地实施货币政策具有重要作用。

支付系统不但直接提供公开市场操作的平台，而且其发展大大提高了资金清算效率。根据盛松成和方轶强（2008）的统计，2001 年（大额支付系统上线前）存款准备金的清算周转率为 22.57 次，而到 2006 年达到了 59.75 次。其资金清算效率变量是根据支付系统资金清算量与准备金余额相比得到，因此可以预计在不同的支付系统下，通过公开市场操作投放（或回笼）相同的基础货币，将导致显著不同的货币数量的扩张（或收缩）。如果忽略支付系统发展对公开市场操作效果的影响，就不能有效地实现公开市场操作目标。遗憾的是，现有文献并没有实证研究支付系统发展对公开市场操作效果的影响。本文试图对此作一尝试。

---

① 根据中国人民银行的相关宣传材料，中国现代化支付系统是中国人民银行按照我国支付清算需要，利用现代计算机技术和通信网络开发建设的，能够高效、安全处理各银行办理的异地、同城各种支付业务及其资金清算和货币市场交易资金清算的应用系统。它主要包括大额支付系统和小额批量支付系统两个业务应用系统以及清算账户管理系统和支付管理信息系统两个辅助支持系统。其中大额支付系统主要处理跨行同城和异地的金额在规定起点以上的大额贷记支付业务和紧急的小额贷记支付业务。大额支付系统采取逐笔发送支付指令，全额实时清算资金。大额支付系统可与系统参与者直接连接，从而实现了从发起行到接收行全过程的自动化处理，实行逐笔发送，实时清算，一笔支付业务不到1分钟即可到账。

二、关于公开市场操作效果的文献回顾

由于发达国家中央银行公开市场业务操作直接以货币市场利率为操作目标，其公开市场操作的原理、操作效果的评价标准和国内都有较大差异，因而本文主要回顾国内关于公开市场操作效果的文献。

我国中央银行公开市场操作选择商业银行超额储备作为主要的操作目标，将货币市场利率作为辅助的操作目标。原因是货币市场利率的变动对金融机构存、贷款利率并不能形成实质的影响[①]，利率传导货币政策操作的功能遭遇中间梗阻。戴根有（2003）对1998—2002年公开市场操作的实际宏观背景作了相应的细致分析，并指出目前我国公开市场操作依然是数量传导型，但同时也要注意货币市场利率传导，二者是相辅相成、相互联系的。秦陇一、周丽华与张红地（2002）对中国公开市场业务与货币政策传导机制及效应进行了分析，认为中国目前还是数量传导机制，但从国际趋势看，随着利率市场化的到来，利率传导机制才是公开市场业务的最终归属。但公开市场的超额储备操作目标和货币市场利率目标并不是完全割裂的，数量型公开市场业务操作可控制金融机构超额准备金的水平，但准备金水平会影响货币市场利率，结果商业银行流动性水平与货币市场利率客观上存在着一定的互动效应（戴根有，2003）。

中国的外汇市场实行有管理的浮动汇率制，它由银行柜台结售汇市场和银行间外汇市场两层市场体系组成。人民银行在银行间外汇市场进行外汇公开市场操作，吞吐基础货币。由于实行强制结售汇[②]，因此，外汇的流入和流出会刚性地传导到中央银行的外汇公开市场操作上，直接表现为基础货币的投放与回笼，导致商业银行超额储备的增加和减少（戴根有，2003）。最近几年，由于国际收支持续出现经常项目和资本项目的双顺差，国家外汇储备持续增加，结果是央行资产负债表上的净外汇资产的变动，就成为影响商业银行准备金的主要因素。在这种情况下，人民银行只有通过主动性较强的本币公开市场业务操作，去"对冲"被动性较强的外币公开市场操作的影响。余明（2009）通

---

① 在现阶段中国货币政策框架下，由于对金融机构的存、贷款利率仍然是存在管制的，因此货币市场利率虽然已经完全放开，但其实际运行空间却不可避免地仍然受到官定金融机构存、贷款利率的限制，更遑论去深度影响存、贷款利率了（戴根有，2003）。

② 2008年8月6日，国务院发布修订后的《中华人民共和国外汇管理条例》已经取消了企业经常项目外汇收入强制结汇的要求。

过对公开市场央行票据冲销操作政策传导路径的实证研究，发现央行票据月末余额、基础货币月末余额与广义、狭义货币供应量月末余额之间存在正向协整关系，而同业拆借利率与广义、狭义货币供应量月末余额之间存在负向协整关系。

谢多（2000）对中国公开市场近年来的实际操作条件以及操作效果进行了评述和分析，认为中国公开市场操作的效果在逐渐加强，但也存在着很多不如意之处。易纲（2003）认为中国央行通过公开市场操作，有效地对冲了市场多余的流动性，使金融运行保持稳定，市场利率趋于平稳，较好地实现了央行货币政策的目标和意图。而谢平等（2004）则认为中国目前的公开市场业务在货币政策当中的效应还不是很大。余建忠（2006）以2005年我国汇率体制改革启动前后央行公开市场操作对债券市场的影响进行实证分析，得出央行的公开市场操作对短期利率以及中期利率都有一定的解释作用，显示了良好的公开市场操作效果。张红地（2007）指出央行票据以基础货币数量为调控目标，传导速度过于缓慢，很难对货币供应量进行微调，无法迅速适应货币市场的变化，不能尽快反映商业银行的资金松紧状况。陈利平（2007）指出央行公开市场操作只有短期效应，在长期是无效的，票据发行越多，长期通货膨胀率就越高。杨晓军（2008）利用VAR模型实证检验了银行间债券市场利率与公开市场业务利率的互动关系，其研究发现公开市场业务利率对银行间债券市场利率的影响、冲击效应及解释力度远大于银行间债券市场利率对公开市场业务利率的影响、冲击效应及解释力度。银行间债券市场利率不是公开市场业务利率变化的Granger原因，只存在公开市场业务利率对银行间债券市场利率变化单向引导的Gargner因果关系。

三、支付系统发展对公开市场操作效果影响的理论分析[①]

中央银行在公开市场上不论是买进或卖出证券，都会使基础货币增加或减少等量的金额，而基础货币伴之以货币乘数的作用影响货币供应量。用公式表示上述关系如下：$\Delta M_B = -\Delta B$、$\Delta M = k \times \Delta M_B$，因此 $\Delta M = -k \times \Delta B$，其中 ΔM_B 指基础货币的变动、ΔB 指债券的变动、k 指货币乘数、ΔM 指货币供应量

---

① 支付系统发展对公开市场操作的效率和风险的影响主要参照中国人民银行支付结算管理办公室（2003）编写的中国现代化支付系统培训参阅材料。

变动（本文研究 M_1）。支付系统的发展无论对 $-\Delta B$ 还是 k 都有影响。对 $-\Delta B$ 的影响主要体现在公开市场操作的效率和风险控制方面；对 k 的影响主要体现在提高货币乘数的大小方面。

（一）支付系统发展对公开市场操作的效率和风险的影响

在我国，公开市场操作业务是依托中央国债登记结算公司操作运行的中国人民银行公开市场业务交易系统来实现的。中国人民银行通过该系统向一级交易商招标进行债券回购和现券买卖，其已成为中央银行吞吐基础货币的主要渠道。

在大额支付系统建成前，公开市场操作的基本做法是：每次公开市场业务招投标结束后，该系统根据中标书自动生成以央行为一方，中标交易商为另一方的结算指令，经过双方确认后通过中央债券簿记系统办理债券结算过户。资金清算方式是：交易表现为货币回笼，由中标交易商（付款方）主动发起支付指令，通过中国人民银行电子联行系统汇划给中国人民银行营业管理部；交易表现为货币投放，由中国人民银行货币政策司向总行营业管理部办理资金清算或通过电子联行汇划给中标交易商（收款方）。该系统存在的主要问题是：债券过户和资金清算不同步，资金到账时间慢。

大额支付系统的建成能更加有效地支持公开市场操作业务。其做法是：中国人民银行公开市场操作业务系统通过中央债券簿记系统的一个物理接口与支付系统国家处理中心直连，由其向支付系统发起第三方支付指令，由国家处理中心办理即时转账，完成公开市场业务的资金清算，并通过中央债券簿记系统同步完成债券过户。这种做法便于对交易的监督管理，有利于防范清算风险，加快人民币资金清算和债券交割的速度。且大额支付系统的建成，加快了货币资金转移的速度，因此，一旦公开市场业务的收益率变动，货币资金会迅速地发生转移，公开市场业务的作用时滞被大大地缩短，对货币供给的调节更为迅速。

（二）支付系统发展对货币乘数的影响

狭义货币乘数的计算公式为：$k = (R_c + 1)/(R_d + R_e + R_c)$，其中 R_d、R_c、R_e 分别代表法定准备率、现金在活期存款中的比率和超额准备率。其中法定存款准备金率由货币当局决定，属于外生变量。支付系统的发展对现金在活期存款中的比率 R_c 和超额准备金率 R_e 均会产生影响。

1. 支付系统发展对现金在存款中比率的影响

随着各类支付系统相继建成运行，以及非现金支付工具（特别是银行卡）推广力度的不断加大，非现金支付业务相对于现金支付的发展更为迅速。由于直接估计某一期间现金交易量和交易额较为困难，一般可用现金持有额 M_0 相对于货币供应量 M_1 或现金持有额 M_0 相对于国内生产总值 GDP 的比值来反映现金支付和非现金支付的对比情况（Hancock 和 Humphrey，1998）。本文用 M_0 对 M_1 的占比衡量非现金支付工具的推广程度，从表 1 可发现我国各年现金支付占比呈递减趋势，M_0 对 M_1 的占比从 1991 年的 0.368 下降至 2008 年的 0.206。总之，随着支付系统发展，M_0 对 M_1 的占比呈递减趋势，这也意味着现金 M_0 在活期存款（$M_1 - M_0$）中的比率 R_c 也呈递减趋势，导致货币乘数 k 呈上升趋势。

表 1   我国各年 M_0 对 M_1 的占比统计

年份	1991	1992	1993	1994	1995	1996	1997	1998	1999
占比	0.368	0.370	0.360	0.355	0.329	0.295	0.292	0.288	0.294
年份	2000	2001	2002	2003	2004	2005	2006	2007	2008
占比	0.276	0.262	0.244	0.235	0.224	0.224	0.215	0.199	0.206

资料来源：Wind 资讯。

2. 支付系统发展对超额准备金率的影响

支付系统的发展减少了资金汇划的在途时间，提高了资金清算效率。从手工联行到电子联行，再到大额支付系统，资金平均在途时间从 3 天缩减到 1.5 天，再缩减到 0 天（盛松成和方轶强，2008）。大额支付系统建成后，每一工作日发生的支付当天即可完成清算和结算，而手工或电子联行时期平均有 3 天或 1.5 天的在途时间。Oliver（1971）、Frenkel 和 Jovanovic（1980）、Miller 和 Orr（1996）考虑了商业银行净支出具有随机不确定性，他们认为商业银行持有超额准备金的原因主要是预防支出的不确定性。在预防动机的假设下，如果客户提取存款的规模、时间具有较大的不确定性，那么商业银行应持有较高的超额准备金。由于支付系统的发展，支付过程中产生在途资金的可能性大大降低，商业银行预测日终在央行存款余额的能力逐渐增加，这有利于减少商业银行对超额准备金的需求。方轶强（2008）的研究发现支付系统的发展导致商业银行超额准备金率方差波动变小。此外，现代支付系统也为商业银行应对流动性风险提供了多种手段，如提供日间透支限额、自动质押融资机制等，这也有利于减少商业银行因预防动机而持有的超额准备金。方轶强（2008）从超额准备金需求的存货模型入手（属于超额准备金的交易需求），认为支付系统的发展除减少资金汇划时间成本外，也将减少投资工具转换为超额准备金的交易成本，而且支付系统发展改善了清算账户的摆放模式，这些都有利于减少超额准备金需求。此外，根据超额准备金需求的资产组合理论，人们对超额准备金的需求受包括金融资产和实物资产在内的各种资产相对收益率及造成这些相对收益率波动的各种资产的供需状况和各种资产的相对风险的影响。由于超额准备金存款的利率较低，随着支付系统的发展，商业银行可将部分超额准备金转换到收益率更高的其他货币资产上，这样操作的收益将超过准备金可能不足的风险。这也导致商业银行降低对超额准备金的需求。总之，无论从超额准备金的交易需求、预防需求还是资产组合理论分析，支付系统的发展都将降低超额准备率 R_e，提高货币乘数 k。

因此支付系统的发展将加快公开市场操作中人民币资金清算和债券交割的速度，实现券款对付（DVP）有利于防范清算风险。支付系统发展也将使货币乘数变大，导致通过公开市场操作投放同样的基础货币对货币供应量变动的影响更明显。为达到相同的货币供应量目标，支付系统运行效率越高，公开市场操作投放（或回笼）的基础货币可越少。[①] 支付系统运行效率越高，为增加目标货币供应量，公开市场操作投放基础货币越小，此时，支付系统运行效率和公开市场投放基础货币呈负相关；但是支付系统运行效率越高，为减少目标货币供应量，公开市场操作回笼基础货币越小（因其值为负，所以数值较大），支付系统运行效率和公开市场回笼货币呈正相关。所以支付系统运行效率和公开市场操作之间的关系并非是简单的线性关系，其相关性的方向随投放还是回笼基础货币而定。但从图 1 可知，我国的货币供应量 M_1 随时间逐步增加，即我国公开市场操作以投放基础货币为主，所以我国支付系统运行效率和公开市场操作总体应呈负相关关系。而且需强调的是，这里的公开市场操作包括人民币公开市场操作和外汇公开市场操作，其货币投放量是两者的合计。

---

① 下文中基础货币投放用正数表示，回笼用负数表示。

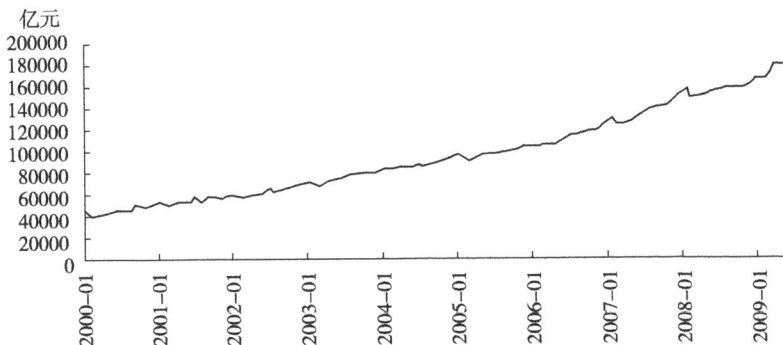

图1　我国货币供应量（M_1）时间趋势图

（资料来源：中国人民银行）

四、公开市场操作、支付系统运行效率对同期货币供应量变动的影响

为考察公开市场操作①支付系统运行效率和同期货币量变动在长期是否存在某种均衡关系，下文尝试对其进行协整检验。用支付系统（含电子联行、大额支付系统和小额支付系统）月资金清算量与同期存款准备金余额的比值衡量支付系统资金清算效率（记为变量 RATIO）。变量 OMO 为我国月度人民币公开市场操作净货币投放量。我国人民币公开市场操作货币投放渠道主要包括：（1）票据到期；（2）正回购到期；（3）逆回购；（4）买入债券。货币回笼的渠道主要包括：（1）票据发行；（2）正回购；（3）逆回购到期；（4）卖出债券等。各年人民币公开市场操作业务量统计见表2。前文已论述我国公开市场操作的主要目标是调控货币供应量，本文主要考察 M_1 与公开市场操作 OMO 之间的关系。当期 M_1 的变化记为 ΔM_{1t}。公开市场操作目标还应考虑货币市场利率因素，因此引入同业拆借市场月平均七天利率 RATE。此外，货币政策操作还应考虑通货膨胀等情况，引入反应价格水平的变量 PRIEC（当月消费与零售价格指数）。

---

① 下文中的公开市场操作若没有特别指出，则仅指人民币公开市场操作。

表2　　　　　　　　　　各年人民币公开市场操作业务量统计　　　　　　　单位：亿元

年份	投放量				回笼量				净投放量
	票据到期	正回购到期	逆回购	买入债券	票据发行	正回购	逆回购到期	卖出债券	
2000	—	1370	1480	—	—	1810	610	—	430
2001	—	3080	2300	—	—	2550	3230	—	−400
2002	—	800	660	400	—	2480	160	120	−900
2003	3750	3820	1700	—	7638.2	2140	2200	—	−2708.2
2004	9106.6	3180	400	—	14960.5	3230	400	—	−5903.9
2005	17162.1	4500	380	—	27662	7380	380	—	−13380
2006	26482	22230	1183	—	36522.7	19900	1183	—	−7710.7
2007	36102.7	6995	900	—	40571	11555	900	—	−9028.3
2008	31326	35790	—	—	42960	33250	—	—	−9094
合计	123929.4	81765	9003	400	170314.4	84295	9063	120	−48695

资料来源：Wind 资讯。

（一）变量的平稳性检验

在对变量进行协整检验前应进行单位根检验。表3给出了货币量变动 ΔM_{1_t}、货币市场利率变动 $\Delta RATE_t$、通货膨胀水平 $PRICE_t$、资金清算效率 $RATIO_t$ 和公开市场操作 OMO_t 等相关变量及其一阶差分值的增广迪基—福勒（ADF）检验结果。其中变量的最优滞后长度根据施瓦兹准测（Schwartz criteria）由 E-views 5.0 软件自动生成。检验结果显示，除公开市场操作变量 OMO_t 为平稳序列外，其他变量都可以看做5%显著性水平下的一阶单整序列，即 I（1）序列。若除变量 OMO_t 外的各 I（1）序列存在协整关系，那么 OMO_t 和这些序列之间也存在着协整关系。

（二）协整向量个数的估计

建立如下自回归（VAR）模型描述上述5维时间序列变 $y_t = (y_{1t}, y_{2t}, y_{3t}, \cdots, y_{5t})'$ 的动态关系（其中 $y_{1t}, y_{2t}, y_{3t}, \cdots, y_{5t}$ 依次取 ΔM_{1_t}、$\Delta RATE_t$、$PRICE_t$、$RATIO_t$、OMO_t 等变量）。

$$y_t = A_0 + A_1 y_{t-1} + A_2 y_{t-2} + \cdots + A_p y_{t-p} + u_t$$

表3 各变量的平稳性检验

变量	检验类型	ADF 统计量	临界值（5%）	$D.W.$ 值
ΔM_1	($ct11$)	−0.916	−3.471	2.173
$\Delta^2 M_1$	($ct11$)	−7.303	−3.471	2.219
$\Delta RATE$	($ct9$)	−2.034	−3.473	2.098
$\Delta^2 RATE$	($ct9$)	−5.429	−3.473	1.959
PRICE	($ct1$)	−1.362	−3.466	1.695
$\Delta PRICE$	($ct1$)	−7.894	−3.466	1.925
RATIO	($ct1$)	0.362	−3.466	1.847
$\Delta RATIO$	($ct1$)	−11.642	−3.466	1.832
OMO	($ct1$)	−11.777	−3.465	2.042
ΔOMO	($ct1$)	−12.931	−3.465	2.341
FOMO	($ct1$)	−7.595	−3.463	2.041
$\Delta FOMO$	($ct1$)	−15.852	−3.463	2.059

注：表中的 Δ 表示对变量的一阶差分。样本计算期从 2002 年 9 月至 2007 年 12 月（月度数据）。

资料来源：Wind 资讯。

其中，A_0 为截距项向量，A_i 为 5×5 的系数矩阵（$i > 0$），u_t 为误差项。为了考察协整关系，将 y_{t-1} 从上式两边同时减去。重新整理，可以得到向量误差修正模型（VECM）：

$$\Delta y_t = A_0 + \Pi y_{t-1} + \Gamma_1 \Delta y_{t-1} + \cdots + \Gamma_p \Delta y_{t-p+1} + u_t$$

其中，$\Pi = -(I_k - A_1 - \cdots - A_p)$，$\Gamma_i = \sum_{j=i+1}^{p} A_j$。若 Π 的秩为 r，则表示变量间共有 r 个协整向量，此时 Π 也恰有 r 个特征根异于 0。在确定协整向量个数之前，首先须确定变量的滞后期数。根据 Enders（2004）的建议，应以样本量的 1/3 次方为最大滞后期入手，本文即以 4 作为最大滞后期。然后依据 AIC 指标选择最优滞后期，确定的最优滞后长度为 4 期。协整向量个数的检验方法包括迹统计量和最大特征值统计量等。Enders（2004）指出迹统计量和最大特征值统计量可能存在相互冲突，而最大特征值统计量具有比较苛刻的备择假设，常常用来阻止协整向量数目的增加，本文采用最大特征值统计量方法。协整方程的形式可以分为：（1）VAR 模型没有确定趋势，协整方程没有截距；（2）VAR 模型没有确定趋势，协整方程有截距；（3）VAR 模型有确定趋势，协整方程只有截距；（4）VAR 模型和协整方程都有线性趋势；（5）VAR 模型有二次趋势，但协整方程仅有线性趋势。其中前三种情况比较常见。本文对各种情形均进行了计量检验，前三种情形的统计结果类似，而且较符合经济理论。为节省篇幅本文中只列示第二种情形下的统计结果。

表 4 列示了滞后期为 4 期，模型形式为第二种情形的协整向量个数的 Johansen 检验结论。从表 4 可发现，支付系统运行效率、公开市场操作、同期货币量变动等在 5% 的显著性水平下存在一个协整关系（表 4 中的情形一）。

表4　　　　　　　　　协整向量个数的最大特征根检验

协整方程个数	情形一		情形二		情形三	
	特征值	p 值	特征值	p 值	特征值	p 值
最多 0 个	0.504	0.000	0.457	0.001	0.507	0.000
最多 1 个	0.250	0.193	0.293	0.078	0.293	0.077
最多 2 个	0.217	0.101	0.181	0.328 *	0.155	0.546
最多 3 个	0.173	0.056	0.142	0.189	0.129	0.267
最多 4 个	0.054	0.335	0.024	0.792	0.022	0.828

注：1. 情形一指同期货币供应量变动（ΔM_{1t}）和其他变量之间的协整关系检验；情形二指下一期的货币供应量变动（ΔM_{1t+1}）和其他变量之间的协整关系检验；情形三指下二期的货币供应量变动（ΔM_{1t+2}）和其他变量之间的协整关系检验。

2. 样本计算期从 2002 年 9 月至 2007 年 12 月（月度数据）。

资料来源：Wind 资讯。

（三）协整关系的估计

协整向量系数经过标准化后的 Johansen 检验结果列示在表 5 中（表 5 中的情形一）。从表 5 可知货币数量变动和支付系统运行效率等变量存在如下的协整关系：

$$\Delta M_{1t} = 3227 + 2565\Delta RATE_t + 50PRICE_t + 270RATIO_t + 0.254OMO_t + \varepsilon_t$$

表5　　　　标准化后协整向量系数估计——Johansen 检验（一）

情形一				
ΔM_t	$\Delta RATE_t$	$PRICE_t$	$RATIO_t$	OMO_t
1.000	−2564.584 (1593.920) [−1.609]	−49.855 (45.222) [−1.102]	−270.247 (69.420) [−3.893]	−0.254 (0.196) [−1.297]
11.300	2.358	1.560	6.853	1.848
0.001	0.125	0.212	0.009	0.174

续表

情形二				
ΔM_{t+1}	$\Delta RATE_t$	$PRICE_t$	$RATIO_t$	OMO_t
1.000	−2169.011 (1156.330) [−1.876]	−12.431 (37.177) [−0.334]	−300.943 (56.355) [−5.340]	−0.258 (0.146) [−1.763]
19.170	1.800	0.135	11.031	2.102
0.000	0.180	0.713	0.001	0.147
情形三				
ΔM_{t+2}	$\Delta RATE_t$	$PRICE_t$	$RATIO_t$	OMO_t
1.000	2173.472 (1137.290) [1.911]	−25.098 (36.745) [−0.683]	−337.640 (55.398) [−6.095]	−0.476 (0.146) [−3.270]
26.850	2.262	0.589	18.077	8.732
0.000	0.133	0.443	0.000	0.003

注：1. 每一变量名称下依次为该变量在协整关系中的系数估计、系数标准差、t 统计值、系数是否显著异于 0 的卡方检验值和系数是否显著异于 0 的卡方检验 p 值。

2. 情形一指同期货币供应量变动（ΔM_{1t}）和其他变量之间的协整关系检验；情形二指下一期的货币供应量变动（ΔM_{1t+1}）和其他变量之间的协整关系检验；情形三指下二期的货币供应量变动（ΔM_{1t+2}）和其他变量之间的协整关系检验。

3. 样本计算期从 2002 年 9 月至 2007 年 12 月（月度数据）。

资料来源：Wind 资讯。

从统计结果来看，可发现如下结论：（1）同期的公开市场操作与同期货币数量变动之间存在正相关关系，但是公开市场操作变量的系数并没有通过显著性测试，其 t 值仅为 1.297，协整向量系数是否显著异于 0 的卡方检验的 p 值也仅为 0.174。原因是我国公开市场操作存在时滞，当期公开市场操作并不能导致当期货币数量发生显著变化。（2）货币数量的变动和支付系统运行效率之间存在正相关关系，其 t 值为 3.893，对协整向量系数是否显著异于 0 的卡方检验的 p 值为 0.009，通过了 1% 水平的显著性测试。统计结果表明，通过公开市场操作投放相同的基础货币（含外币公开市场操作），由于支付系统运行效率的不同，将导致不同的货币供应量，即支付系统的运行效率直接影响货币政策效果。（3）虽然货币量变动和物价水平、货币市场利率变动均存在正相关关系，但均未通过显著性测试。总之，统计结果表明，支付系统运行效率对通过公开市场操作调控货币供应量的目标有直接影响，而我国公开市场操作传导速度缓慢并没有导致同期货币供应量发生显著变化。

五、公开市场操作、支付系统运行效率对后期货币供应量变动的影响

本节检验公开市场操作能否导致以后几期的货币供应量发生变化及支付系统运行效率对相应货币供应量的影响。当期公开市场操作投放（或收缩）的基础货币记为 OMO_t，当期 M_1 的变化记为 ΔM_{1t}，下一期 M_1 的变化记为 ΔM_{1t+1}，其他依此类推。以下分别检验 ΔM_{1t+1}、ΔM_{1t+2} 与其他当期变量之间的协整关系。

在对变量进行协整检验前应进行单位根检验，单位根检验的结果与表3相同。然后进行协整向量个数的估计。在确定协整向量个数之前，首先须确定变量的滞后期数。根据 Enders（2004）的建议，以样本量的 1/3 次方为最大滞后期入手，本文即以 4 作为最大滞后期。然后依据 AIC 准则，ΔM_{1t+1}、ΔM_{1t+2} 与其他变量之间协整关系检验的最优滞后长度均为 4 期。协整方程的形式仍选择形式二。协整向量个数的 Johansen 检验结论仍列示在表4中（表4的情形二、情形三）。从表4的统计结果可发现 ΔM_{1t+1}、ΔM_{1t+2} 与其他变量之间均存在一个协整向量（5%显著性水平）。协整向量系数的估计见表5（表5的情形二、情形三）。从表5可见 ΔM_{1t+1}、ΔM_{1t+2} 和支付系统运行效率等变量存在如下的协整关系：

$$\Delta M_{1t+1} = 1084 + 2169\Delta RATE_t + 12PRICE_t + 301RATIO_t + 0.258OMO_t + \varepsilon_t$$

$$\Delta M_{1t+2} = 2439 - 2173\Delta RATE_t + 25PRICE_t + 338RATIO_t + 0.476OMO_t + \varepsilon_t$$

对于 $t+1$ 和 $t+2$ 期货币供应量变化和其他变量之间协整关系的估计中，支付系统运行效率 $RATIO_t$ 始终显著。其在 ΔM_{1t+1} 的相关系数协整估计中，t 值为 5.340，对协整向量系数是否显著异于 0 的卡方检验的 p 值为 0.001，通过了 0.1% 水平的显著性测试。在 ΔM_{1t+2} 的相关系数协整估计中，t 值为 6.095，对协整向量系数是否显著异于 0 的卡方检验的 p 值为 0.000，通过了 0.1% 水平的显著性测试。这些均表明了支付系统运行效率对公开市场操作效果有较显著的影响。该统计结果表明，通过公开市场操作（包含外币公开市场操作）投放相同基础货币，由于支付系统运行效率的不同，不但对同期货币供应量波动有影响，而且对以后几期的货币供应量波动仍有影响。

在 ΔM_{1t+1} 的相关系数协整估计中，OMO_t 变量的 t 值为 1.763，对协整向量系数是否显著异于 0 的卡方检验的 p 值为 0.147，通过了 15% 水平的显著性

测试。在 ΔM_{1t+2} 的相关系数协整估计中，t 值为 3.270，对协整向量系数是否显著异于 0 的卡方检验的 p 值为 0.003，通过了 0.5% 水平的显著性测试。以上统计结果表明，我国公开市场操作对货币供应量变化的影响存在时滞，在当期并没有引起货币供应量显著变化，直到滞后了 2 期，货币供应量才发生显著变化。这意味着以基础货币数量为调控目标，通过公开市场操作调节，传导速度过于缓慢，较难对货币供应量进行微调，无法迅速适应货币市场的变化，不能尽快反映商业银行的资金松紧状况。

六、货币供应量变动、支付系统运行效率对公开市场操作的影响

根据货币银行学的理论，公开市场操作是引起货币供应量变动的原因，那么反过来货币供应量的变化是否会影响公开市场操作呢？即我国的公开市场操作是否存在被动性及支付系统运行效率对公开市场操作存在何种影响。

（一）人民币公开市场操作和外汇公开市场操作的关系

2003 年以来，中国经济逐渐走出了通货紧缩的阴影，通货膨胀的压力逐渐显现。与此同时，实体经济开始出现了投资过热的迹象，外贸顺差不断扩大，经常账户和资本账户的双顺差规模继续扩大。到 2006 年末，外汇储备即已超过 1 万亿美元（汪洋，2009）。在稳定人民币汇率的约束下，外汇储备的增加必然导致银行体系的流动性过剩。在这种条件下，我国银行公开市场操作的目的是收缩流动性。

图 2 描述了外币公开市场操作（以货币当局资产负债表中的国外资产——外汇储备计量）和人民币公开市场操作的时间趋势。图 2 表明外币公开市场操作和人民币公开市场操作的方向基本是相反的，外币公开市场操作以投放基础货币为主，而人民币公开市场操作以回笼基础货币为主。

对外币公开市场操作（变量 FOMO）进行单位根检验，结果如表 3 所示。从表 3 可知，外汇公开市场操作 FOMO 为平稳变量。而人民币公开市场操作 OMO 也为平稳变量。为考察人民币公开市场操作和外币公开市场操作的相互关系，首先直接对人民币公开市场操作和外汇公开市场操作进行普通最小二乘估计，其结果见表 6 中模型一部分。对模型一的残差进行分析，发现其存在序列相关、残差平方也相关及不服从正态分布等问题[1]。因此依次建立模型二、

---

[1] 由于篇幅限制，此处略去残差序列相关、平方相关检验结果，下同。

模型三。模型三为下式:

$$OMO_t = c_1 + c_2 FOMO_t + \varepsilon_t,$$

其中, $\varepsilon_t \sim N(0, \sigma_t^2)$; $\sigma_t^2 = \alpha + \beta \varepsilon_{t-1}^2 + \gamma \sigma_{t-1}^2$ 。

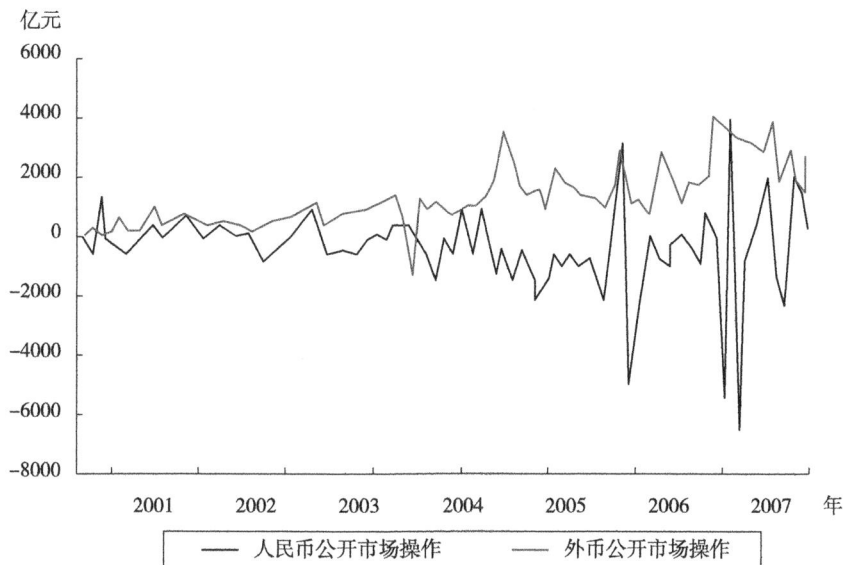

图 2　人民币和外币公开市场操作时间趋势图

(资料来源: Wind 资讯)

表 6　　人民币公开市场操作和外币公开市场操作的相关性统计

变量	模型一		模型二		模型三	
	系数	p 值	系数	p 值	系数	p 值
C_1	− 220. 023	0. 328	55. 437	0. 579	55. 533	0. 598
C_2	− 0. 185	0. 195	− 0. 469	0. 000	− 0. 371	0. 000
α	—	—	275685. 5	0. 006	129779	0. 017
β	—	—	1. 524	0. 000	1. 249	0. 005
γ	—	—	—	—	0. 154	0. 146
$Adj - R^2$	0. 008	—	− 0. 066	—	− 0. 051	—
AIC 值	17. 354	—	16. 703	—	16. 587	—
JB 值	138. 899	0. 000	6. 619	0. 037	1. 305	0. 521

注: 样本计算期从 2002 年 9 月至 2007 年 12 月 (月度数据)。

资料来源: Wind 资讯。

而模型二与模型三的区别即 γ 是否取值为 0。对模型二、模型三的残差序列进行分析，发现：（1）各阶序列相关的 Q 统计量都不能拒绝不存在序列相关的原假设；（2）残差平方相关性的 Q^2 统计量也不能拒绝残差平方不相关的原假设。但对残差分布是否属于正态分布的 JB 检验，模型二拒绝了残差是正态分布的原假设，而模型三未能拒绝。最后选定模型三为标准模型。从模型三的统计结果可以看出，人民币公开市场操作和外汇公开市场操作显著负相关，两者的相关系数通过了 0.001 水平的显著性测试。该统计结果显著地支持了人民币公开市场操作被动适应外生变量"央行国外资产——外汇储备"变动的窘境。我国人民币公开市场业务呈现出一种视外汇占款结果而定的特征，人民币公开市场业务以被动型对冲外汇占款操作为主。

（二）支付系统运行效率对人民币公开市场操作的影响

前文已估计了人民币公开市场操作和当期、后一期、后二期货币供应量变化的协整关系，发现公开市场操作存在时滞。本节研究考虑在存在外币公开市场操作的情况下，支付系统运行效率对人民币公开市场操作的影响。在对变量进行协整检验前应进行单位根检验，单位根检验的结果与表 3 相同。然后进行协整向量个数的估计。在确定协整向量个数之前，仍须确定变量的滞后期数，依据 AIC 指标选择最优滞后长度仍为 4 期。协整方程的形式仍选择形式二。协整向量个数的 Johansen 检验结论列示在表 7 中。从表 7 的统计结果可发现，OMO_t 与其他变量之间存在一个协整向量（5% 显著性水平）。OMO_t 和支付系统运行效率等变量存在如下的协整关系：

$$OMO_t = 14781 - 1.539FOMO_t - 11791\Delta RATE_t + 115PRICE_t + 556RATIO_t + \varepsilon_t$$

表 7　　　　标准化后协整向量系数估计——Johansen 检验（二）

协整方程个数检验				
协整方程个数	迹检验		最大特征值检验	
	特征值	p 值	特征值	p 值
最多 0 个	0.433	0.001	0.433	0.001
最多 1 个	0.231	0.090	0.231	0.303
最多 2 个	0.163	0.179	0.163	0.410
最多 3 个	0.101	0.229	0.101	0.463
最多 4 个	0.073	0.174	0.073	0.174

协整方程系数估计				
OMO_t	$FOMO_t$	$\Delta RATE_t$	$PRICE_t$	$RATIO_t$
—	1. 539	11791. 49	− 114. 799	− 555. 808
	(0. 524)	(4055. 74)	(142. 080)	(288. 488)
	[2. 936]	[2. 907]	[− 0. 808]	[− 1. 927]
3. 789	6. 270	8. 625	0. 814	4. 280
0. 052	0. 012	0. 003	0. 367	0. 039

注：1. 协整方程系数估计每一变量名称下依次为该变量在协整关系中的系数估计、系数标准差、t统计值、系数是否显著异于0的卡方值和系数是否显著异于0的卡方检验p值。

2. 样本计算期从2002年9月至2007年12月（月度数据）。

资料来源：Wind资讯。

从表7中可见：（1）$FOMO_t$变量的t值为2.936，协整向量系数是否显著异于0的卡方检验的p值为0.012，通过了0.05水平的显著性测试。（2）$RATIO_t$变量的t值为1.927，协整向量系数是否显著异于0的卡方检验的p值为0.039，通过了0.05水平的显著性测试。该统计结果表明：（1）我国人民币公开市场操作与外币公开市场操作存在显著的负相关关系，即呈现出一种视外汇占款结果而操作的特征。（2）支付系统运行效率的提高可减少公开市场操作强度。由于 − 1.539$FOMO_t$总体为负数，支付系统运行效率越高，为达到相同的货币供应量目标，公开市场操作（OMO_t）回笼的基础货币越少。总之，随着支付系统的发展，为达到既定的货币量变化目标，公开市场投放或回笼的基础货币可变小。

七、研究结论

本文通过理论推导得出：（1）支付系统的发展将加快公开市场操作中人民币资金清算和债券交割的速度，实现券款对付（DVP），有利于防范清算风险；（2）支付系统发展将使货币乘数变大，导致公开市场操作投放同样的基础货币对货币供应量变动的影响更明显。在利用2002年9月到2007年12月的数据进行实证检验时发现：（1）我国公开市场操作对货币供应量变化的影响存在时滞，在当期并没有引起货币供应量显著变化，直到滞后了2期，货币供应量才发生显著变化。（2）支付系统运行效率对公开市场操作效果有较显著的影响。通过公开市场操作投放相同基础货币，由于支付系统运行效率的不同，不但对同期货币供应量波动有影响，而且对以后几期的货币供应量波动仍有影响。（3）我国人民币公开市场操作和外汇公开市场操作显著负相关，人民币公开市场操作被动冲销央行外汇占款增加的影响。（4）为达到相同的货币供应量变动目标，支付系统运行效率越高，公开市场操作可以回笼（或投放）越少的基础货币。

本文的研究发现，我国公开市场操作传导速度过于缓慢，当月的公开市场操作并不能对同期的货币供应量产生影响；另外支付系统效率越高将导致同样的基础货币投放量对货币供给产生越大的影响，但从另一个角度来说，这将增加通过公开市场操作对货币供应量进行微调的难度。这些问题均表明有必要研究我国公开市场操作直接以货币市场利率为操作目标的可行性及必要性。

参考文献

［1］陈利平．外部占优下公开市场操作的货币主义算法——兼论当前人民银行公开市场操作面临的困境和对策［J］．上海财经大学学报，2007（3）.

［2］戴根有．中国央行公开市场操作的实践和经验［J］．金融研究，2003（1）.

［3］方轶强．支付系统发展与超额准备金需求变动［J］．上海金融，2008（8）.

［4］公开市场业务概述，中国人民银行网站 http：//www.pbc.gov.cn/detail.asp？col＝470&ID＝187。

［5］秦陇一，周丽华，张红地．公开市场业务与货币政策传导机制及效应［J］．财贸经济，2002（3）.

［6］盛松成，方轶强．法定存款准备金率过高了吗？——基于支付系统发展的解释［Z］．2008.

［7］汪洋．中国货币政策工具研究［M］．北京：中国金融出版社，2009.

［8］谢多．公开市场业务实践与货币政策操作方式转变［J］．经济研究，2000（5）.

［9］谢平，刘斌．货币政策规则研究的新进展［J］．金融研究，2004（2）.

［10］于建忠．我国公开市场操作对市场行为有效性的研究［J］．财经研

究，2006（11）.

[11] 余明．我国央行票据冲销操作政策传导路径的实证研究［J］．金融研究，2009（2）.

[12] 杨小军．银行间债券市场与公开市场业务的利率关系——基于 VAR 模型的实证分析［J］．证券市场导报，2008（2）.

[13] 易纲．中国的货币化进程［M］．北京：商务印书馆，2003.

[14] 中国社会科学院金融研究所课题组．中国电子支付发展的现状与问题［EB/OL］．http://www.enet.com.cn/article/2007/0726/A20070726741906.shtml.

[15] 张红地．公开市场业务的技术支持系统研究［J］．上海投资，2001（5）.

[16] 张红地．中央银行公开市场操作［M］．北京：中国金融出版社，2002.

[17] 张红地．中国公开市场业务的操作目标——一个描述性分析［J］．广东金融学院学报，2007（7）.

[18] Diana Hancock，David B. Humphrey，1998，"Payment transactions，instruments，and systems：A survey"，*Journal of Banking & Finance*，21.

[19] Olivera，J. H. G.，1971，"The Square – Root Law of Precautionary Reserves"，*Journal of Political Economy*，79.

[20] Frenkel，J. A.．Jovanovic，B.，1980，"On Transactions and Precautionary Demand for Money"，*Quarterly Journal of Economics*，95.

[21] Miller，M. H. Orr，D. 1966，"A Model of the Demand for Money by Firms"，*Quarterly Journal of Economics*，80.

[22] Walter Enders，2004，"Applied Econometric Time Series，Second Edition"，John Wiley & Sons，Inc.

余额宝与存款准备金管理^①

近年来，随着大数据、云计算、移动互联等信息技术的快速发展，互联网与金融业的融合越来越深入。在金融业快速触网的同时，互联网企业也借助第三方支付、网络借贷、众筹融资、网络金融产品销售等业务迅速介入金融业，其规模和影响不断扩大。互联网金融产品一方面拓宽了居民投资渠道，提高了金融服务的灵活性、便利性；另一方面也给宏观金融管理和金融风险防范提出了新的课题。

对互联网金融，迄今大多数人的意见是，要允许创新，也要完善监管。互联网金融有多种存在形式，自然也涉及各类金融监管。余额宝类产品是互联网金融的主要品种之一，对金融运行的影响也最大。我们认为，对余额宝的监管涉及存款准备金管理。

一、余额宝本质上是货币市场基金

余额宝成立于 2013 年 6 月，截至 2014 年 2 月底，余额宝用户数已突破8000 万人，对应的天弘增利宝基金资产规模已突破5000 亿元，占全部货币市场基金资产规模的一半以上。天弘基金在 2012 年管理的资产还不到 100 亿元，借助余额宝，半年之内一跃成为中国管理资产规模最大的基金公司。余额宝快速扩张的同时，其他互联网企业和金融机构也纷纷开发类似产品，如腾讯财付通、百度百发、华夏银行的理财通、工商银行的现金宝等。在互联网的助推下，目前我国货币市场基金规模已突破 1 万亿元，约占银行业金融机构各项存款的1%，占银行理财产品的10%。

余额宝是支付宝网络技术有限公司（以下简称支付宝公司）和天弘基金管理有限公司（以下简称天弘基金）合作成立的货币市场基金直销平台，它

---

① 本文作者盛松成、张璇，发表于《金融时报》，2014 – 03 – 19。

是天弘基金管理的增利宝基金的唯一销售渠道。实名认证的支付宝用户可以把支付宝资金余额转入余额宝，快捷地购买天弘基金公司嵌入余额宝内的增利宝货币市场基金，从而获得较高的收益。同时，余额宝内的资产保持较高的流动性，客户能随时用于网上购物、转入支付宝或银行账户等，而不影响客户的购物活动。

余额宝的运营过程直接涉及三个主体：支付宝公司、天弘基金和客户。天弘基金是基金发行、管理和销售机构，它发行增利宝基金，并通过余额宝直销。客户是增利宝基金的购买者，将支付宝账户资金转入余额宝，视为自动购买基金份额；将余额宝资金转出至支付宝或直接消费，则视为对基金份额的赎回。余额宝对接客户和增利宝基金。根据《余额宝服务协议》，支付宝公司不对客户和基金之间的交易承担任何违约责任，只是通过余额宝为基金交易提供支付结算平台。增利宝基金除销售以外的托管、投资等其他环节的运作均与一般货币市场基金相同。可见，余额宝并没有创造新的投融资关系，并非新创造的金融产品，它本质上等同于天弘增利宝基金。

二、不受存款准备金管理是余额宝获取高收益的重要原因

余额宝在不到一年的时间内爆发式增长的主要原因有三。

一是高收益。截至 2014 年 2 月末，余额宝—增利宝基金 7 天年化收益率为 6.03%，超过银行活期存款利率的 15 倍，比上浮 10% 的 1 年期定期存款利率高 273 个基点。2013 年末，余额宝 7 天年化收益率一度高达 6.76%，2 月以来有所下降，但基本维持在 5.5% 以上，明显高于银行存款和大多数银行理财产品。

二是高流动性。增利宝基金是开放式货币市场基金，能够随时申购和赎回。余额宝这一平台强化了这种流动性，转出资金即为赎回基金，实时到达支付宝账户，可随时用于网上消费或转出至银行卡，并且没有利息损失，其流动性接近银行活期存款，高于绝大多数投资工具。

三是低门槛。客户通过余额宝购买增利宝基金单笔最低金额仅为 1 元人民币，是所需门槛最低的一只基金。相比之下，大多数证券投资基金的认购起点为 1000 元，银行理财产品的认购起点为 5 万元，资金信托产品的认购起点为 100 万元。余额宝使更多寻常百姓能够以"碎片化"的方式获得原来主要面向高端客户的理财服务。2 月末，逾七成余额宝用户持有金额在万元以下。

一般来说，金融产品的收益性和流动性是此消彼长的，为什么余额宝能在一定程度上兼顾二者呢？

余额宝—增利宝基金的一个突出特点是，所募集的客户资金绝大部分投向银行协议存款，2月末这一占比约为95%。根据我国目前的监管政策，这部分协议存款属于同业存款，不同于一般工商企业和个人在银行的存款，没有利率上限，也不受存款准备金管理。这部分协议存款的利率，由银行参照银行间市场利率与客户协商定价，通常远超过一般存款利率，并且多数签订了提前支取不罚息的保护条款。而对于一般单位或个人存款，不仅有不超过基准利率10%的利率上限，而且要缴存法定存款准备金，同时定期存款提前支取只能按活期存款计息。同业存款的这种优势在流动性紧张时期尤其明显。2013年末，我国银行间7天同业拆借利率一度高达8.84%，余额宝存放银行的协议存款利率也水涨船高。

银行能对余额宝存款支付较高利率的重要原因是，基金存放在银行的款项无须向央行缴存存款准备金。目前我国大型银行法定存款准备金率为20.5%，中小型银行法定存款准备金率也达到17%。如果要缴存准备金，即使没有利率上限，银行出于成本考虑，也难以对基金协议存款支付如此高的利率。毕竟6%左右的利率不仅远高于各期限存款利率，甚至高于部分贷款利率（6个月以内贷款基准利率仅为5.6%，1年期贷款基准利率为6%），如果还要满足提前支取不罚息的流动性需求，银行更加难以承受。假定余额宝—增利宝基金投资银行协议存款的款项须缴存20%的准备金，按照6%的该基金协议存款利率和我国统一的1.62%的法定存款准备金利率计算，拥有5000亿元资金规模的余额宝一年成本将增加约42亿元 [5000×95%×20%×（6%－1.62%）≈42]，收益率下降约1个百分点。

当然，互联网带来的便捷高效、支付宝广泛的客户基础等因素也有效降低了余额宝的运营成本，但不可否认，基金资产方投资的高收益和高流动性才是余额宝具有强大吸引力的主要原因。试想，如果占增利宝基金资产95%以上的银行协议存款仅按一般存款计息（活期存款利率最高仅为0.385%）或者提前支取要被罚息的话，余额宝在保证随时赎回的同时，还能支持5%以上的收益率吗？显然是不可能的，即使借助先进的互联网技术也只能是无米之炊。

可见，由于货币市场基金存放银行的款项与一般存款适用于不同的管理政策，余额宝—增利宝等货币市场基金才能占据高收益、低风险的投资渠道，才能在与银行存款的竞争中处于明显优势。

三、余额宝投资的银行存款应受存款准备金管理

自 20 世纪 70 年代起，美国就开始研究对货币市场基金进行准备金管理，国际金融危机后这一政策被再度提及，虽然目前还未付诸实施，但各国已普遍重视对货币市场基金的风险管理。从金融工具性质看，货币市场基金的流动性接近银行存款。在我国，余额宝类基金产品将绝大部分资金投向银行协议存款更使其具有存款特性。因此，货币市场基金也与存款一样面临流动性风险、涉及货币创造等问题。对货币市场基金实施准备金管理可以以其存放银行的款项为标的。这一管理主要有以下几方面政策效应。

一是应对大规模集中赎回带来的流动性风险。历史上各国建立存款准备金制度的最初目的就是应对大规模挤提带来的流动性风险，维护银行体系的稳定。虽然余额宝投资于流动性较高的货币市场产品，平均期限较短，而且建立了赎回行为预测等应对机制，风险相对较低，但不能完全排除大规模集中赎回的风险。目前余额宝存款与银行业金融机构各项存款之比约为 0.5%，如果爆发大规模集中赎回，对余额宝和银行流动性的影响都较大。

二是控制货币创造，提高货币政策有效性。存款准备金的另一个重要作用，也是现代各国存款准备金制度的重要功能，是控制银行的可贷资金规模从而控制货币创造，因而调整存款准备金率是许多国家货币政策的重要工具，我国就曾多次调整法定存款准备金率来调控货币供应量。余额宝募集资金的增加意味着受准备金管理的银行一般存款的减少；余额宝存入银行的资金不缴存款准备金，理论上这部分资金可以无限派生、可以无限创造货币供给，由此影响货币政策调控的有效性。

三是保证市场公平竞争，压缩监管套利空间。证券投资基金的理论基础是通过投资组合分散风险，在风险可控的基础上获取相对较高的投资回报。而由于不受存款准备金管理，余额宝无须考虑复杂的投资组合，而是将 95% 的资金投资于银行存款并享有无风险收益，以基金之名行存款之实。非存款类机构存入存款类机构的同业存款本质上就是存款，其合约性质与一般存款并无不同，理应按统一原则监管，同业存款也应像一般存款一样缴存法定存款准备金。

四是使基金资产更多投向直接融资工具，促进金融市场的完善和发展。货

币市场基金的本质是通过市场进行直接投融资。因此，在美国等发达国家，货币市场基金主要投资于短期债券。而在我国，余额宝等货币市场基金主要投资于银行存款，资金并未真正"脱媒"，这在一定程度上影响了金融市场的效率。如果存放银行需要缴存准备金，余额宝成本将增加，收益将下降，可能更多投向短期债券等直接融资工具，回归基金的本质，促进金融市场的完善和发展。

需要指出的是，我国存款准备金政策的实施及其作用与美国等发达国家有所不同。一是发达国家金融机构往往通过金融市场来解决流动性问题，准备金在应对流动性方面作用不大。而我国金融市场不够发达，央行通过存款准备金制度集中一部分资金仍是防范金融机构流动性风险的重要手段。二是在多数发达国家，货币供应量已不再作为货币政策中间目标，央行主要通过公开市场操作进行价格调控，如美联储一般情况下主要通过调控联邦基金利率来实施其货币政策。而广义货币 M_2 目前仍是我国货币政策的中间目标，法定存款准备金率仍是我国主要的货币政策工具之一，是我国调节货币供应量和社会流动性、保持物价基本稳定的重要手段。三是发达国家存款准备金率很低甚至为零，对金融机构影响不大，与准备金相关的监管套利空间也很小，货币市场基金主要投资于债券。例如欧洲央行法定存款准备金率仅为2%，美国的平均法定存款准备金率也较低。而我国法定存款准备金率目前高达20%左右，是否缴存准备金对金融机构的资金成本影响很大。

从事存、贷款业务的银行不同于一般的工商企业，前者的运行对经济社会的稳定与发展影响更大、更直接、范围更广，因此银行及其业务往往会受国家更严格和特殊的监管，银行为此需付出较高的监管成本，这也是银行作为特殊行业所须承担的社会义务，缴存低息甚至无息的存款准备金就是这种义务之一。

综上所述，在我国，余额宝等货币市场基金投资的银行存款应受存款准备金管理。此外，其他非存款类金融机构在银行的同业存款与货币市场基金的存款本质上相同，按统一监管的原则，也应参照货币市场基金实施存款准备金管理。

随着金融市场的发展，货币市场基金对银行存款的分流是一个自然的过程。20世纪70年代，美国货币市场基金总额与存款类金融机构存款总额之比仅为1%；到90年代末，这一比例已超过60%，至此货币市场基金已形成与银行分庭抗礼之势。我国货币市场基金虽然起步较晚，但近年来互联网与金融的结合加速了基金分流存款的过程。对包括余额宝在内的货币市场基金实施存款准备金管理，将缩小监管套利的空间，让金融市场的竞争环境更加公平合理，让货币政策的传导更加有效。

余额宝等互联网货币市场基金利用互联网便捷高效的技术特性和强大的渗透能力，推动了传统金融行业的市场化，有助于实现"普惠金融"的理念，但所有的金融业务都应遵循统一监管的原则，这样才能保证市场的公平竞争，防范和控制金融风险，实现整个金融体系的安全稳健和有效运行。

中国央行不会像美联储那样缩表[①]

关于美联储"缩表"的讨论引起了广泛的关注，甚至引发了市场对我国央行货币政策被动收紧的担忧。2017 年 6 月，美联储 FOMC 会议讨论了缩表事项，并指出资产负债表正常化将主要通过停止对到期证券的再投资来实现。美联储预计每月停止再投资的到期国债规模最初不超过 60 亿美元，并在其后的 12 个月内，将停止再投资的到期国债规模上限逐步提高，每 3 个月提高 60 亿美元，直至达到每月 300 亿美元的规模；每月缩减机构债和资产支持证券（MBS）的规模最初不超过 40 亿美元，其后 12 个月内，该规模上限每 3 个月增加 40 亿美元，直至达到每月 200 亿美元。

本文认为，人民银行不会像美联储那样缩表。美联储资产负债表的大规模扩张是国际金融危机时期非常规货币政策的产物，在货币政策回归正常化的进程中，美联储自然会面临缩表压力。中美央行货币创造的机制不同，从资产负债表结构看，人民银行资产以外汇占款为主，没有美联储那样庞大的证券资产需要处理，而且人民银行可以通过调整其他科目来对冲资本流出入对外汇占款的影响，因而我国央行没有缩表的需要。

"缩表"也不必然意味着货币政策收紧。央行资产负债表的结构是比较复杂的，三大货币政策对央行资产负债表的影响有所不同，所以不能仅就资产负债表数据的变化来简单判断货币政策。本文从货币创造的两大基础因素，即基础货币和货币乘数，以及货币政策对央行资产负债表影响的角度，讨论央行"缩表"的问题。对于希望系统地梳理货币的本质、货币创造的过程以及中央银行的作用，并对西方货币经济理论进行研究的读者可以参阅中国金融出版社出版的拙著《中央银行与货币供给》和《现代货币经济学》。

[①] 本文作者盛松成、龙玉，发表于《上海证券报》，2017 – 06 – 22。

一、货币供应量的决定因素

现代货币供给理论以 20 世纪 60 年代弗里德曼—施瓦兹（M. Friedman and A. J. Schwartz）和卡甘（Phillip Cagan）等的理论为代表，他们深入分析了决定货币供给的各种因素，尤其是研究了政府、银行和公众行为对货币供给的影响。归结看来，货币供应量决定于基础货币与一个乘数的乘积，即货币供应量（M）主要由两方面因素决定，一是基础货币（B），二是货币乘数（m），用公式表示就是 $M = mB$。

从央行资产负债表看，对整个社会流动性有影响的是基础货币。基础货币（base money），又称为高能货币（high-powered money）或货币基数（monetary base），这三个名词指的完全是同一个事物，但强调的侧重点有所不同。西方经济学家普遍使用"货币基数"，而我国经济学者普遍使用"基础货币"。

具体而言，基础货币由流通中的现金（M_0）、商业银行库存现金和商业银行在中央银行的存款准备金（包括法定存款准备金和超额存款准备金）构成。基础货币的概念很少有人做过全面、深入的分析和阐述。我根据自己多年的研究心得，把基础货币的本质和特征概括为以下四点，供读者参考。第一，它是货币当局的主动负债；第二，它能为货币当局所直接控制；第三，它的运用能创造出多倍于其自身量的存款货币；第四，它是商业银行及其他存款机构的负债产生的基础和货币供给的制约力量。除基础货币以外，央行还有其他形式的负债，如政府存款，但并不同时满足上述四个条件，所以中央银行的负债并不都是基础货币。因此，央行缩表不一定意味着基础货币减少，而央行扩表也不等同于基础货币增加。

货币乘数是影响货币供给的另一个重要因素。用 C、D 和 R 分别表示非银行公众所持有的通货、商业银行存款和商业银行存款准备金，货币乘数（m）可以写成：$m = [D/R (1 + D/C)] / (D/R + D/C)$。

从上述公式可以看出，货币乘数与 D/R（商业银行的存款与其准备金之比，即存款准备金率的倒数）以及 D/C（商业银行的存款与非银行公众持有的通货之比，即通货漏损率的倒数）有关。银行存款与其准备金之比首先决定于银行体系，存款与通货之比首先决定于公众。决定货币供应量的因素互相联系，并非独立地决定于不同的经济主体，而是同时受到其他经济主体的行为的影响。

换言之，货币乘数并非完全由央行所控制，它还取决于商业银行和公众的行为，因而"货币政策有效而有限"。从超额存款准备金的变化可以比较直观地理解这一点。例如，当法定准备金率下调时，如果商业银行仍然把存款准备金率下调所释放的法定准备金存放在中央银行，就形成了超额准备金，因而既不会对央行资产负债表的规模产生影响，也不会对货币供应量产生影响，只是法定准备金转化为超额准备金而已。

二、人民银行资产负债表的变化

人民银行资产负债表的资产端目前最主要的项目是以外汇为主的国外资产；负债端的主要构成项目包括储备货币（即基础货币）、政府存款、发行债券（即央行票据）等。从人民银行资产负债表构成项目的变化可以看出我国基础货币投放方式的演变。

20世纪80年代到90年代，再贷款及再贴现是人民银行投放基础货币的主要渠道。如表1所示，对其他存款性公司债权在央行总资产中的占比高达70%。21世纪以来，人民银行投放基础货币的主要渠道由再贴现和再贷款转变为外汇占款，在央行资产负债表中体现为外汇在总资产中的占比大幅上升。2002年外汇占款的规模首次超过再贴现和再贷款，2009年外汇资产与基础货币之比达到了121.8%的历史高点。

表1　　　　　　　　　1993年末人民银行资产负债表

资产项目	金额（亿元）	比重（%）	负债项目	金额（亿元）	比重（%）
国外资产	1549.5	11	储备货币	13147.0	96
外汇	1431.8	10	货币发行	6314.2	46
货币黄金	12.0	0	金融性公司存款	5541.1	41
其他国外资产	105.7	1	非金融机构存款	1291.7	9
对政府债券	1582.7	12	不计入储备货币的金融性公司存款	0.0	0
对其他存款性公司债权	9609.5	70	发行债券	0.0	0
对其他金融性公司债权	251.7	2	国外负债	0.0	0
对非金融性部门债权	682.3	5	政府存款	473.4	3
其他资产	0	0	自有资金	310.3	2
		0	其他负债	−255.0	−2
总资产	13675.7	100	总负债	13675.7	100

资料来源：1997年《中国金融年鉴》。

外汇占款扩张引起的基础货币投放具有被动性。由于外汇占款是商业银行向央行结汇形成的，人民银行资产负债表资产端的扩张导致了负债端中的其他存款性公司存款（即存款准备金）的增加，从而导致基础货币被动增加。在法定存款准备金率不变的情况下，这些新增的存款是以超额准备金的形式存放在央行的，商业银行可以随时动用这部分准备金向企业发放贷款、进行信用创造。因而，在外汇占款大幅增长阶段，人民银行通过对冲操作，向商业银行发行央行票据收回货币，以部分抵消外汇占款增长对基础货币的冲击。这在人民银行资产负债表上体现为负债方"发行债券"的增加。央行的负债结构发生了变化，存款准备金余额减少，而央行票据余额增加。尽管央行票据是央行的主动负债，但是它作为商业银行持有的一项资产，无法创造出多倍于其自身量的存款货币，因而不是基础货币。

而当外汇占款下降，又会出现基础货币被动收缩的反向过程。最近四年来，外汇占款增长速度显著放缓，外汇在人民银行总资产中的占比有所下降，但依然高达62.9%（见表2）。为保持货币供应的平稳增加，人民银行一方面通过降低准备金比率提高货币乘数，另一方面通过公开市场操作、抵押补充贷款（PSL）、中期借贷便利（MLF）、常备借贷便利（SLF）、公开市场短期流动性调节工具（SLO）等货币政策工具提供基础货币。截至2017年5月末，对其他存款性金融公司债权，也就是MLF等货币政策工具余额，占总资产的25.1%。从图1也可以看出外汇和对其他（存款性）金融公司债权之间此消彼长的关系。

表2　　　　　　　　　　2017年5月末人民银行资产负债表

资产项目	金额（亿元）	比重（%）	负债项目	金额（亿元）	比重（%）
国外资产	223431	65.24	储备货币	299585	87.47
外汇	215496	62.92	货币发行	73746	21.53
货币黄金	2542	0.74	其他存款性公司存款	225839	65.94
其他国外资产	5393	1.57	不计入储备货币的金融性公司存款	8772	2.56
对政府债权	15274	4.46	发行债券	500	0.15
对其他存款性公司债权	85834	25.06	国外负债	830	0.24
对其他金融性公司债权	6313	1.84	政府存款	30944	9.04
对非金融性部门债权	99	0.03	自有资金	220	0.06
其他资产	11534	3.37	其他负债	1635	0.48
总资产	342485	100.00	总负债	342485	100.00

资料来源：中国人民银行。

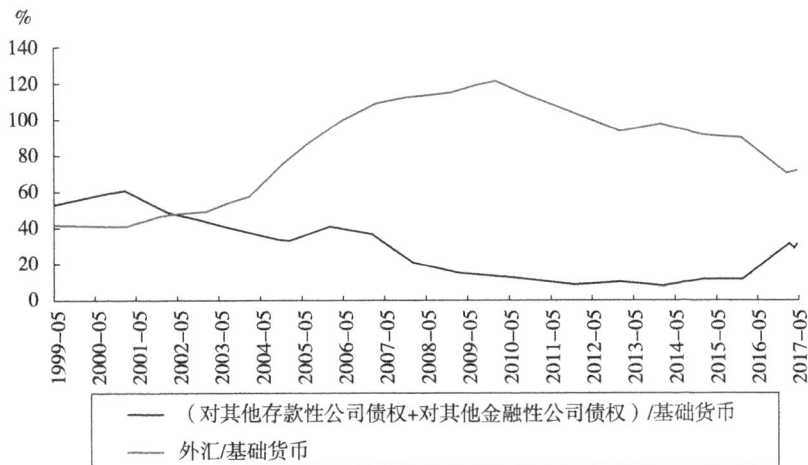

图1　基础货币投放方式的变化

三、央行"缩表"不等于紧缩

判断央行资产负债表变化对货币供应量的影响，要根据不同情况予以分析。不仅要关注央行资产负债的规模，而且要注意央行负债结构的变化。

在央行的货币政策工具中，公开市场操作和再贷款、再贴现政策会影响央行资产负债表的规模。以央行公开市场操作为例，通过央行与商业银行间的有价证券或外汇交易，资产端的扩张或收缩会引起总负债规模相应的变化。

然而，由于央行的负债不全都是基础货币，因而央行负债的变化并非都影响基础货币。例如政府存款是央行的被动负债，其变化会影响央行的负债规模，却不影响基础货币。

相比之下，有的货币政策工具即使不影响央行资产负债表规模，却可能引起央行负债结构的变化，从而影响基础货币或货币乘数。例如，央行票据发行不一定影响央行的负债规模，却可能导致基础货币的变化，商业银行用超额准备金购买央行票据就是一例。又如，在法定存款准备金率下调时，即时的央行资产负债总额并没有改变，基础货币的规模也没有发生变化，只是原来的一部分法定存款准备金转变为超额存款准备金。但这一结构性的变化可能导致货币乘数的变化。商业银行可以将更多的资金用来发放贷款或进行其他形式的投资，进而增加银行存款和货币供应量。

总的来说，央行的三大货币政策工具中，公开市场操作和再贷款、再贴现政策通过央行资产负债表的资产端的变化影响基础货币；存款准备金政策通过负债端的结构变化影响货币乘数，而不影响基础货币。央行票据的发行可能通过影响央行负债的结构影响基础货币。

值得一提的是，缩表并不意味着紧缩。2017 年 2 月和 3 月，人民银行资产规模分别缩减了 2798 亿元和 8116 亿元。同期，广义货币供应量的乘数由上年末的 5.02 倍，上升到 3 月末的 5.29 倍，因而目前货币供应量增长平稳。5 月末广义货币供应量增长 9.6%。第一季度人民银行资产规模的变化，主要与现金投放的季节性变化及财政存款大幅变动有关，不能单把第一季度的缩表视作货币政策取向的变化。如 2017 年 2—3 月，由于回笼春节前的货币投放，储备货币中的货币发行累计减少 2.1 万亿元；政府存款累计减少 5945 亿元，但政府存款变化并不影响基础货币。

扩表也不必然意味着货币政策放松。例如 4 月人民银行资产负债表是扩张的，总资产规模增加 3943 亿元，但储备货币却减少了 2932 亿元。

2017 年 5 月，我国央行总资产规模增加 1188 亿元，其中，对其他存款性公司债权（主要由央行逆回购、MLF、PSL 等工具形成）增加 1273 亿元，负债端的政府存款增加 2180 亿元、储备货币增加 121 亿元。

四、中美央行缩表的对比

中国的中央银行资产负债表和美国的中央银行资产负债表有很大的区别，人民银行不存在大量缩表的问题，当前我国还是稳健中性的货币政策。

第一，从基础货币的来源看，中美央行的资产负债结构很不相同。美联储缩表是缘于国际金融危机时期非常规货币政策而导致的资产负债表的大幅扩张，而中国并不存在这样的缩表压力。人民银行没有美联储那样庞大的证券资产需要处理，而外汇占款受资本流出入影响，可以通过调整其他科目予以对冲。

美联储以持有证券（包括国债、联邦机构债务证券和抵押支持证券等）为主，占比 95.1%。2007 年末至今，美联储从以持有国债为主（占比 86.4%），转变为持有国债、联邦机构债务证券和抵押支持证券为主（占比分别为 55.1%、0.2% 和 39.8%）。美联储购入的大量证券成为影响货币政策的唯一科目，因而也是美联储缩表的主要对象。2011 年 9 月至 2012 年底，美联储开展了约6670亿美元的扭曲操作。通过买入长期国债，推低长期利率，从而推低与长期利率挂钩的贷款利率，以鼓励投资者买入高风险资产，进而推动股票等资产价格上升、引导资金投向长期投资领域，以此促进经济增长。目前美国经济基本恢复，缩减资产负债表规模，是退出量化宽松措施的自然举措。加息配合缩表，将使美联储能以更加平衡的方式收紧市场流动性，也将能让美联储在未来经济下滑时有继续扩表的空间。

表3　　　　　　　　2017年6月14日美联储资产负债表

项目	金额（亿美元）	比重（%）	项目	金额（亿美元）	比重（%）
黄金	110	0.25	发行在外的联邦储备券	15086	33.70
特别提款权	52	0.12	逆回购协议	4061	9.07
硬币	18	0.04	存款	25124	56.13
证券、未摊销的证券溢折价和贴现、回购协议和贷款	44078	98.47	存款性机构定期存款	0	0
持有证券	42556	95.07	存款性机构其他存款	22312	49.85
美国国债	24649	55.07	财政存款	1639	3.66
联邦机构债务证券	81	0.18	外国存款	53	0.12
抵押支持证券	17826	39.82	其他存款	1120	2.50
证券溢价的未摊销部分	1670	3.73	待付现金项目	7	0.02
证券折价的未摊销部分	−148	−0.33	其他负债	76	0.17
回购协议	0	0	负债合计	44354	99.09
贷款	1	0	自有资本	308	0.69
Maiden Lane LLC的资产净额合计	17	0.04	盈余	100	0.22
TALF LLC的资产净额	0	0.00	其他资本项目	0	0
待收现金项目	1	0.00	资本合计	408	0.91
固定资产	22	0.05			0
中央银行货币互换	0	0			0
外汇资产	209	0.47			0
其他资产	255	0.57			0
资产合计	44763	100.00	负债及资本合计	44763	100.00

资料来源：Wind资讯。

第二，我国央行资产负债表的扩张程度近 10 年来远远小于美联储的扩表。国际金融危机期间，美联储通过量化宽松政策投放大量基础货币，资产负债表规模由 2007 年金融危机前的不到 9000 亿美元，扩张到 2014 年的 4.5 万亿美元，同时美联储资产负债表的资产结构发生巨大变化——创设临时性短期流动性工具、购入大量机构债和 MBS、增持长期国债并减持短期国债等。而同期我国央行资产负债表仅扩张不到 2 倍。并且，同期我国经济增速远远高于美国，所需要的货币增速自然也高于美国。

第三，美联储计划实施缩表，是为了使货币政策回归正常化，因为危机发生后，美国超额准备金大量增加，货币乘数大幅下降，较大程度上削弱了货币政策的有效性；而我国并不存在这一情况，事实上，我国货币乘数不断提高，并逐渐超过美国（见图 2）。2008 年美国超额准备金率由上年的 0.03% 提高到 12.06%，2013 年高达 26.09%。2008 年美国 M_2 乘数由上年的 8.93 倍下降至 4.92 倍，2013 年降至 2.98 倍。目前美国的超额准备金率仍较高，2017 年 4 月为 19.04%，而 2017 年第一季度末我国超额准备金率为 1.3%，货币乘数达到 5.3 倍。

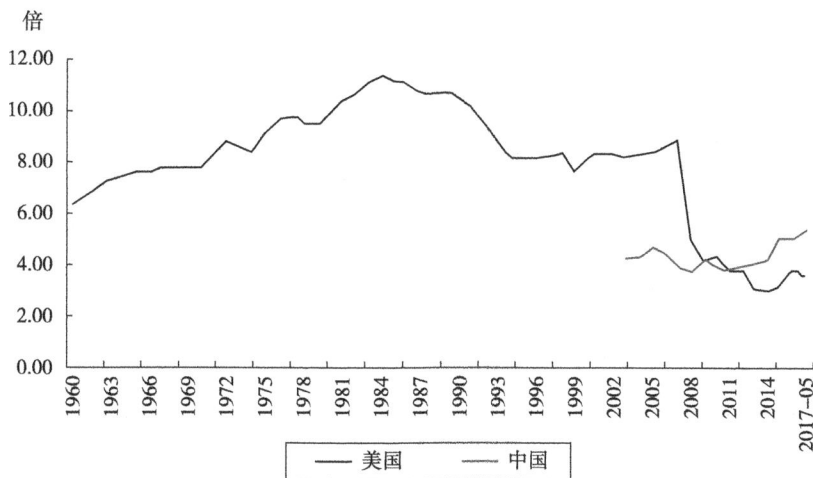

图 2   中美货币乘数对比

（资料来源：Wind 资讯）

第四，与美联储缩表不同，人民银行的缩表是被动的。首先，近年来我国央行资产负债表规模的收缩主要是由于外汇占款下降。2015 年，人民银行资产规模缩减明显，全年缩减 2.04 万亿元，同期基础货币缩减 1.77 万亿元，但在此期间，由于法定存款准备金率四次降低，我国货币乘数提高，广义货币供应量同比增长 13.3%。2016 年 3 月末，央行资产负债表也较当年 1 月末收缩了约 1.1 万亿元。这两次缩表都是在外汇占款下降的大背景下发生的。外汇占款收缩已经持续了较长时间。截至 2017 年 5 月末，外汇占款余额为 21.55 万亿元，环比减少 294 亿元，连续 19 个月下降。其次，季节性因素也会影响央行资产负债规模。例如每年春节前，民众持有的现金都会激增，从而导致银行流动性趋紧，央行往往需要向市场补充流动性，而在春节过后回笼货币，因而表现为先扩表、后缩表。最后，人民银行资产负债表在负债端的政府存款占比较高，且我国的政府存款波动较大，也是影响人民银行资产负债表规模变动的因素之一。

五、人民银行不会像美联储那样缩表

央行资产负债表规模的变化是政策工具组合共同作用的结果，缩表与紧缩并不是同一回事。总体而言，中美两国央行在货币创造机制上的不同、经济运行状况以及货币市场环境决定了我国央行不会像美联储那样缩表。

为使经济健康、平稳运行，出于挤泡沫、防风险的需要，今年以来货币政策总体维持着紧平衡。因为货币政策不仅要考虑稳增长，也需要考虑汇率变动、通货膨胀、股市、楼市等情况。事实上，市场利率的上行已经持续了一段时间，利率上升的空间已不大，流动性也不会再趋紧。6 月中旬美联储如期加息，人民银行依然维持公开市场操作利率不变，市场的反应也很平稳。同时，人民币汇率趋于稳定，跨境资金流动已回稳向好，外汇储备也已连续数月回升。这些都是稳健中性货币政策的积极效果。

央行直接购买股票的理由不成立[①]

　　近期，市场出现了中国人民银行可能考虑购买股票的传闻。我们认为，央行直接购买股票或者交易型开放式指数基金（ETF）的理由不成立。

　　根据《中国人民银行法》第四章第二十三条规定，中国人民银行可以在公开市场上买卖国债、其他政府债券和金融债券及外汇。理论上，《中国人民银行法》并没有明令禁止央行购买股票或股票ETF的行为。但是，从各个方面考虑，央行都没有必要直接购买股票。

　　第一，目前中国金融体系总体稳定，央行没有必要进入股票市场。全世界主要经济体中，仅日本央行有购买股票或股票ETF的先例，其目的无外乎两个：金融稳定、货币宽松。2017年10月，中共十九大报告提出的"三大攻坚战"中，有一项就是防范化解重大风险，尤其是金融风险。截至目前，我国金融体系总体稳定，股票市场经历了2018年的大幅下跌，已经进入底部区间，估值较低，股票市场总体上是健康的。2018年以来，国家也已经通过多个途径化解股权质押风险。因而央行没有必要参与购买股票。此外，平准基金已经可以有效应对股票市场波动风险，没必要另起炉灶。

　　第二，央行购买股票容易加大股价波动性，很可能扰乱市场定价功能。散户在我国股票市场的占比较高，容易追涨杀跌，加剧市场波动。央行直接参与购买股票，很可能扰乱市场的价格发现功能，如果出现跟风行为，反而会进一步加大股价的波动。若央行购买ETF，那么无论是指数型ETF还是板块型ETF，均没有很强的意义。有观点认为，央行进入股票市场，可以支持某些重点领域的发展。我们认为，行业发展更加依赖其他的货币政策工具、财政政策以及产业政策，而不是通过央行进入相应的股票市场。

　　第三，央行货币政策工具箱里储备工具较多，目前仍应该坚持稳健的货币

---

　　① 本文作者盛松成、沈新凤，发表于华尔街见闻，2019 - 01 - 09。

政策。我国目前实行的是稳健的货币政策，货币政策工具箱里的工具有很多，无论是数量型、价格型工具，或者总量型、结构型工具，比如存款准备金率、公开市场操作利率、定向中期借贷便利（TMLF）、中期借贷便利（MLF）、抵押补充贷款（PSL）等。通过央行购买股票来施行货币政策不现实，容易使得市场将股票涨跌和央行货币政策绑架起来，这是不理性的。2019年中央经济工作会议以及央行工作会议均提出货币政策保持稳健，而非大水漫灌。而央行直接在二级市场购买股票无异于"直升机撒钱"。考虑到由此而新增的货币供应首先是由二级市场的投资者获得，而不是直接进入实体经济，此举更加不符合我国当前的货币政策取向。实际上，2008年金融危机之后日本央行的货币宽松效果一直不理想，根源在于日本自身的经济结构问题，并非货币政策大水漫灌可以解决。

第四，央行进入股票市场，将出现监管难题，并且容易影响央行货币政策的独立性。居民和机构来投资股票，由交易所和中国证监会监管。同时，证监会也可以控制协调平准基金的运作。如果央行直接买股票，应该由谁来协调，由谁来监管？这些问题我们认为没有人回答得了。

第五，健康的股票市场决定于上市公司和证券市场制度改革。上市公司要有好的经营意识，真正努力做成好公司，做成"百年老店"，做成具备国际竞争力的大企业。资本市场改革任重道远，如何从上市、交易、退市等多个方面深化改革，构建健康的资本市场，才是我们应该考虑的问题。

专访：
以券换券不直接增加基础货币，不是 QE[①]

近期，各界对央行票据互换（CBS）工具是否为"中国版 QE"的讨论不断。原人民银行调查统计司司长盛松成在接受第一财经独家专访时表示，这扭曲了 QE 的定义，中国的"以券换券"旨在支持银行顺利发行永续债，央行并不直接增加基础货币的供应，且央行最终也不承担永续债的信用风险。

2019 年 1 月 24 日晚间，中国人民银行决定创设央行票据互换工具（CBS），公开市场业务一级交易商可使用持有的合格银行发行的永续债从中国人民银行换入央行票据。同时，将主体评级不低于 AA 级的银行永续债纳入中期借贷便利（MLF）、定向中期借贷便利（TMLF）、常备借贷便利（SLF）和再贷款的合格担保品范围。

CBS 将以招标方式对一级交易商以央行票据换银行永续债，交易期限 3 年，期间永续债票息仍由一级交易商享有，3 年到期后再换回。期间一级交易商只能用央行票据做质押，而不能卖出或买断式回购。一级交易商可提前终止交易换回永续债。一时间就有观点认为，这就是中国版的 QE（量化宽松），但事实上这扭曲了对 QE 的定义。

1 月 29 日，上海市人民政府参事、中欧陆家嘴国际金融研究院常务副院长、原人民银行调查统计司司长盛松成在接受第一财经独家专访时表示，"在美国，金融危机后实行的 QE 是美联储直接在二级市场上购买国债和 MBS（抵押贷款支持证券），从而直接增加了基础货币供应，美联储资产负债表从危机前的不到 9000 亿美元一路扩至最高峰的 4.5 万亿美元，最终美联储成为了上述资产的'最终兜底人'"。但他也对记者表示，"中国的'以券换券'旨在支持银行顺利发行永续债，中国央行并不直接增加基础货币的供应，且央行最终

---

① 本文系盛松成于 2019 年 1 月 29 日接受第一财经独家专访时的报道。

也不承担永续债的信用风险"。

由于目前市场对永续债的信用仍有一定的顾虑，在质押交易方面存在一些障碍，妨碍了永续债的顺利发行。永续债换成央行票据后可缓解上述问题，本质上是央行为永续债的顺利发行增信。银行接受永续债作为质押品时，并不能降低拆出资金的风险资本权重（即借给银行同业20%或25%，借给非银同业100%），而换成央行票据后，接受质押的一方该笔交易风险权重为0。

盛松成认为，CBS工具的推出主要目的在于助力银行顺利发行永续债，满足巴塞尔银行监管委员会对于系统重要性银行（GSIB）的资本充足率要求，但中国央行并不承担永续债最终的信用风险，而美联储当年购买"有毒资产"是承担相应风险的，这是CBS工具与QE的主要区别之一。

CBS工具与QE的更大区别是"以券换券"，不直接增加基础货币投放。无论央行票据换永续债，还是未来换回，都不会投放或回收市场流动性。这一次央行票据发行与多年前央行发行央行票据是不同的。当年由于人民币持续升值，中央银行购买外汇，投放了大量流动性，央行发行央行票据是为了收回流动性。而这一次的央行票据发行，不直接涉及市场流动性，更不会直接向市场注入流动性，所以不是QE。

"即使一级交易商用换入的央票作为质押品，再去进行MLF、SLF等操作从央行换取流动性，这的确可看作是央行增加了基础货币的供应，但这仍是央行的间接操作，且一级交易商需要为此支付利息，MLF、SLF也都存在到期期限。"盛松成告诉记者。

相比之下，当年美联储直接在二级市场大量购入长期国债和MBS，试图压低市场的长端融资利率，并向银行释放流动性，希望银行加大信贷投放。即使在开启缩表后，美联储的资产负债表规模也仅从4.5万亿美元缩减至目前的4.1万亿美元，尽管是2014年2月来的最低点，但距离危机前仅不足9000亿美元的资产负债表规模，这一缩表幅度可谓微不足道，且其规模大概率难以再回归到危机前的水平。

"可见，美联储通过QE购入的资产很大一部分将永远趴在其账上，而中国央行发行央票换入的永续债则将在3年到期后与一级交易商换回，所以最终并未扩大中国央行资产负债表。"盛松成告诉记者。

不存在美联储"冻结"美国国债的问题[①]

美联储于 2020 年 3 月 31 日宣布建立了一项新的临时性政策工具,为外国央行和国际货币当局提供回购便利(FIMA Repo Facility),目前该工具的存在时间为 6 个月。也就是说,在未来 6 个月内,各国央行和国际货币当局可以用美国国债作为抵押品,向美联储借取美元。近日在互联网媒体流行的《从明天开始美国要锁定我国美债不让流通》一文,是对美联储 FIMA 回购便利工具的严重误读,引起不少人对中国持有美债的担忧。我推荐王永利《不要错把美联储国债回购当作强制冻结》一文,我也试图从更广泛的角度来通俗地讨论这一问题。

根据美联储公告,临时设立 FIMA 回购便利的目的是增加美元流动性的供应渠道,平稳包括美国国债市场在内的金融市场,以确保对企业和家庭的信贷可得性。这是因为,有了这样一个替代性的资金来源,各国央行在面临美元流动性缺口时,可以不必抛售美国国债,而可以通过 FIMA 回购便利解决美元需求缺口,而且这并非是强制性的,完全是国外央行和货币当局的自愿行为。此外,从美联储披露的信息看,FIMA 融资便利提供的是隔夜流动性,一天就可以赎回,但可以根据需要自愿延期。因此,即使外国央行与美联储进行回购交易,也不存在外国央行国债被"冻结"的问题。如果一定要说被"冻结",那也只"冻结"24 小时,而且被"冻结"者手中拿着美元现金。而 FIMA 回购便利的融资利率比超额存款准备金利率(IOER)高 25 个基点,这一水平比资金市场正常运行时要高,因此只有在目前这样的非常时期才会被使用,而且也可以防止市场套利行为。

美联储创设的 FIMA 回购便利工具有三个重要功能:一是提供充足的美元流动性,二是降低特殊时期(如目前疫情期间)的美元融资成本,三是维持金融市场基本平稳。

---

① 本文作者盛松成,发表于《第一财经日报》,2020-04-09

一、在全球范围内提供充足的美元流动性

设立 FIMA 回购便利工具是美联储应对疫情冲击、缓解美元流动性紧张所采取一系列措施的一部分。全球防疫形势越来越严峻，对供给和需求两端都造成了很大冲击，无论美国国内，还是海外美元市场，都面临美元流动性紧张。

美联储于 2020 年 3 月 3 日和 3 月 15 日两次在原定议息会议前紧急降息，将联邦基金目标利率区间调降至 0 ~ 0.25%。其后，美联储又采取了一系列措施，包括推出 7000 亿美元的量化宽松（后扩展为总额不设限的量化宽松，持续买入美债和 MBS）、恢复商业票据融资机制、启动一级交易商信贷安排、创设针对货币市场共同基金的流动性支持（Money Market Mutual Fund Liquidity Facility，MMLF）以应对家庭和企业的资金赎回带来的流动性压力等。3 月 19 日，美联储与多个新兴市场国家的央行建立临时性的货币互换，有效期至少为 6 个月。

此次美联储创设的 FIMA 回购便利，也是对各国央行和国际货币当局开放的，可以与此前美联储业已推出的央行间美元流动性互换安排相配合，共同缓解全球范围内的美元荒。同时，这一工具将美元流动性提供扩展到了更广的范围，只要货币当局持有美国国债，理论上都可以通过美联储获得美元流动性。与货币互换工具有效期为至少 6 个月类似，FIMA 回购便利作为一项临时性的流动性工具创新，也将在接下来的半年时间内发挥作用。

FIMA 回购便利工具是以美国国债作为抵押发行美元，而非"直升机撒钱"。如果其他国家的央行使用这一工具弥补其美元流动性缺口，实质上是美联储扩表的另一种形式。这一工具的益处在于，美联储在扩表的同时也为未来可能的缩表埋下了伏笔，当外国货币当局与美联储的回购协议到期，美联储归还美国国债、收回美元，美联储资产负债表也随之收缩，从而自然地退出宽松政策。半年后，如果疫情得到控制、经济复苏，也不至于因此产生很大的通胀压力。这也是美联储将此工具的存在期限设为 6 个月的原因。

值得一提的是，FIMA 回购便利是基于各国央行对美元流动性的现实需求而创设的，FIMA 回购便利的交易量是一块试金石，可在一定程度上反映国际市场美元流动性的需求状况。

二、降低疫情冲击期间的美元融资成本

前文已提及 FIMA 回购便利的资金成本为超额存款准备金利率加 25 个基

点，而在资金市场正常运行时，超额存款准备金利率往往比隔夜美元 Libor 要高。这意味着只有在非常时期，美元流动性紧缺导致美元资金市场利率上升到超过正常水平时，外国央行才会利用 FIMA 回购便利获取美元。

FIMA 回购便利在流动性紧张的情况下为市场提供了相对低成本的资金，引导美元利率下降，帮助企业和家庭获得信贷。与 2019 年第三季度美元流动性紧张的情况类似，2020 年 3 月，隔夜美元 Libor 一度大幅高于美联储超额存款准备金利率。例如 3 月 18 日隔夜美元 Libor 报 0.3799%，为美联储 3 月 15 日降息以来的高点，较超额存款准备金利率（0.10%）高出 28 个基点。3 个月美元 Libor 利率也出现了较大幅度的上行，从 3 月 16 日的 0.8894% 提高至 3 月 31 日的 1.4505%，截至目前，3 个月美元 Libor 报 1.3874%。

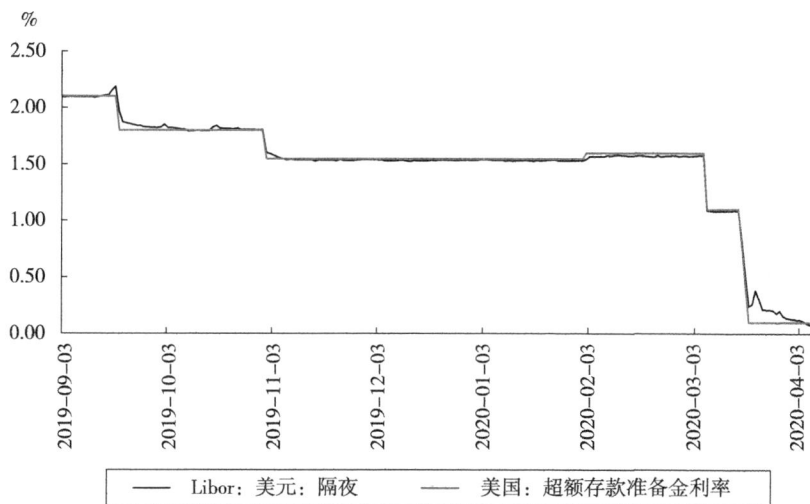

图 1　隔夜美元 Libor 与超额存款准备金利率

（资料来源：Wind 资讯）

此外，FIMA 回购便利的创设，使持有美国国债的国际投资者无须通过抛售国债来实现资产变现。如果各国的货币当局通过卖出美国国债来获得美元流动性，将导致美债价格下跌、到期收益率上升，带动市场利率上行，这将削弱美联储宽松政策的效果。因此创设 FIMA 回购便利与降低美元资金利率，与美联储近期实施的一系列政策是一脉相承的。截至 2019 年 9 月底，美国政府机构、美国国内私人投资者与国际投资者持有美国国债的规模分别为 8.0 万亿、7.9 万亿和 6.8 万亿美元，分别占美国国债余额的 35.3%、34.8% 和 29.8%。

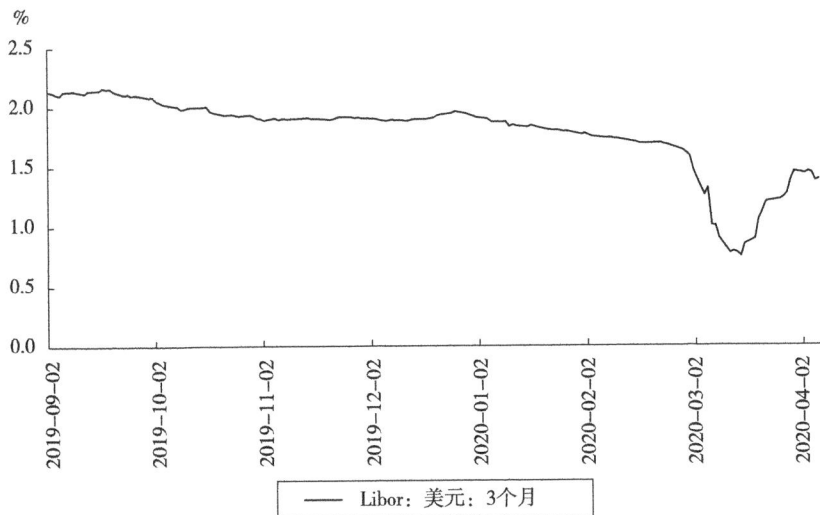

图2　3个月美元 Libor

（资料来源：Wind 资讯）

国际投资者对美国国债的持有量相当大，如果大面积抛售，将对市场利率产生显著的影响。

三、维护金融市场平稳运行

FIMA 回购便利的创设对维护金融市场的稳定运行也有十分重要的意义，尤其是可以避免抛售美债致使金融机构资产负债表恶化，并造成新的危机。20世纪30年代的大萧条期间就曾出现流动性紧张导致机构大量抛售债券，而债券价格大跌进一步加剧了金融体系脆弱性，许多银行不得不抛售更多的债券来获得流动性，并最终倒闭。这些银行倒闭影响巨大，不仅给超过 9000 家银行的股东、储户和其他债权人造成了大约为 25 亿美元的损失，而且银行被迫抛售资产所引起的乘数紧缩效应使货币存量下降了 1/3 以上，商业银行存款下降超过 42%。

2020 年 3 月，随着美元流动性急剧恶化，已经出现了恐慌性抛售各类资产的现象，例如美债收益率上行的同时，黄金价格下跌、避险属性失灵，许多新兴市场国家股市大幅下跌也是其表现形式之一。

如果各国的金融机构乃至央行因美元流动性紧张而大举抛售美国国债，无论是私人投资者还是货币当局，都将面临巨大损失。FIMA 回购便利工具显然

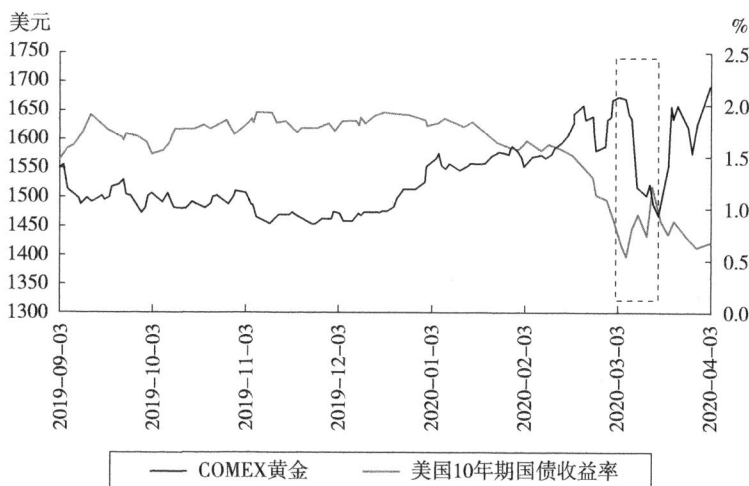

图3 黄金与美国 10 年期国债走势

（资料来源：Wind 资讯）

为美国国债价格提供了支撑，使美国国债除了美国财政部外，还得到了美联储的背书，其信用度得到进一步提高。因此中国的投资者大可不必对中国持有大量美国国债而感到担忧。而美联储创设 FIMA 回购便利工具也避免了金融市场和实体经济陷入因恐慌性抛售导致的次生危机，这也是从大萧条的历史中得到的经验教训。

总而言之，FIMA 回购便利工具是美联储基于各国央行对美元流动性的现实需求而实施的，而且期限灵活，并不存在所谓"冻结"美国国债的问题，而且只有在美元流动性十分紧缺的情况下才有可能被国际货币当局或各国央行使用。它使美联储在一定程度、一定条件、一定期限内自然地承担了全球央行职能，满足世界范围内对美元流动性的需求。作为最主要的国际储备货币和结算货币，美元资金市场的正常运行对全球的金融机构和企业来说十分重要，能保证其支付、清算、投资、贸易活动的顺利进行。FIMA 回购便利工具的创设，与美联储最近实施的一系列措施一样，都是着眼于预防经济陷入长期衰退和维护金融稳定，避免经济冲击和金融冲击共振。

第五章

社会融资规模与金融宏观调控

◎社会融资总量的内涵及实践意义

◎社会融资规模概念的理论基础与国际经验

◎社会融资规模指标的诞生和发展

◎社会融资规模与货币政策传导

◎社会融资规模与货币政策传导

◎从地区社会融资规模能看出什么

◎从社融与M_2增速背离看金融去杠杆

社会融资总量的内涵及实践意义[①]

中央经济工作会议提出"保持合理的社会融资规模"。温家宝总理在国务院第五次全体会议上部署 2011 年第一季度工作时强调,"保持合理的社会融资规模和节奏"。

随着我国金融市场的快速发展,金融与经济关系发生较大变化,理论研究与政策操作都需要能全面、准确反映金融与经济关系的全口径统计指标。传统的金融与经济关系,一般是指银行体系通过其资产负债活动,促进经济发展和保持物价水平基本稳定,在金融机构资产方主要体现为新增贷款对实体经济的资金支持,负债方主要体现为货币创造和流动性增加。目前人民币贷款是指银行业金融机构向实体经济发放的一般贷款及票据贴现,它反映了银行业对实体经济的资金支持。近年来,我国金融总量快速扩张,金融结构多元发展,金融产品和融资工具不断创新,证券、保险类机构对实体经济资金支持加大,商业银行表外业务对贷款表现出明显替代效应。新增人民币贷款已不能完整反映金融与经济关系,也不能全面反映实体经济的融资总量。

据初步统计,2002 年新增人民币贷款以外融资 1637 亿元,为同期新增人民币贷款的 8.9%。2010 年新增人民币贷款以外融资 6.33 万亿元,为同期新增人民币贷款的 79.7%。人民币贷款以外融资快速增长主要有三方面原因:一是直接融资快速发展。2010 年企业债和非金融企业股票筹资分别达 1.2 万亿元和 5787 亿元,分别是 2002 年的 36.8 倍和 9.5 倍。二是非银行金融机构作用明显增强。2010 年证券、保险类金融机构对实体经济的资金运用合计约 1.68 万亿元,是 2002 年的 8 倍。2010 年小额贷款公司新增贷款 1022 亿元,

① 本文大概是公开发表的关于社会融资规模的第一篇文献,作者盛松成,发表于《金融时报》,2011 -02 -18。本文部分内容与《社会融资规模与货币政策传导》(盛松成,2012)略有重复,重复部分予以删除。此外,本文根据《一个全面反映金融与经济关系的总量指标——写在社会融资规模指标建立三周年之际》(盛松成,2013)一文做了补充,后者不再收录于本书。

比上年增长 33.4%，相当于一家中小型股份制商业银行一年的新增贷款规模。三是金融机构表外业务大量增加。2010 年实体经济通过银行承兑汇票、委托贷款、信托贷款从金融体系融资分别达 2.33 万亿元、1.13 万亿元和 3865 亿元，而在 2002 年这些金融工具的融资量还非常小。

一、社会融资规模的内涵

社会融资总量是全面反映金融与经济关系，以及金融对实体经济资金支持的总量指标。社会融资总量是指一定时期内（每月、每季或每年）实体经济从金融体系获得的全部资金总额。这里的金融体系为整体金融的概念，从机构看，包括银行、证券、保险等金融机构；从市场看，包括信贷市场、债券市场、股票市场、保险市场以及中间业务市场等。社会融资规模由四个部分共十个子项构成：一是金融机构表内业务，包括人民币和外币各项贷款；二是金融机构表外业务，包括委托贷款、信托贷款和未贴现的银行承兑汇票；三是直接融资，包括非金融企业境内股票筹资和企业债券融资；四是其他项目，包括保险公司赔偿、投资性房地产、小额贷款公司和贷款公司贷款。

随着我国金融市场发展和金融创新深化，实体经济还会增加新的融资渠道，如私募股权基金、对冲基金等。未来条件成熟，可将其计入社会融资总量。

综上所述，社会融资总量 = 人民币各项贷款 + 外币各项贷款 + 委托贷款 + 信托贷款 + 银行承兑汇票 + 企业债券 + 非金融企业股票 + 保险公司赔偿 + 保险公司投资性房地产 + 其他。

二、社会融资规模不存在重复统计问题

社会融资规模的统计按照合并原则进行，就是金融机构之间的交易、金融机构与金融市场之间的交易都要进行合并处理，以避免重复计算。

委托贷款并不虚增社会融资规模。

委托贷款主要有三种形式：一是企业或个人委托银行将资金贷给其他企业或个人，二是集团企业委托所属财务公司将资金贷给集团内其他法人机构，三是金融机构委托银行将资金贷给企业或个人。前两种形式的委托贷款应全额计入社会融资规模，第三种形式的委托贷款因为是金融业内部委托，需要扣除。

第二种形式的委托贷款，其资金可能来源于企业的盈利，也可能来源于银行贷款和债券发行。若来源于集团公司的银行贷款，则从表面看集团公司的银

行贷款与集团公司发放的委托贷款似乎重复统计，但实际上这两笔资金借贷分别为银行与集团公司、母公司与子公司之间的借贷，具有不同的风险、不同的利率水平，应分别计入社会融资规模。若集团公司未通过委托贷款将资金借给子公司，而是将资金存入银行，也同样会派生银行贷款。这一类型的委托贷款实质上是集团企业金融化后信贷派生的实现形式，也是金融产品创新和企业融资链延长的自然表现，不应简单视为重复统计。

如果说第二种形式的委托贷款是"重复统计"，那么这种"重复统计"不是现在才有，而是从来就有；不仅在社会融资规模中有，在其他很多金融指标（如贷款、存款统计）中都有；不仅中国有，外国也有。举例来说，甲企业得到 A 银行 100 万元贷款。甲企业可以将这 100 万元全部用于支付工资或购买原材料等，也可以只将其中一部分（如 50 万元）用于日常支付，而将其余部分（即余下的 50 万元）存入 A 银行或 B 银行。A 银行或 B 银行又将这 50 万元贷给乙企业（这里不考虑存款准备金问题）。于是统计结果，全部贷款即为 150 万元。按照上述"重复统计"的观点，"应该"扣除 50 万元，全部贷款"只能"是 100 万元。事实上，这种所谓的"重复"行为每时每刻都在发生。这种"重复统计"在理论上无须扣除，在实践中也没法扣除，因为根本就无法统计每一笔贷款中这种"重复统计"的数额。委托贷款也一样，无论委托贷款的资金来源于企业的自有资金，还是来源于银行贷款，都不存在所谓的"重复统计"。

进一步讲，说"重复统计"，实际上是对金融统计基本原理的误解。社会融资规模统计的是金融机构与其他部门间的债权债务关系，发生一项债权债务，就统计一次，所以委托贷款并不存在"重复统计"的问题。同样的道理，信托贷款也不存在"重复统计"的问题。说"重复统计"也是对货币金融学基本原理的误解。上述所谓"重复统计"实际上是信用创造的过程，就像货币创造一样。

三、社会融资规模是国际金融危机后我国金融统计的重要创新

（一）统计信息缺失是国际金融危机的一个重要原因

最近一轮国际金融危机具有两个显著的特征：一是它不仅冲击传统的金融体系，而且涉及影子银行等金融新领域；二是传导快、影响广，大大超出决策者的预期。在危机传播过程中，由于缺乏及时准确的统计信息，决策者和市场

参与者均无法作出及时有效的应对。国际社会对此次危机进行了深刻的反思。"当前主要国家存在严重的统计信息缺口"已是普遍共识。金融统计信息缺失突出表现在四个方面：一是创新型金融机构和结构性金融产品统计信息缺失；二是跨区域、跨市场、跨机构风险传染的监测指标缺失；三是金融体系整体风险的测度指标缺失；四是监管机构信息共享机制缺失。

（二）国际社会积极探索新的金融统计指标

危机爆发后，国际组织和主要国家对现有金融统计体系进行了全面分析和深刻反思，其中最具代表性的是国际货币基金组织（IMF）和金融稳定理事会（FSB）于 2009 年联合提出的《G20 应对数据缺口倡议》。该倡议已由 G20 财长和央行行长会议审议通过，成为各国共同应对统计信息缺口的行动指南。在此背景下，国际社会对金融统计指标做了很多有益探索。

第一，2009 年 12 月《巴塞尔协议Ⅲ》正式引入杠杆率作为资本充足率监管的补充。巴塞尔委员会将杠杆率定义为核心资本和风险暴露总额之比，并对资本和风险暴露的统计口径和计量标准进行了修订。杠杆率指标有助于抑制金融机构表内资产和表外业务以及子公司的过度膨胀，因而有利于控制银行集团的整体风险。第二，2010 年巴塞尔银行监管委员会提出了广义信用的概念。广义信用囊括实体经济部门债务资金的所有来源，因此它不仅包括国内外银行以及非银行金融机构发放的贷款，而且包括各种债务性证券。第三，2012 年国际货币基金组织推荐编制信用和债务总量指标。该指标主要包括各类贷款、银行承兑汇票、债券、股票等金融资产。在此基础上，国际货币基金组织尝试编制、测算了金融资产比率指标（即金融总资产与 GDP 比值），以监测、评估金融市场杠杆率和系统性金融风险。

（三）社会融资规模是危机后我国金融统计的新指标

作为 G20 成员国，为弥补统计信息缺口，我国创建了社会融资规模指标。该指标具有跨市场和跨机构的特点，其统计符合危机后金融统计的国际趋势。2013 年 8 月，在深圳召开的国际清算银行 BIS "危机后金融体系变化的监测与评估"国际研讨会上，人民银行调查统计司介绍了社会融资规模指标的编制和运用，得到 IMF、BIS、经济合作与发展组织（OECD）和多国央行统计专家的肯定。越来越多的国际经济学家开始运用社会融资规模指标来研究中国的经济金融运行和宏观管理。

社会融资规模概念的理论基础与国际经验[①]

近年来，国内经济金融环境发生了深刻变化，金融业开始突破传统经营的范围和方式，采用新的金融技术、开办新的金融业务、创造新的金融工具、创立新的金融机构、开拓新的金融市场，金融体系开始由银行主导型向市场主导型转变。因此，我国当前提出社会融资规模的概念符合经济金融发展和金融宏观政策的需要。社会融资规模的概念对我国来说是理论创新和政策创新，但也有较为成熟的经济理论基础和国际经验可资借鉴。

一、货币供给理论中的"新观点"

所谓"新观点"（the new view）是指西方 20 世纪 50 年代后出现的不同于传统货币供给分析的新的理论观点。

（一）《拉德克利夫报告》的"整体流动性"理论

20 世纪 50 年代后发达国家出现了大规模的金融创新活动，发展了一系列的非银行金融机构及其信用工具，削弱了货币政策的有效性。针对这种情况，20 世纪 50 年代中期，英国"货币系统运行研究委员会"对英国的货币和信用系统的运行情况进行了广泛深入的调研，形成了《拉德克利夫报告》（以下简称《报告》）。《报告》指出，对经济真正有影响的不仅仅是传统意义上的货币供给，而应是包括这一货币供给在内的整个社会的流动性；决定货币供给的不仅仅是商业银行，而应是包括商业银行和非银行金融机构在内的整个金融系统；货币当局所应控制的也不仅仅是这一货币供给，而应是整个社会的流动性。在《报告》的作者看来，大量的非银行金融机构是流动性的重要来源，其扩展大大增加了整个社会的可贷资金供给，即流动性"不仅包括银行的存款负债，而且包括范围广泛的其他金融中介机构的短期负债"。美国著名经济

[①] 本文作者盛松成，发表于《中国金融》，2011 年第 8 期。

学家格利认为，"《报告》视货币为许多资产中的一种，视银行为许多金融机构中的一种类型，视货币控制为整个金融政策的一个方面"。这一观点正是20世纪50年代后，西方国家出现金融机构、金融工具和信用渠道多样化的趋势在货币理论研究中的反映。

（二）格利和肖的金融中介机构理论

20世纪60年代，美国著名经济学家格利和肖（John. G. Gurley and Eduard S. Shaw）提出金融中介机构理论，从金融中介机构不仅包括商业银行，而且包括各种非银行金融机构这一事实出发，分析了商业银行和其他金融机构在信用创造过程中的类同性，以及货币和其他金融资产的类同性与相互间的替代性，得出了货币当局不仅应该控制货币和商业银行，而且应该同时控制其他金融机构和金融资产的结论。他们首次提出了直接融资和间接融资的概念，并将金融中介分为货币系统和非货币系统的中介机构，即银行和非银行金融中介机构。这些非银行金融中介机构包括贴现公司、保险公司、退休金基金会、邮政储金局、建房贷款公司、投资信托公司等。银行和非银行金融机构在信用创造方面的区别"并不在于这个创造了而那个没创造，而在于各自创造了独特形式的债务"，即两者都创造着某种形式的债权凭证，都发挥着信用创造的作用，因而没有本质区别。非银行金融机构创造的金融债权凭证与货币之间具有此消彼长的替代性。格利和肖认为，"在一个提供各种金融资产的复杂的金融结构中，……单纯对货币的控制作为一种管理可贷资金的流动和商品与劳务消费的方法，其效率是不断下降的"。但如果货币当局能像控制商业银行存款负债那样，控制非货币金融资产的供给，那么货币政策的作用就不会有较大削弱。

（三）托宾对上述理论的发展

20世纪60年代，托宾等经济学家支持和发展了格利和肖的理论，论证了各种金融机构的同一性，以及货币与其他金融资产的同一性。从金融机构角度来看，商业银行与其他金融机构的基本功能均是作为资金借贷的中介；从金融资产角度来看，货币与其他金融资产均是信用工具。托宾指出，"借入者的市场并不是完全分割的，同一信用工具并非只为一种金融机构所掌握，许多借入者的负债形式也是灵活多变的，因此，就借入者对信用的需求而言，各种中介机构的资产有着某种程度的替代性"。托宾等人在否定金融系统内部各种机构和各种资产本质区别的同时，还强调了金融部门与实体经济部门的区别以及金融资产与实物资产的区别，强调了金融部门对实体经济部门的影响以及金融资产变动对实物资产的影响。

（四）货币政策的信贷传导渠道及其有效性

20 世纪 80 年代末 90 年代初，Ben S Bernanke 和 Blinder（1988）将贷款需求函数引入经典的 IS – LM 模型，提供了一个类似于 IS – LM 模型的理论框架即 CC – LM 模型，对银行信贷渠道如何传导货币政策进行了探讨。当货币当局采取紧缩性货币政策时，银行体系的准备金减少，银行的活期存款相应减少；在银行资产结构总体不变的情况下，银行的可贷资金减少，贷款随之下降。于是，那些依赖银行贷款的借款者不得不减少投资支出，最终使产出下降。但是，信贷渠道的有效性取决于借款人对银行信贷的依赖程度。随着金融创新的发展，一国的非银行金融机构在融资活动中发挥越来越重要的作用，中央银行对贷款影响的重要性将会逐步减弱。Kashyap 和 Stein（1993）指出，发达的非银行金融中介机构会削减银行贷款渠道的效果。Kashyap、Stein 和 Wilcox（1993）还运用总量数据考察了紧缩期美国银行信用与非银行信用的相对变动，发现随着货币政策紧缩的加剧，企业的外部融资结构会发生变化，银行贷款会下降，而商业票据会上升。根据这一理论，随着金融管制的逐步放松和金融创新的发展，中央银行需要监测更广义的信贷。

上述理论已经成为现代货币金融理论的重要组成部分，为大多数经济学家所接受，也已经为近几十年来西方国家经济金融环境的变化所证实，并体现在各国对货币供给口径的修订中。

二、受"新观点"影响逐渐扩大的货币供给口径

狭义货币——20 世纪 50 年代以前的货币供给口径。20 世纪 50 年代以前，大多数西方经济学家接受的是狭义货币供给的口径。他们认为，充当交易媒介和支付手段是货币的基本职能和特征，因而货币应包括流通中的现金和商业银行的活期存款，即 $M_1 = C + D$。M_1 即现在所称的狭义货币。

广义货币——20 世纪 50 年代以后的货币供给口径。20 世纪 50 年代以后，弗里德曼和施瓦兹将货币定义为"能使购买行为从售卖行为中分离出来的购买力的暂栖所"，强调货币的价值储藏职能。他们认为，货币应包括公众所持有的通货和商业银行的全部存款，包括活期存款、定期存款和储蓄存款，即

$M_2 = M_1 + Ds + Dt$。

1. "新观点"对货币供给口径的影响。《拉德克利夫报告》以及格利和肖等经济学家的理论支持了广义货币口径的进一步扩展，他们提出以流动性资产或社会总信用这一范围广泛的概念来代替传统的货币供给的概念，认为银行及非银行金融机构的短期负债都应包含在"一般流动性"，即 L 的范围内。

2. 美英等国货币供给口径扩展的实践。美国联邦储备委员会从 20 世纪 60 年代开始首先进行货币总量指标定义的工作。最初，《联邦储备公报》公布的货币总量指标只有一项，即货币存量，等于通货加上活期存款。1971 年之后，货币总量指标增加至三项：M_1、M_2、M_3。1975 年之后又增加两项：M_4、M_5。1980 年 2 月 7 日公布了新定义的货币总量指标体系：M_{1A}、M_{1B}、M_2、M_3 和 L 五种。1982 年 1 月 6 日，美联储将 M_{1A} 和 M_{1B} 合并为 M_1，形成 M_1、M_2、M_3 和 L 的体系。20 世纪 90 年代起，又增加了债务总量指标。由于 M_3 与经济活动的关系不够密切，多年来在货币政策中所起作用也不大，2006 年 3 月 23 日起停止公布 M_3 数据。英国从 1970 年开始每月公布货币存量数据。当时公布的数据包括 M_1、M_2 和 M_3 三个层次。之后，针对不断发展的金融系统，英国在过去 40 年中从 $N_{1B}M_1$ 到 M_1，再到 M_5，一共调整了 18 次货币统计口径。英格兰银行认为，各层次货币中，M_1、M_2 和 M_3 的重要性在下降，这些统计口径的意义已不大，因此从 1992 年开始只公布 M_0 和 M_4 两个指标。2006 年 5 月，在经历货币市场改革后，英格兰银行不再公布 M_0 的指标，取而代之的是现钞和硬币。目前，英国公布的货币统计主要包括狭义货币（现钞和硬币）和代表广义货币 M_4。其中，M_4 = 非货币金融机构持有的英镑钞票和硬币 + 储蓄存款（其中包括定期存单 CDs） + 商业票据、债券、远期浮动利率债券（FRNs）、金融机构发行的五年以内（含五年）到期的其他金融工具 + 英国金融机构发行的回购协议 + 估算的非货币金融机构持有的英镑银行汇票。

三、国际金融危机中的新思考

美国次贷危机蔓延而成的国际金融危机成为大萧条以来最严重的全球金融危机，国际社会在应对危机的同时也在深刻反思危机的成因。此次危机引发了经济学家和货币政策制定者对货币政策理论、传导机制及宏观审慎管理框架与工具的深入思考。创新型金融机构、金融工具的出现部分替代信贷资金融通功能及货币创造功能，替代传统银行业期限转换功能，使得货币传导中的资产价格渠道和借贷渠道传导效果更不确定，放大了资产负债表渠道的传导效果。主要表现在以下几个方面：

第一，在市场主导型金融体系中，贷款的提供者扩大到整个金融体系。Ben S Bernanke（2010）认为，"金融危机暴露了我们在理解相互作用的金融市场、金融机构和整体经济方面存在着一些重要的缺陷"。越来越多的金融中介活动通过所谓的影子银行系统在存款机构之外发生，此次危机中的挤兑就发生在传统的银行系统之外，主要是大量参与资产证券化与结构性产品交易的投资银行。Stephen Morris 和申铉松（2009，2010）指出，在市场主导型的金融体系中，银行与资本市场之间联系密切，休戚与共。随着直接融资的增加、资产证券化的扩大、金融中介链的延长，养老基金、人寿保险公司、共同基金、证券公司等金融机构直接或间接地成为贷款人，建议采用监管型干预、前瞻性拨备以及对金融中介进行结构性改革等方法控制金融机构资产规模的无限制扩张。

第二，存款性公司资产负债表不能完全反映货币信贷创造过程。Thomas M. Hoeing（2008）认为，目前信用过程更多发生在银行体系之外，即发生在一个更为广阔的全球金融市场中。特别是，投资银行是这个不断膨胀市场上的一个重要部门，因为其活动已超越了证券承销和私募等传统业务。金融市场的规模庞大及市场参与者的形形色色和盘根错节均表明，不管是市场哪部分——无论是银行还是非银行——发生大的动荡都会导致金融交易活动冻结，并因此伤害实体经济。

第三，资产负债期限转化职能不仅局限于传统商业银行。英国金融服务局（UK FSA，2009）认为，整体期限结构转化职能不仅发生在中央银行监管的银行账户内，并且发生在"影子银行"的其他形式内。结构投资工具（SIVs）、管道工具（Conduits）、投资银行和共同基金承担了大量传统银行的期限转化职能。若能够编制合并金融体系资产负债表（剔除金融体系内部的资产和负债），并观察合并资产和负债的期限错配，就能够计算金融体系的整体期限结构转化。

第四，宏观审慎管理范围过于狭窄，大量具有系统重要性的金融机构、市场和产品游离于金融监管体系之外，成为系统性风险的重要来源。英格兰银行（2009）认为，需要从四个方面考量系统性风险：首先是系统性风险的潜在来源——总体风险、网络风险；其次是系统性风险的传染途径——期限错配和杠杆率。需要运用金融体系合并的资产负债表信息（轧差金融体系内部的资产与负债）来评估总杠杆率和期限错配。UK FSA（2009）认为，宏观审慎分析应包括五个方面：一是金融系统对实体经济的信贷供给、信贷定价、借款人的杠杆程度以及借贷双方承担的风险；二是期限转化的形式以及产生的流动性风险；三是住房、股票和信用证券化等市场的资产价格与其长期均衡水平的关系；四是金融系统的杠杆率；五是一些尚未受到审慎管理的金融机构（比如对冲基金）对系统性风险的影响。货币政策和财政政策也可参考宏观审慎管理的分析结果。

因此，传统的货币供应量、信贷规模等货币操作的中介目标已不能满足中央银行货币政策操作和宏观审慎管理的要求，需要立足于整个金融体系制定货币政策，并加强宏观审慎管理。部分国家开始尝试采用其他指标作为货币政策操作的参考指标。巴塞尔银行监管委员会（BCBS，2010）在实证研究的基础上提出了广义信用的概念。广义信用囊括实体经济部门债务资金的所有来源，即对住户和其他非金融私人实体提供的所有信用，无论这些信用以何种形式、由谁来提供。从理论上讲，信用总量包括对私人部门和非金融部门的信用总和，不仅包括国内和国际银行以及非银行金融机构发放的贷款，同时也包括为住户和其他非金融私人部门融资而发行的债务性证券。由于各国可获得的信用数据有差异，因此很难给出一个适用于所有国家的定义。

社会融资规模指标的诞生和发展[①]

一、社会融资规模指标的诞生

自 2010 年首创以来，社会融资规模指标已成功编制了近 10 年，并为社会各界广泛接受与应用。2010 年 11 月，在人民银行党委的领导下，人民银行调查统计司开始研究编制社会融资规模指标。2011 年 4 月中旬人民银行首次发布季度全国社会融资规模增量数据，2012 年起开始发布月度数据，并在 2012 年 9 月公布了 2002 年以来的月度历史数据。2014 年起按季发布地区社会融资规模增量数据。2015 年起按季发布社会融资规模存量数据，2016 年起按月发布社会融资规模存量数据，自此社会融资规模存量数据具备了衡量同比增速的意义。目前社会融资规模指标已形成从季度到月度、从全国到分省、从增量到存量的全指标体系，并于 2018 年 7 月后做了两次修订。

区别于传统的、来源于金融机构负债端的货币供应量指标，社会融资规模指标另辟蹊径，从金融机构资产方和金融市场发行方出发，统计一定时期内（每月、每季或每年）实体经济从金融体系获得的资金额。这里的金融体系是整体金融的概念。社会融资规模指标背后具有深厚的经济理论基础。我们知道，在货币政策传导机制的"链条"中，从金融机构资产和负债两个角度出发，可分为货币渠道和信用渠道。货币渠道强调央行通过政策工具改变商业银行存款量（负债端），影响实际利率水平，从而影响总产出。信用渠道则强调货币政策的变化通过改变商业银行的贷款量（资产端）以及其他金融机构的资产方和金融市场发行方（如信托贷款、债券融资、股票融资等的变动）来影响企业资金可得性，改变私人部门投资和最终产出。货币观点的理论渊源久远，信用观点则是自 20 世纪 50 年代起，由托宾、施蒂格利茨及伯南克等经济学家陆续提出并最终

---

① 本文作者盛松成，发表于《中国金融》，2019 年第 18 期。

形成。社会融资规模的创设就是建立在信用渠道的理论基础之上的。

尽管社会融资规模指标的理论基础由西方国家提出，但其为何没有在国外落地生根，而是成为我国独一无二、首次创设的指标呢？主要原因在于：一是发达国家市场经济体制更为完善，利率传导机制顺畅，更注重使用价格型指标而非数量型指标。二是发达国家金融机构资产端高度复杂、数据统计成本很高，由此导致的信息缺失进而监管不力，正是 2008 年国际金融危机发生的重要原因之一。三是新兴转型经济体多渠道融资需求较发达国家实体经济部门更为强烈，构建综合融资指标以反映多渠道加总后的社会融资状况在发展中国家更具实践意义。我国首创的社会融资规模指标开国际先河，反映了我国为弥补统计信息缺口而做的努力，日渐被社会各界接受与应用，具有很高的开放性、可塑性，也得到了国际货币基金组织（IMF）、国际清算银行（BIS）等国际金融组织的认可。

二、社会融资规模指标受到社会各界广泛重视

社会融资规模指标问世近 10 年来，受到政策层、市场人士与学术界的广泛重视。社会融资规模已成为我国金融体系支持实体经济状况、衡量资金松紧程度、展示多渠道融资结构的重要指标。有时各界对其重视程度甚至超过广义货币供应量（M_2）。

首先，中央政策层面对社会融资规模充分重视。自 2010 年创设社会融资规模起，国务院就对指标编制工作高度重视，有关领导多次批示要求广泛听取各方面意见，使指标逐渐完善。我们广泛联系各有关部门，多次召开专家座谈会，还深入基层调研，并查阅大量国内外文献，在中国人民银行调查统计司全司同志的共同努力下，终于初步完成了社会融资规模指标的编制。2010 年 12 月，中央经济工作会议首次指出，要"保持合理的社会融资规模"。迄今这一指标已连续 9 次写进中央经济工作会议文件和《政府工作报告》。国务院常务会议也曾多次强调社会融资规模的目标。2011 年 4 月中旬，根据人民银行领导的要求，我们举办新闻发布会，我首次向记者们介绍了社会融资规模指标的内涵及组成部分，并公布了 2011 年第一季度全国社会融资规模增量数据。2013 年 1 月 21 日，时任国务院总理温家宝同志视察人民银行，在行领导的陪同下莅临调查统计司，听取了我们关于社会融资规模情况的汇报，充分肯定了这一指标的编制，并对进一步做好这一工作作出了重要指示。

其次，在地方政府层面，社会融资规模是重要金融参考指标。我国经济区域特征明显，地方政府在经济发展上面临一定竞争压力，金融作为实体经济的"活水"对当地经济发展至关重要。社会融资规模增量指标问世后，地方政府对其非常重视，一些地方开始尝试编制该地区社会融资规模指标，但遇到一些困难。后来人民银行协调多方意见，集中力量编制地区社会融资规模指标。从2014年起人民银行开始按季发布各地区的社会融资规模数据，形成了"社会融资规模地图"。

再次，社会融资规模日益成为市场关注的焦点。每月中上旬人民银行发布上月社会融资规模数据之前，市场人士会预测社会融资规模数据，如彭博有对市场经济学家的问卷调查。而当正式数据发布后，超出、不及或符合预期的数据可能引发"预期差"交易。以债券交易为例，当日人民银行公布的社会融资规模增量超过市场预期值时，债券收益率容易上行；而当日实际公布值不及市场预期值时，债券收益率往往下行。例如，2019年4月12日人民银行公布了3月社会融资规模达2.86万亿元，远超市场预估中值1.85万亿元，当日10年期国开债收益率大幅调整，从3.75%上升6个基点至3.81%；5月9日公布了4月社会融资规模为1.38万亿元，不及市场预期，当日10年期国开债收益率下行4个基点至3.72%。

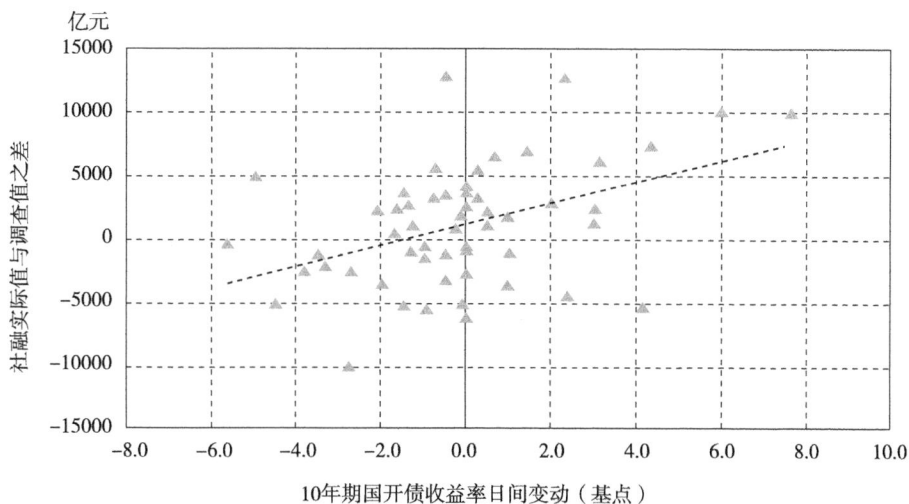

图1　社会融资规模数据发布后的"预期差"交易

（注：样本点为2015年1月至2019年7月）

最后，社会融资规模越来越得到学术界重视。一是盛松成（2012）最早论证了社会融资规模与货币政策传导的关系，周先平等（2013）、元惠萍和刘飒（2013）、万阿俊和王陆雅（2018）也论证了社会融资规模在货币政策传导机制中的作用及其作为中介目标的合理性。盛松成和谢洁玉（2016）发现，社会融资规模是优于贷款的中介目标或监测指标，与M_2相互补充、相互印证。当然，社会融资规模与M_2存在一些本质差异，如在2017年金融去杠杆进程中，两者的本质差异及其受影响程度会导致两者增速走势的背离（盛松成，2017）。二是有研究分析我国社会融资规模结构变迁及对金融市场、实体经济、产业结构的影响。三是随着社会融资规模区域数据的普及，学者也可以使用地区数据分析当地社会融资规模结构变化及其与经济增长效率、产业结构转型的关系。四是社会融资规模可作为输入变量，用于构建中国金融状况指数、中国金融稳定状况指数等。

三、社会融资规模指标的意义究竟何在

社会融资规模从全社会资金供需的角度反映了金融对实体经济的支持，将金融体系与实体经济连接在一起。现代金融体系之下，全社会的融资总量或迟或早、或多或少总会体现在物价与经济增长（名义经济增长）上。这也是社会融资规模、信贷或货币供应量等金融指标作为央行货币政策传导机制的中介目标或监测指标的主要原因，即与实体经济发展具有较强相关性。相较于信贷，社会融资规模纳入了更加广泛、多元的融资渠道，实证经验表明，2009年之后社会融资规模已取代信贷成为更有效的中介目标或监测指标。社会融资规模与M_2分别来源于金融机构资产端与负债端，两者相互对照、互相补充。然而，社会融资规模对金融体系内部的资金往来做了扣除，纯粹反映金融体系对实体经济的资金支持；而M_2既包括企业和个人的存款，也包括非存款类金融机构在存款类金融机构的存款。因此，社会融资规模与实体经济的关系相较于M_2更加直接。我们看到，2017年金融去杠杆时期，银行压缩了对非银的资金投放，造成M_2增速从年初的10.7%下降2.6个百分点至年末的8.1%，但同期名义经济增速稳中有升，名义GDP累计增速从2016年的7.9%上升至2017年的10.9%；随着金融去杠杆进一步向实体去杠杆传导，社会融资规模存量同比增速从2018年5月的11.6%下降至12月末的9.8%，名义GDP累计增速也从2018年第二季度末的10.2%略放缓至年末的9.7%。

社会融资规模不仅与实体经济密切相关，还具有一定的领先性。2019 年政府工作报告指出，社会融资规模增速要与名义 GDP 增速保持一致。从数据来看，我们确实观察到了两者的一致性以及社会融资规模存量增速对名义 GDP 增速的领先性。2003 年第一季度至 2019 年第二季度，当期社会融资规模存量增速与名义 GDP 增速的相关系数为 0.24。若社会融资规模增速领先一个季度，则与名义 GDP 增速相关系数为 0.34，领先两个季度时为 0.39，领先三个季度时最高为 0.41，领先四个季度时降至 0.37。也就是说，观察当前社会融资规模增速的趋势，有助于预判未来两至三个季度名义 GDP 增速情况。

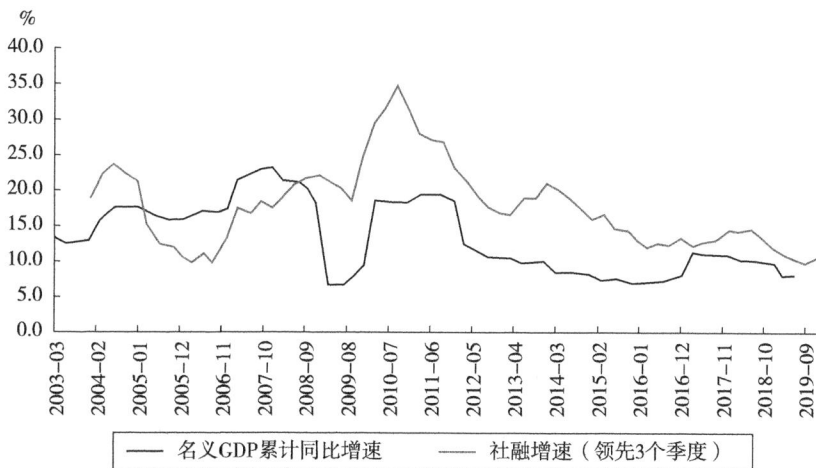

图 2　社会融资规模增速与名义 GDP 增速

此外，社会融资规模分项对实体经济分部门、分行业也具有一定的领先性。虽然都是向实体经济提供融资支持，地方政府专项债融资主要反映财政政策的逆周期调节力度与节奏，对预判政府投资及其乘数效应具有领先性；企业中长期贷款、直接融资与实体企业的资本开支意愿有关，一般预示着制造业部门投资意愿的强弱；居民部门中长期贷款则与地产销售增速密切相关。

不仅如此，社会融资规模及分项对宏观调控政策也具有一定指示作用。数据经验显示，人民币贷款中的票据融资、表外融资分别在社会融资规模增量中的累计占比呈此消彼长的镜像关系，并与宏观调控政策的拐点有关。以货币政策为例，当央行开始降息或降准，即货币政策由稳健中性转向适度宽松时，票据融资的累计占比通常在零附近，短期内会快速上升，随之才是中长期贷款、表外融资占比提高；而当表外融资占比上升时，票据融资占比开始下降。当货币政策从适度宽松向稳健回归时，表外融资占比往往已接近高点。相应地作为其镜像，票据融资占比也已回落至低点。根据历史经验，我们可以把社会融资规模的分项占比与货币政策周期相对应。例如，在2008年国际金融危机后的那一轮宏观经济周期及调控周期中，2008年10月央行降息、降准，当月票据融资占比仅为3.9%；2009年1月迅速上升至44.6%的高点，之后表外融资占比开始上升而票据融资占比开始下降。2010年1月表外融资占比达22.2%，同期票据占比降至−8.8%；2010年1月央行开始提高准备金率，适度宽松的货币政策回归稳健，彼时表外融资占比已接近高点，2011年4月表外融资占比上升至29.5%的高点后开始回落。在最近一轮宏观调控中，2018年4月央行开始降准，票据融资占比为−0.7%，之后逐渐攀升，2019年2月为13.6%，2019年7月仍在10.4%，表外融资占比为−4.5%。因此，通过观察社会融资规模及分项的增速、结构及趋势，有助于判断宏观经济周期及宏观调控政策的拐点。

我国特别强调金融对实体经济、对经济薄弱环节的资金支持。社会融资规模具有丰富的结构特征，能够多维度刻画经济全貌。作为一个整体流动性指标，M_2 则很难统计其行业、区域结构。例如，我们不知道 M_2 有多少留在北京，多少留在上海，不知道 M_2 中有多少是小微企业持有，多少是新兴产业企业持有。而社会融资规模在综合反映实体经济融资总量的同时，还提供了行业结构、地域结构、融资结构等信息，能够观察到分行业、分地区、分融资方式的各类型资金支持，在结构上优于 M_2。

社会融资规模可以细分到各行业，如能反映"两高一剩"行业的融资情况，有助于产业结构调整和打好污染防治攻坚战；可以反映房地产开发贷款、房地产企业融资的情况，还能反映居民购房贷款的增长情况和居民部门的杠杆率水平；可以反映不同融资工具、不同融资渠道的资金情况，如直接融资与间接融资的比例关系，来源于银行和非银行渠道的资金比例关系，银行表内融资和表外融资的比例关系，有助于反映金融供给侧结构性改革的推进情况；可以观察到支持小微企业、"三农"建设的资金，观察到金融对精准扶贫的支持力度，有助于小微、农业等领域补短板；可以反映新产业、新业态等领域融资增长情况，有助于促进我国的产业升级和高质量发展；可以细分到各地区，观察到各地区的融资情况，有助于地方政府把握当地经济金融形势，并及时有效防

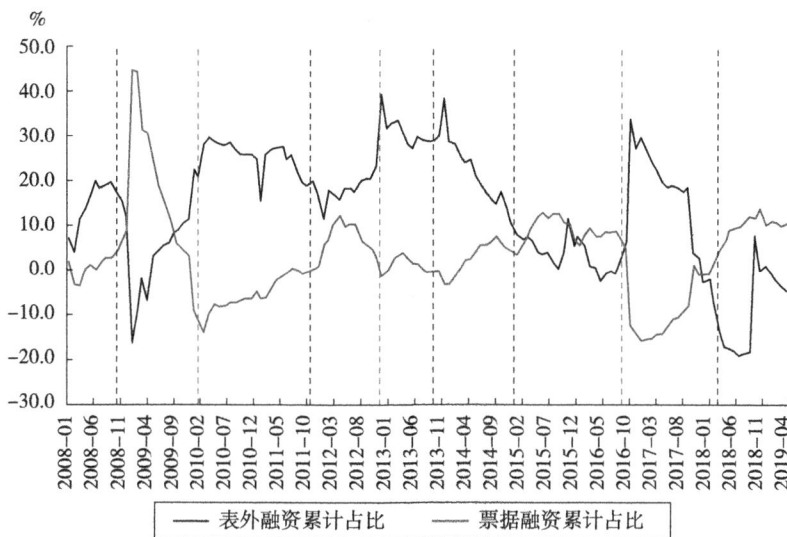

图3 表外融资和票据融资累计占比

（注：1. 黑线表示货币政策开始边际放松，灰线表示货币政策开始边际收紧。

2. 为保持各时期数据口径一致，以适合比较分析，2018年7月以后的社会融资规模增量

数据中剔除了"存款类金融机构资产支持证券"、"贷款核销"和"地方政府专项债"，

即统一使用原口径表示）

范化解地方政府杠杆率过高的风险。这些丰富的结构特征可用于多维度交叉验证。例如，政府部门不仅可以观察到该地区社会融资规模总量，还可以观察到该地区直接融资、间接融资情况及各个行业的融资情况，将当地融资结构与产业结构合并分析。

四、社会融资规模指标未来的发展

社会融资规模的定义看似简单，即一定时期内（每月、每季或每年）实体经济从金融体系获得的资金额。这短短一句话的定义，实际上既概括了社会融资规模的本质，又为未来逐步完善、修订该指标留下了空间。例如，"一定时期内"后面括号里的"每月、每季或每年"，既给了"一定时期"这个时间段以衡量标准，又为今后修订留下可能。又如，最初的定义中，原本是"国内金融体系"，这符合现在社会融资规模的实际情况，但如果未来修订指标时，要把国外资金（如FDI）加入其中，就需要修改定义，于是在

最后确定这一指标定义时，就删去了"国内"两字，为未来可能的指标修订留出余地。

随着经济金融的发展变化，社会融资规模指标的修订是正常的，但万变不离其宗，社会融资规模指标反映的是金融体系对实体经济的资金支持。社会融资规模指标发布之初，有人说指标有重复，也有人说有遗漏。社会融资规模指标并没有重复，但确实是有遗漏，有些数据如私募股权、股权众筹等没有收入。因为统计的一个基本要求是能够获得准确的数据，而有些数据当时无法准确统计，且这些融资渠道的数量当时并不大，因此在初始编制指标时没有纳入，但并不妨碍指标的应用。随着融资渠道日趋多元化，有一些原先遗漏的指标有必要纳入。自2018年7月起，人民银行将"存款类金融机构资产支持证券"和"贷款核销"纳入社会融资规模统计，在"其他融资"项下反映。2018年9月起，人民银行将"地方政府专项债券"纳入社会融资规模统计，因为2018年8月以来地方政府专项债券发行进度加快，对银行贷款、企业债券等有明显的接替效应，其规模及对实体经济融资的影响已不容忽视。

我国实体经济的繁荣发展和金融业态的丰富多元，为社会融资规模指标的诞生和改进提供了土壤。未来社会融资规模指标将会不断完善，其总量与结构层面的意义也将更加突出，将更全面地反映我国经济金融运行情况，前瞻性地反映实体经济融资规模变化的方向、经济运行的边际变化、地区发展差异、行业发展动向等，符合金融宏观调控的需求，为防范化解金融风险、推动产业结构转型升级、做实做强做优实体经济、迈向高质量发展提供指引。

社会融资规模与货币政策传导[①]

摘要: 从 2011 年起,我国宏观调控引入了一个新的指标概念,这就是社会融资规模。温家宝总理在第十一届全国人民代表大会第四次和第五次会议上两次指出,要保持合理的社会融资规模。社会融资规模是指一定时期内实体经济从金融体系获得的资金总额,是全面反映金融对实体经济的资金支持以及金融与经济关系的总量指标。与货币供应量从金融机构的负债方统计不同,社会融资规模从资产方进行统计。社会融资规模在理论上得到了货币政策传导机制信用观点的支持。社会融资规模的推出,与近年来我国金融市场和产品不断创新、直接融资快速发展、非银行金融机构作用明显增强、商业银行表外业务大量增加、社会融资结构发生显著变化的经济金融环境相适应。实证研究也表明,我国的货币政策能有效影响社会融资规模,社会融资规模也对经济增长、物价水平、投资消费等实体经济指标产生较大影响,社会融资规模是反映金融与经济关系的良好指标。编制社会融资规模指标也有利于加强金融对实体经济的支持。

一、引言

2011 年起,我国宏观调控引入了一个新的指标概念,这就是社会融资规模。2012 年初召开的全国金融工作会议提出,要"保持合理的社会融资规模,坚持金融服务实体经济的本质要求"。温家宝总理在第十一届全国人民代表大会第四次和第五次会议上所作的《政府工作报告》中两次指出,要保持合理的社会融资规模。

[①] 本文作者盛松成,发表于《金融研究》,2012 年第 10 期,与前文重复部分有删减。

传统的金融与经济关系，一般是指银行体系通过其资产负债活动，促进经济发展和保持物价水平基本稳定，在金融机构资产方主要体现为新增贷款对实体经济的资金支持，负债方主要体现为货币创造和流动性增加。近年来，随着金融产品和融资工具不断创新，新增人民币贷款已不能完整反映金融与经济关系，也不能全面反映实体经济的融资规模。同时，货币与信贷的关系也变得日益模糊，两者越来越不相匹配。

（一）对人民币信贷的影响

一是提供资金支持的主体发生变化。传统意义上，能向实体经济提供资金支持的一般是指以银行为主体的金融性公司。近年来，随着金融市场的快速发展和金融产品与工具的不断创新，SPV 等"影子银行"机构，基金、证券公司、保险公司以及小额贷款公司、贷款公司等非银行金融机构，也成为向实体经济提供资金支持的重要部门。

二是融资工具多元发展，金融调控面临挑战，只盯着贷款可能造成"按下葫芦浮起瓢"的现象。据初步统计，2002 年新增人民币贷款以外融资 1637 亿元，为同期新增人民币贷款的 8.9%。2011 年新增人民币贷款以外融资 5.36 万亿元，为同期新增人民币贷款的 71.7%。因此金融宏观调控如果只盯着贷款，可能造成"按下葫芦浮起瓢"的现象，即商业银行通过表外业务绕开贷款规模。这些表外业务主要有银行承兑汇票、委托贷款、信托贷款等。

（二）对传统货币供应量的影响

一是部分金融工具的流动性发生变化，原有货币的划分受到冲击。随着我国结售汇制度的改革，外币存款与人民币存款可以较为灵活地转换，外币存款因此具有较强的流动性。创新型金融工具发展迅速，对货币的替代能力显著增强。如银行承兑汇票，由银行承担到期无条件付款责任，可以贴现和转让，流动性较强。

二是货币发行部门发生变化。创新型准金融机构如货币市场基金、表外理财产品、信托投资计划等发展迅猛，对广义货币形成较大冲击。非金融性公司也为社会提供一定流动性。如一些非金融性公司签发票据或发行债券，这些票据和债券也具有较强的流动性，由此扩大了广义流动性的发行部门。

三是货币持有部门发生变化。地方财政存款具有比中央财政存款更强的流动性，还可作为地方经济建设的资本金，或为投资项目提供隐性担保，其变动对商业银行信用扩张产生较大影响。同时,非银行金融机构作用明显增强。证券公司、保险公司、住房公积金中心等机构,它们在存款性金融机构的存款虽与企业和个人存款不完全相同(存放或提取时有一定的限制条件),但也具有较强的流动性。

本文后续部分安排如下:第二部分从金融机构资产与负债两个角度对货币政策传导机制进行理论分析,进而阐明社会融资规模的理论基础;第三部分论证社会融资规模与我国目前的货币政策传导机制是相适应的;第四部分是社会融资规模与货币变量和实体经济变量关系的实证分析;第五部分提出编制社会融资规模指标有利于加强金融对实体经济的支持;最后是结论。

二、相关的货币政策传导机制理论

多数经济学家都认为,货币政策可以影响商业银行等金融机构资产负债表,进而影响产出和价格水平。因此,从金融机构资产和负债两个角度分析,货币政策传导机制理论大体可分为货币观点(负债方)和信用观点(资产方)两大派。

(一)从负债方论述货币政策传导机制——货币观点

最初的货币观点以 IS-LM 模型为基础,将金融资产分为两类:货币及债券(或证券)。当实施一定的货币政策,如紧缩政策时,中央银行可在公开市场上出售证券。为吸引企业和居民用手中的活期或定期存款(货币余额)来购买这些证券,央行必须提供较高的收益率。当企业和居民购买证券的行为结束后,银行存款余额下降,银行准备金减少。为满足法定准备金要求,银行就得出售证券或减少贷款。在这一过程中,货币供给随着存款下降而相应减少,于是利率上升。利率上升使得对利率敏感的支出(如投资和耐用品消费)下降,从而总支出下降,经济下行。

在央行收缩基础货币、银行准备金减少、货币供应量下降、总支出下降的过程中,商业银行有两种活动会使货币减少,一是收缩贷款,二是向企业、居民等非金融部门卖出证券。但货币观点强调商业银行等金融机构资产负债表中负债一方(如活期和定期存款的变化),认为货币变动无论是由减少贷款发放,还是由卖出证券引起,都会对实体经济产生同样的影响,也就是说,引起货币供给变化的原因并不重要,因此可以忽略资产一方。其次,货币作为银行部门的负债,对应着企业、家庭等部门的资产,是实体经济部门拥有的购买力，同时，货币也构成了整个经济体系中的流动性。无论是购买力还是流动性，均反映了社会的总需求。而这与凯恩斯以来，主流经济学更强调总需求管理，而相对忽视供给管理是一致的。可见，货币观点认为货币更能够反映金融与实体经济的关系。再次，货币观点指出，银行发放贷款，货币就得到创造，银行减少贷款，货币供给就下降，银行贷款与货币总量之间的相关度非常高，因此忽略贷款（资产方），而只关注货币供应量（负债方），也是可行的。此外，中央银行可以通过公开市场操作、基准利率变动等多种手段调节货币供应量，而且这种调控比控制资产方的贷款更直接、更有效。总之，货币观点更重视货币，而不是信贷。同时这一理论将贷款、债券和其他债务工具均归为"债券"，就使得银行体系的负债方处于货币政策传导的核心位置，而资产方则被忽略了。

早期的货币观点认为货币对经济的影响是间接的，即需通过利率变动来影响总产出，因而是凯恩斯学派的。之后货币学派的货币观点则认为货币需求函数是相对稳定的，货币需求的利率弹性较低，但货币需求受收入影响较大，因此货币供给变动对利率的影响较小，而对支出水平影响较大。所以，货币对经济的影响更直接，也更强烈。无论是凯恩斯学派的货币观点还是货币学派的货币观点，都认为货币（负债）一方的变化，就足以反映货币政策的传导及其对实体经济的影响，只不过前者强调货币的价格途径，后者强调货币的数量途径。

货币观点成立需要一些前提条件，尽管一般教科书并不强调这些条件。一是市场是完全的，信息是充分的。货币观点认为只关注银行体系资产负债表的负债方就足以明察货币政策传导的整个过程，因此可以忽略资产方。这一观点的假设前提是，从资金供给到资金需求的信用创造是稳定的，企业的投资意愿仅由投资的实际收益和实际利率水平所决定，企业的金融环境（如货币条件）也不会影响投资决策，因而信用创造过程，甚至整个金融体系的运行都可以被忽略。这与传统的经济学理论以充分信息为前提，逻辑上是一致的。二是所有的非货币金融资产都可以完全替代。货币观点将所有非货币金融资产均归入债券，其实就是假定各种非货币金融资产之间可以相互替代。这也意味着，财富持有者对货币和非货币金融资产的选择比较敏感，但对债券、股票等非货币金融资产之间的选择并不敏感，企业也不会很关心其负债的类型（如是内部或外部融资）。简言之，信用工具的类型一般不影响实体经济。

（二）货币观点的主要缺陷

货币观点是目前西方经济学占主流地位的货币政策传导机制理论，但对这一理论也有不少争议，这些争议多与该理论的前提条件有关。

一是市场通常不完善，信息通常不完全。货币观点的前提条件之一是市场机制健全、信息充分和对称、金融市场发达，但现实往往是信息并不完全，买卖双方信息并不对称，市场结构并不完善。而如果引入不完全信息理论，则传统的以完全市场假设为基础的经济分析结论，都可能被推翻。

二是各种非货币金融资产之间并不能完全替代。货币观点简单地将金融资产划分为货币和债券两种类型是不全面的，甚至是错误的。事实上，非货币金融资产（比如政府债券、商业票据、股票、银行贷款、消费者信用）之间的差异是明显的，并不能完全替代。这些资产的变化对经济的影响也不完全相同。

三是贷款增长与货币增长经常背离。以美国为例，从 20 世纪 70 年代开始，银行贷款增速和货币供应量增长经常不一致。我国也经常出现货币偏宽松，但贷款增长较慢，或相反的例子。这表明从商业银行的负债方（货币）和资产方（贷款）分别观察货币政策传导，结论可能不一样。

四是货币创造的途径不同，对实体经济的影响也不同。货币观点认为，不管货币创造是由银行购买证券引起，还是由银行发放贷款引起，两者对实体经济的影响是一样的。但事实上，尽管银行贷款增加和等量的银行证券购买对货币供应量的影响基本相同，但银行贷款对总支出的刺激可能更大，因为比起向银行出售证券，从银行获得贷款的个人和企业更愿意将这部分资金用于购买商品和劳务。

（三）从资产方论述货币政策传导机制——信用观点

由于货币观点存在上述一系列缺陷，从 20 世纪 50 年代开始，不少经济学家陆续提出并最终形成了货币政策传导的信用观点。根据信用观点，以货币为代表的负债方并不能全面反映货币政策的传导过程及其影响，贷款等资产方的主要项目，也能反映货币政策对实体经济的影响。需要指出的是，经济学家们提出信用观点，不是为了完全否定和取代货币观点，而是试图对货币观点予以补充和完善。

信用观点认为在经济运行中，市场竞争并不完全，信息并不充分，信用创造的过程远非完善，有些情况下可能很糟糕甚至濒临崩溃（如金融危机期间），信用创造的波动也将影响产出、就业、投资等实体经济变量，而且非货币金融资产之间并不能完全替代。

信用观点指出，当中央银行实施一定的货币政策，如通过公开市场操作收缩基础货币，企业和居民为购买央行卖出的证券，需要动用存款，这导致商业银行存款量（负债方）下降。而商业银行为保持资产负债表平衡，则要相应减少贷款或证券持有量（资产方）。由于信用观点认为证券和贷款之间不能完全替代，因此，商业银行在存款减少的情况下，一般会同时减少贷款和证券两种资产。随着贷款减少，贷款利率也会上升，而这些都会影响那些依赖贷款的企业和居民，致使其支出水平下降，进而使实体经济下行。信用观点还认为，信息不充分会降低金融体系效率，引发企业外部融资利差①，增加企业融资成本。当央行实施一定的货币政策，如加息，这通常会提高外部融资利差（因为外部融资利差与基准利率同方向变动），于是企业融资成本上升，借贷减少，支出萎缩，最终总产出水平下降。

信用观点有两个前提条件。一是货币政策能够影响银行贷款数量，二是银行贷款数量会影响企业和居民的支出水平。由于信用观点假定非货币金融资产之间不能完全替代，商业银行为应对货币紧缩，不仅要减少证券持有量，而且要降低贷款量。因此，货币政策能够影响银行贷款。而当银行贷款下降时，企业不能通过其他渠道来完全弥补资金缺口，因此，贷款下降也会降低企业和居民支出水平。

信用观点获得了一些实证研究的支持。如 Bernanke 和 Blinder（1992）的研究表明，货币政策收紧将导致信贷减少，进而使支出下降。Gertler 和 Gilchrist（1994）研究发现，小企业贷款数量在货币紧缩之后急剧下降，并在随后的两年内销售和存货投资增长下滑。Nakamura 和 Lang（1992）指出，商业银行在货币紧缩时，削减小微企业的贷款要甚于大中型企业。Friedman 和 Kuttner（1992），以及 Stock 和 Watson（1989）均认为，票据—国债利差在货币政策紧缩时将增大。

---

① 外部融资利差是指企业外部融资（比如通过贷款、发行股票或债券等方式融资）的成本与内部融资（如通过留存收益来融资）成本之差。外部融资利差的产生，与资金供给方和需求方之间的信息不对称有关。

（四）传统信用观点的发展

传统的信用观点强调，货币政策通过影响商业银行的资产负债表，来影响贷款数量，最终使总支出发生变动。20 世纪七八十年代以后，信用观点获得了进一步的发展。根据这些新理论，货币政策还可通过影响企业、居民和其他金融机构的资产负债表，来使银行贷款发生变动并最终影响总支出。一是消费者资产负债渠道。这种观点指出，影响消费的因素不仅有人们当前的收入，还应包括未来收入，以及债券、股票、不动产等财富。货币政策通过利率变动，可以影响股票、债券和住房价格，使得以股票、债券和住房为代表的个人财富发生变化，进而影响居民借款和消费行为，最终影响总支出水平[①]。二是企业资产负债渠道。假定货币供应量增加，这可以引起利率下降和股票价格上升，进而使企业资产净值增加。与此同时，货币扩张引起物价上涨，企业债务缩水，也导致企业资产净值增加。较高的资产净值意味着企业拥有更多的抵押物，银行也更愿意贷款。而较高的净值也提高了企业的违约成本，降低了企业的道德风险，银行贷款意愿增强，企业借款和投资增加，总支出上升。三是金融机构资产负债渠道。货币扩张可以引起股票、不动产等资产价格上升，使得银行等金融机构贷款损失减少、资本增加。更充足的资本允许银行等金融机构发放更多的贷款，进而总支出上升。

除了资产负债表渠道，货币政策还可以通过资产流动性渠道，影响银行贷款并最终影响总支出。以货币扩张为例，货币、债券、股票，以及房屋、土地等资产的流动性，通常会不同程度地提高。企业和居民在资产流动性较高时，发生财务困难的可能性较小，对未来信心较强，更有可能借入资金，以扩大投资或增加消费，从而推动总支出水平上升。

信用观点的进一步发展还表明，货币政策除影响银行贷款外，还可以引起债券融资、股票融资等其他资产方的变动，进而影响总支出水平。如托宾就指出，当货币政策扩张时，利率下降，股票价格上升，企业的股票市值增加（对于上市公司而言）。当企业股票市值超过资本重置成本（即企业重新购置机器设备、厂房等需要付出的费用）时，企业发行新股票就有利可图，于是企业股票融资额增加，投资扩大，总支出水平上升。这就是著名的托宾 Q 理论。

[①] 莫迪利亚尼的财富观点也有类似的阐述。

三、社会融资规模与我国货币政策传导

（一）应从负债方和资产方同时考察货币政策的传导

一是理论和实践都表明，应同时关注资产方和负债方。根据前述货币政策传导机制理论和实证分析，货币渠道和信用渠道在货币政策传导中都不同程度地发挥着作用。从我国的实际情况看，由于货币乘数和货币流通速度波动幅度较大①，因此，货币供应量只在一定程度上有效影响实体经济，货币观点也只能部分地解释货币政策传导机制。在货币渠道起作用的同时，我国也具备信用观点的前提条件。首先，在我国收紧货币时，企业获得银行贷款的难度会增加，小企业感受尤为强烈，通过发行债券和股票融资则更难。因此在我国，银行贷款、债券股票融资的变化能够影响企业的投资水平。其次，人民银行可以通过各种货币政策工具来影响商业银行贷款数量，也可以通过利率变动来改变债券和股票融资额，货币政策能够影响贷款等资产方的变动。因此，我们在关注负债方货币供应量的同时，也要从资产方，对包括贷款等在内的社会融资规模进行统计和监测分析。

二是负债方的货币统计和资产方的贷款统计出现背离。近年来，我国货币供应量增速与国内贷款增长经常出现背离，且差距趋于扩大。这表明仅从负债方的货币或资产方的贷款，来评估货币政策传导效果将有失偏颇。货币供应量与人民币贷款差异逐渐扩大，与外汇占款快速增长等有关。

三是不少实证研究证明，我国货币政策存在货币和贷款二元传导机制。比如，盛松成、吴培新（2008）运用 VAR 模型对我国 1998 年 1 月至 2006 年 6 月的经济金融月度数据进行了分析，发现广义货币供应量 M_2 是货币政策的重要指标，M_2 对工业增加值和 CPI 作出系统性反应；同时，银行贷款也是货币政策的传导渠道，信贷规模是事实上的中介目标。蒋瑛琨、刘艳武、赵振全（2005）对 1992—2004 年货币政策传导机制的实证分析显示，20 世纪 90 年代以后，贷款和货币供应量均对物价和产出有显著影响。这表明信用渠道是我国货币政策传导的方式之一。

① 在 2001—2010 年的 10 年间，我国的货币乘数和货币流通速度最大波动幅度分别达到 0.37 和 0.38，而美国的货币乘数在 1960—2000 年的 40 年间变动幅度仅为 1。

（二）资产方的统计范围应扩大到包括股票、债券融资等在内的整个社会融资规模

近年来的理论和实践经验表明，有必要从更广泛的资产方统计社会融资规模。

一是信用观点的进一步发展。如前文所述，货币政策从资产方进行传导，除了改变贷款数量，还可以通过影响债券、股票和不动产价格，改变企业和居民的债券、股票等融资行为，进而影响需求和总产出水平。因此，资产方的统计，既要包括银行贷款，还应包括债券、股票融资等。

二是货币供给理论中的"新观点"（the new view）。所谓"新观点"是指西方国家20世纪50年代后出现的不同于传统货币供给分析的理论观点，如英国《拉德克利夫报告》提出的"整体流动性"理论。该理论认为，对经济真正有影响的不仅是传统意义上的货币供给，而应是包括这一货币供给在内的整个社会的流动性；决定货币供给的不仅是商业银行，而应是包括商业银行和非银行金融机构在内的整个金融系统。格利和肖指出，金融中介机构不仅包括商业银行，还应包括各种非银行金融机构；商业银行和其他金融机构在信用创造过程中的作用类似，货币和其他金融资产之间具有一定的替代性；货币当局不仅应该控制货币和商业银行，还应高度关注非银行金融机构和非货币金融资产。

三是国际金融危机后的理论总结。Thomas M. Hoeing（2008）认为，存款性公司资产负债表并不能完全反映信用创造的过程，信用过程更多发生在银行体系之外，即在一个更为广阔的全球金融市场中。英国金融服务局（UK FSA，2009）指出，不仅传统的商业银行可以实现资产负债的期限转化，"影子银行"等也具有这一功能，如结构投资工具（SIVs）、管道工具（Conduits）、投资银行和共同基金，就承担了大量传统商业银行的期限转化职能。巴塞尔银行监管委员会在2010年提出了广义信用的概念，认为信用总量不仅包括国内外银行以及非银行金融机构发放的贷款，也包括为家庭和其他非金融私人部门融资而发行的债务性证券。

（三）统计社会融资规模的目的，不是取代货币供应量，而是与货币供应量相互补充

有一种误解，以为社会融资规模要取代货币供应量，来作为唯一的货币政策中间目标。需要指出的是，货币观点依然是西方货币政策传导机制理论的主流，信用观点仍居于从属地位，即使 Bernanke 这样的信用观点支持者，也承

认货币变量对经济的解释力一般强于信贷变量。从我国情况看，尽管人民币贷款占比下降，但依然是社会融资规模最重要的组成部分。与货币供应量和人民币贷款相比，社会融资规模的主要不同之处在于：一是社会融资规模从金融机构资产方进行统计，而货币供应量从负债方进行统计；二是社会融资规模统计的是整个金融机构，而货币供应量仅从存款性金融机构进行统计；三是社会融资规模涵盖的资产方范围更广，除了金融机构的贷款，还包括金融机构的表外信用及金融市场的债券、股票融资等，因而它能够更全面地从信用角度和金融机构资产方反映货币政策的传导，因此可以将社会融资规模作为货币供应量指标的有益补充。社会融资规模与货币供应量统计相互补充，互相弥补，从两个方面共同反映货币政策的实施效果。

四、社会融资规模与货币政策传导的实证检验

(一) 社会融资规模的描述性统计

总量上看，从 2002 年到 2011 年，我国社会融资规模年均增长 22.9%，比同期人民币各项贷款年均增速高 5.7 个百分点。2011 年社会融资规模与 GDP 之比为 27.1%，比 2002 年提高 10.4 个百分点。

结构上看，人民币贷款占比呈下降趋势，人民币贷款外的其他方式融资数量和占比明显上升。2011 年，新增人民币贷款占同期社会融资规模的 58.2%，比 2002 年下降 33.7 个百分点。2011 年除人民币贷款外的其他方式融资占同期社会融资规模的 41.8%，比 2002 年上升 33.7 个百分点。2012 年第一季度，新增人民币贷款占同期社会融资规模的 63.3%。

(二) 数量方法测算结果

研究社会融资规模的货币政策传导，主要采用两种实证方法，一是对时间序列的统计和计量分析方法，二是一般均衡建模分析。

1. 统计与计量方法测算结果[①]

基于 2002 年至 2012 年第一季度数据，对社会融资规模、新增人民币贷款与主要经济指标分别进行统计分析，结果表明，货币政策能有效影响社会融资规模，同时，与新增人民币贷款相比，社会融资规模与主要经济指标间的相互

---

① 对于测算使用的数据，本文根据统计与计量方法的要求，在测算过程中需要做相应的处理，如取对数、取差分、求平稳等。这里不再详述数据处理过程。

关系更紧密。社会融资规模与 GDP、消费、投资、CPI 等主要经济指标的相关系数均在 0.8 以上，平均比新增人民币贷款与主要经济指标的相关系数高 0.1 左右。

同时，协整和格兰杰因果检验分析表明：社会融资规模与基础货币、利率之间存在长期稳定的协整关系，且基础货币和利率变动是引起社会融资规模变动的格兰杰原因。同时，社会融资规模与固定资产投资、GDP 和 CPI 等实体经济变量之间也存在长期稳定的协整关系，社会融资规模与固定资产投资、GDP 和 CPI 之间存在显著的因果关系。

2. DSGE 模型测算结果

（1）模型结构与前提条件。本文的 DSGE 模型包括家庭、厂商、金融部门和货币当局四个经济主体，采用张嘉为等（2012）建立的模型结构。模型有三个前提条件：一是假定社会融资规模包括银行信贷（间接融资）和直接融资两部分。货币政策可以通过贷款利率影响间接融资，也可以通过影响市场资金供求关系来改变市场收益率，进而影响直接融资。二是以利率政策作为货币政策的表现形式，不仅考虑信贷利率，还考虑直接融资市场收益率。三是引入信贷摩擦系数。用该系数来反映信贷额度控制、窗口指导等非利率货币政策的紧缩或扩张程度，以分析这些政策对银行信贷和直接融资的影响。

（2）参数估计。参数确定是 DSGE 建模中的重要步骤，一般先使用校准方法给出参数的初始值，再基于主要指标的时序数据，运用贝叶斯估计方法进行参数估计。本文采用张嘉为等（2012）的参数校准结果作为初始值，并对总产出（GDP）、总资本（全社会固定资产投资）、价格水平（GDP 平减指数）、货币供应量和社会融资规模数据进行贝叶斯极大似然估计，数据区间为 2002 年第一季度至 2012 年第一季度。相关参数贝叶斯估计结果见表 1。

表 1   贝叶斯估计结果

参数	初始校准值	贝叶斯估计值
α	0.4	0.3053
β	0.96	0.9957
ϕ	3	2.8747
x_1	0.8	0.5756
x_2	0.8	0.8090
x_3	0.25	0.0919

续表

参数	初始校准值	贝叶斯估计值
x_4	0.5	0.6530
θ_{hr}	0.2	0.2682
θ_{lr}	0.95	0.9905
ρ	0.2	0.0943

资料来源：根据中国人民银行调查统计司和国家统计局数据测算得出。

（3）结论。基于上述 DSGE 模型，我们从三方面分析了社会融资规模在货币政策传导中的作用。首先分析货币政策工具对银行信贷、直接融资、社会融资规模的影响；其次分析社会融资规模变动对实体经济变量的作用；最后引入金融市场的摩擦冲击，考察信息不对称对不同资金来源的影响。

DSGE 模型的模拟结果表明：一是社会融资规模与利率、产出相关。根据优化求解得到的均衡模型生成模拟数据，计算模型中变量的相关性可以看出，社会融资规模与利率、产出的相关性较高。二是利率政策能够有效调节社会融资规模。若信贷摩擦系数较小，利率的正向冲击，将导致银行信贷和直接融资规模均下降，从而社会融资规模下降；若信贷摩擦系数逐渐变大，部分银行信贷将向直接融资转移。因此，社会融资规模的变动更全面地反映了货币政策的效果。三是社会融资规模的变动能够显著影响实体经济。对于社会融资规模的正向冲击，产出、消费、资本等宏观经济变量均上升；与银行信贷的正向冲击对宏观经济变量产生的影响相比，社会融资规模的正向冲击产生的影响更大。

（三）社会融资规模符合利率市场化调控方向，体现了数量调控和价格调控相结合的原则

近年来，我国央行积极推进利率市场化，并在 2007 年初推出了上海银行间同业拆借利率（Shibor）。Shibor 在货币市场利率体系中的基准地位逐步确立，在金融产品定价中发挥着重要作用。目前以 Shibor 为基础确定利率的金融产品越来越多，包括利率互换、远期利率协议、同业借款、转贴现、债券买卖、金融理财产品、货币互存业务等，部分商业银行还将内部转移资金价格以及绩效考核办法与 Shibor 挂钩。社会融资规模中的银行承兑汇票、企业债券等已参照 Shibor 进行市场化定价。

目前社会融资规模中人民币贷款实施基准利率及其浮动管理，而其他类型的融资市场化定价程度更高，市场化调控特征更明显。从社会融资规模与市场

化调控工具 Shibor 的关系看，实证结果表明，Shibor 与 M_2、人民币贷款、社会融资规模的相关系数分别为 - 0.47、- 0.53 和 - 0.57，Shibor 与社会融资规模的相关性较强。

我国目前已经形成了基准利率和市场利率并存的利率体系，同时初步实现了数量调控和价格调控相结合。对于票据贴现、债券、股票融资等按市场化方式定价的融资，主要使用利率价格型工具进行调控；对于贷款等市场化定价程度相对较低的融资，则使用公开市场操作、存款准备金率等数量型工具和利率价格型工具进行调控。社会融资规模作为货币政策的中间变量，是我国金融宏观调控的有益探索和创新。它将数量调控和价格调控结合起来，将进一步促进金融宏观调控向市场化方向转变，进一步推进利率市场化。

五、编制社会融资规模指标有利于加强金融对实体经济的支持

2012 年中央经济工作会议指出，要牢牢把握发展实体经济这一坚实基础。2012 年初召开的全国金融工作会议也强调，要坚持金融服务实体经济的本质要求。可以说，从存款性金融机构负债方统计的货币，是金融体系对实体经济提供的流动性和购买力，反映了整个经济的需求。而主要从金融机构资产方统计的社会融资规模，则从全社会资金供给的角度反映了金融对实体经济的支持。在我国，编制社会融资规模指标，对于促进金融支持实体经济，具有重要的意义。

一是我国特定的货币政策传导决定了需同时关注社会融资规模。货币政策传导机制的理论分析表明，货币观点以市场经济完善、信息充分、金融体系发达为假设前提，而信用观点则建立在市场竞争不完全、信息不充分、信用创造过程不完善的基础之上。与西方国家相比，我国市场经济远非完善，金融市场还不发达，信息往往既不充分也不对称，信用观点的前提假定更符合我国实际。因此，在西方国家，某种意义上确实可以只关注需求方和货币，而忽略供给方。但在我国，货币政策对实体经济的影响很大程度上是通过信用渠道实现的，所以仅仅关注货币是不够的，还需要同时关注社会融资规模。

二是我国具有计划和政府色彩较浓的经济传统。新中国成立后的很长一段时期，我国实行的是计划经济，包括对土地、人力、资金等生产要素的计划，对生产什么产品、生产多少的计划。在这种体制下，更强调生产和供给。改革开放以来，我国逐步走向市场经济。但与西方国家不同，我国各级政府都担负

着较强的社会经济职能。比如，政府拥有大量的国有企业，这些企业在石油、电信、铁道、金融等行业中处于支配地位。政府对主要生产要素和基础原材料拥有支配和定价的权力，包括支配土地和资金流向，决定或影响着水、电、气和煤、油、运等的价格。此外，各级政府还通过发展农业、办教育、支持中小企业发展、进行基础设施建设等方式直接参与经济建设。而社会融资规模从资金供给的角度进行统计，也可以分类计算诸如"三农"贷款、中小企业贷款、教育贷款、政府融资平台贷款等内容，能够从供给方反映金融对实体经济的支持，这与我国政府色彩较浓的经济特点相一致。

三是我国经济结构差异显著。目前，我国经济发展仍不平衡，城乡之间、地区之间、行业之间、部门之间的差异仍然较大。同时，实体经济部门资金来源广泛。以固定资产投资为例，据国家统计局 2011 年的数据，城镇固定资产投资资金来源中自筹资金占 65.9%，国内银行贷款占 13.5%，国家预算内资金占 4.3%，利用外资占 1.5%，其他资金占 14.7%。而货币作为一个总量指标，难以反映金融对不同实体经济部门的支持力度差异。社会融资规模则可以从多个角度进行分类统计，如分地区、分行业、分部门、分来源等。在对分地区社会融资规模的初步测算中，我们发现，尽管社会融资规模目前仍主要集中于东部地区，但集中度已有所下降；中、西部地区社会融资规模增速明显快于东部，占比有所上升。这表明，金融对中、西部地区的支持力度进一步加强。

四是应吸取国际金融危机的教训。2008 年国际金融危机以来，西方国家采取了超低利率和多轮的量化宽松政策，向金融和经济体系注入流动性。但三年多过去了，美欧国家失业率依然高企，政府和私营部门债务危机重重，经济复苏乏力。这表明，流动性问题不是危机的根源，根本的问题在于：西方国家长期实行需求扩张政策，国民过度举债，超前消费，"寅吃卯粮"，透支未来购买力，导致银行、企业、个人乃至政府的偿付能力不足，资产负债表全面恶化。因此，这次国际金融危机的本质就是西方国家长期推行凯恩斯主义，无限制扩大全社会需求，致使产出无法满足"过度需求"而酿成的恶果。

因此，中央经济工作会议提出要着力发展实体经济，是对国际金融危机根源的深刻洞见。重视社会融资规模指标，有利于从供给方加强金融对实体经济的支持力度，有利于避免重蹈西方国家片面强调需求管理而忽视产出和供给因素的覆辙。

六、结论

最近几十年来，我国的货币政策及其传导机制始终在不断探索和完善的过程中，统计社会融资规模，研究货币供应量、社会融资规模与货币政策传导的关系，也是实践的过程，不断完善的过程。

据说在 20 世纪八九十年代，理论界也曾讨论过关于社会融资规模的类似问题，但并未得到令人满意的结果，有人据此否认社会融资规模的概念。但是时过境迁，当年人民币贷款占了金融机构资产方的绝大部分，已相当全面地反映了金融对实体经济的支持，确实没有必要统计社会融资规模。而现在环境完全变了，金融市场和产品不断创新，社会融资结构发生显著变化，直接融资快速发展，非银行金融机构作用明显增强，商业银行表外业务大量增加，而且这些新情况新变化还在进一步发展，金融调控面临新的环境和要求，迫切需要确定更为合适的统计监测指标和宏观调控中间目标。这也是为什么西方国家近几十年来，不断有人提出货币政策传导的信用观点。

社会融资规模指标的推出，与我国当前的经济金融环境和货币政策传导机制是相适应的。实证研究也表明，我国的货币政策能有效影响和调控社会融资规模，社会融资规模也对经济增长、物价水平、投资消费等实体经济指标产生较大影响，社会融资规模是反映金融和经济关系的良好指标。编制社会融资规模指标也有利于加强金融对实体经济的支持。

参考文献

［1］戴根有．中国货币政策传导机制研究［M］．北京：经济科学出版社，2010．

［2］郭红玉，黄晓薇，白新民，等．规模约束和资本约束下银行信贷管理研究［J］．科学决策，2012（5）．

［3］蒋瑛琨，刘艳武，赵振全．货币渠道与信贷渠道传导机制有效性的实证分析——兼论货币政策中介目标的选择［J］．金融研究，2005（5）．

［4］金琦．中国货币政策传导机制［M］．北京：中国金融出版社，2004．

［5］劳埃德 B·托马斯．货币、银行与金融市场［M］．北京：机械工业出版社，1999．

［6］李安勇，白钦先．货币政策传导的信贷渠道研究［M］．北京：中国

金融出版社，2006.

[7] 陆前进，卢庆杰. 中国货币政策传导机制研究 [M]. 上海：立信会计出版社，2006.

[8] 罗晟. 社会融资规模将遵循市场化调控 [J]. 财经，2011（8）.

[9] 盛松成. 现代货币供给理论与实践 [M]. 北京：中国金融出版社，1993.

[10] 盛松成，吴培新. 中国货币政策的二元传导机制——"两中介目标，两调控对象"模式研究 [J]. 经济研究，2008（10）.

[11] 盛松成. 货币如何影响经济 [J]. 中国金融，2010（12）.

[12] 盛松成. 社会融资总量的内涵及实践意义 [N]. 金融时报，2011 - 02 - 18.

[13] 盛松成. 社会融资规模是符合金融宏观调控市场化方向的中间目标 [N]. 金融时报，2011 - 03 - 08.

[14] 盛松成. 社会融资规模概念的理论基础与国际经验 [J]. 中国金融，2011（8）.

[15] 盛松成. 坚持科学发展，不断完善金融调查统计体系 [EB/OL] http：//www. pbc. gov. cn/publish/goutongjiaoliu/524/2011/20110313. text.

[16] 殷剑峰. 反思宏观金融政策的重构——评央行社会融资总量 [J]. 中国社会科学院金融研究所金融论坛，2011（15）.

[17] 詹姆斯·托宾，斯蒂芬·S. 戈卢布. 货币、信贷与资本 [M]. 大连：东北财经大学出版社，2000.

[18] 张嘉为，赵琳，郑桂环. 基于 DSGE 模型的社会融资规模与货币政策传导研究 [J]. 金融与财务，2012（1）.

[19] 张曼，罗晟. 货币政策谋变 [J]. 财经，2011（8）.

[20] Ben S. Bernanke and Alan S. Blinder, 1992, "The Federal Funds Rate and the Channels of Monetary Transmission", *American Economic Review*, September, 901 - 921.

[21] Ben S. Bernanke, 1993, "Credit in the Macroeconomy", *FRBNY Quarterly Review*, Spring, 50 - 75.

[22] Berger, Allen N., and Gregory F. Udell, 1992, "Some Evidences on the Empirical Significance of Credit Rationing", *Journal of Political Economy*,

October, 1047 – 1076.

[23] Brunner, K. and A. H. Meltzer, 1972, "Money, Debt and Economic Activity: An Alternative Approach", *Journal of Political Economy*, 80, 951 – 977.

[24] Cecchetti, G. Stephen, 1994, "Distinguishing Theories of the Monetary Transmission Mechanism", paper presented at Federal Reserve Bank of St. Louis Economic Policy Conference, October, 20 – 21.

[25] Christina D. Romer and David H. Romer, 1990, "New Evidence on the Monetary Transmission Mechanism", Brookings Papers on Economic Activity, 1, 149 – 213.

[26] Eugene F. Fama, 1980, "Banking in the Theory of Finance", *Journal of Monetary Economics*, 6, 39 – 57.

[27] Franco Modigliani and Merton H. Miller, 1958, "The Cost of Capital, Corporation Finance and the Theory of Investment", *The American Economic Review*, 48, 261 – 297.

[28] Gertler, Mark, and Simon Gilchrist, 1993, "The Role of Credit Market Imperfections in the Monetary Transmission Mechanism: Arguments and Evidence", *Scandinavian Journal of Economics*, 95, 43 – 64.

[29] Hubbard, R. Glenn, 1994, "Is There a Credit Channel for Monetary Policy?", paper presented at Federal Reserve Bank of St. Louis Economic Policy Conference, October, 20 – 21.

[30] Joseph E. Stiglitz and Andrew Weiss, 1981, "Credit Rationing in Markets with Imperfect Information", *American Economic Review*, June, 393 – 410.

[31] Morgan and P. Donald, 1992, "Bank Loan Commitments and the Lending View of Monetary Policy", Federal Reserve Bank of Kansas City Research Working Paper, December, 90 – 92.

[32] Ramey and Valerie, 1993, "How Important Is the Credit Channel in Monetary Policy?", Carnegie – Rochester Conference Series on Public Policy, December, 1 – 45.

[33] Romer, D. Christina and David H. Romer, 1990, "New Evidence on the Monetary Transmission Mechanism", Brookings Papers on Economic Activity,

1，149 - 213.

［34］ Thomas M. Hoeing，2008， "Maintaining Stability in a Changing Financial System：Some Lessons Relearned Again?"，New Finance（1）.

社会融资规模与货币政策传导

——基于信用渠道的中介目标选择[①]

摘要： 随着我国金融市场的多元化发展，信贷规模指标已无法准确、全面地反映金融体系对实体经济的资金支持，而社会融资规模（增量与存量）是能够综合反映全社会融资总量和结构的指标。采用 2002—2014 年月度金融经济数据，在理论分析的基础上运用 SVAR 模型，对社会融资规模增量与新增人民币贷款指标在货币政策传导机制中作用的比较分析发现，社会融资规模增量与货币政策最终目标的相关性和可控性优于新增人民币贷款（尤其在 2009 年之后）。社会融资规模存量与 M_2 不仅在绝对数值和增速上相当接近，且二者与货币政策最终目标和操作目标的关系高度一致。社会融资规模（增量与存量）统计的完善，有利于促进我国金融宏观调控、经济结构调整和供给侧结构性改革。

一、引言

货币政策传导机制是指，中央银行运用一定的货币政策工具，引起操作目标进而引起中介目标变化的连锁反应，并通过各种渠道实现货币政策最终目标的传导过程。货币政策的中介目标在整个货币政策传导中居于关键的枢纽地位，既要为操作目标所控制，又要通过某种渠道影响最终目标。自 1984 年中国人民银行成立以来，我国货币政策中介目标的演进经历了三个阶段。第一阶段为 1984 年至 1993 年，人民币信贷规模和现金发行是中介目标。第二阶段为 1994 年至 1997 年，央行逐渐将货币供应量作为中介目标，减弱了对人民币信贷规模的控制，且不再将现金发行作为中介指标。第三阶段是 1998 年至今，央行以货币供应量为中介目标，并将人民币信贷规模作为经常性的监测指

[①] 本文作者盛松成、谢洁玉，发表于《中国社会科学》，2016 年第 12 期。

标。[1] 在我国货币政策实践中，央行历来注重对金融机构资产方指标（例如人民币信贷规模）和负债方指标（例如现金发行或货币供应量）的搭配使用，可能二者都是中介目标，也可能一方是中介目标、另一方为监测指标。[2]

作为中介目标或监测指标，来自金融机构负债方的货币供应量，通过货币渠道影响货币政策最终目标；来自金融机构资产方的信贷规模，则通过信用渠道影响最终目标，二者可相互补充、相互印证。然而，近年来我国金融改革、创新和市场化的力度在加强，金融产品和融资工具不断创新，使得实体经济通过银行体系之外获得资金的渠道和工具不断增加，对上述中介目标或监测指标的有效性提出了挑战。由于货币供应量能够根据需要划分为若干层次，是一个在理论上可以无限多次修订的开放性指标，故这种先天的优势使得它能够在金融创新的浪潮中不断更新完善。反观信贷规模指标，并无类似的有利条件，其仅指银行类金融机构表内的人民币贷款，无法涵盖所有金融机构以各种融资方式向实体经济提供的资金支持。自然地，信贷规模作为监测指标的有效性受到了质疑。Ramey、[3] Meltzer[4] 指出，随着直接融资的快速发展，企业并不完全依赖于银行贷款，信贷规模在货币政策传导机制中的作用会减弱。结合我国国情，张嘉为等[5]认为，货币政策对间接融资和直接融资均影响显著，监测指标只有兼顾间接融资和直接融资，才能反映货币政策对实体经济的影响。牛润盛、[6] 郭丽虹等[7]研究了社会融资结构变化对实体经济的影响，发现银行信贷以外的融资方式，如股票融资、债券融资和保险市场等，对实体经济的作用在增强。

金融市场的创新发展为实体经济提供了日益多样化的融资方式，金融机构资产端的种类也愈发多元化，单一的人民币信贷规模指标已无法全面、准确地

---

① 盛松成，徐诺金，张文红. 社会融资规模理论与实践 [M]. 北京：中国金融出版社，2015.

② 盛松成，吴培新. 中国货币政策的二元传导机制———"两中介目标，两调控对象"模式研究 [J]. 经济研究，2008（10）.

③ Valerie A. Ramey，"How Important Is the Credit Channel in the Transmission of Monetary Policy?" Carnegie‐Rochester Conference Series on Public Policy，vol. 39，1993，pp. 1–45.

④ Allan H. Meltzer，"Monetary，Credit and（Other）Transmission Processes：A Monetarist Perspective"，*Journal of Economic Perspective*，vol. 9，no. 4，1995，pp. 49–72.

⑤ 张嘉为，赵琳，郑桂环. 基于 DSGE 模型的社会融资规模与货币政策传导研究 [J]. 财务金融，2012（1）.

⑥ 牛润盛. 社会融资结构变迁对实体经济和产业结构的动态影响———基于状态空间模型研究 [J]. 海南金融，2013（5）.

⑦ 郭丽虹，张祥建，徐龙炳. 社会融资规模和融资结构对实体经济的影响研究 [J]. 国际金融研究，2014（6）.

反映金融体系对实体经济的资金支持。为此，我国央行于 2010 年编发了一个新的指标——社会融资规模增量，指一定时期内实体经济从金融体系获得的资金，由四部分组成。一是银行新增贷款，二是银行表外信用，三是直接融资，四是以其他方式向实体经济提供的资金支持。相较于新增贷款指标，社会融资规模增量指标涵盖了更广泛的融资渠道，包括间接融资和直接融资、表内融资和表外融资、传统业务和创新业务等。自 2010 年 12 月中央经济工作会议首次提出要"保持合理的社会融资规模"以来，该指标迄今已连续七年写进中央经济工作会议文件和《政府工作报告》。2016 年的《政府工作报告》首次提出了社会融资规模的调控目标，即"今年广义货币 M_2 预期增长 13% 左右，社会融资规模余额增长 13% 左右"。① 2016 年年中召开的中共中央政治局会议，也首次提出"要引导货币信贷和社会融资合理增长"。②

社会融资规模增量能否替代新增人民币贷款，成为我国货币政策的中介目标或监测指标，需要从可测性、相关性和可控性三个方面加以考察。③ 鉴于社会融资规模增量与新增贷款都已形成标准统计范式，央行能够快速地精确测量，均满足了可测性要求，那么，现在问题的关键就在于检验它们的"相关性"与"可控性"。"相关性"是指中介目标能够对货币政策最终目标有可预计的影响。"可控性"是指央行必须能够对中介目标实施有效的调控。本文研究的一个目标是，检验社会融资规模增量、新增人民币贷款的相关性和可控性属性，以判断哪个指标是更加合适的中介目标或监测指标。

考虑到广义货币 M_2、人民币贷款等指标均有增量和存量数据，从 2015 年起，我国央行开始发布社会融资规模存量指标，表示一定时期末实体经济从金融体系获得的资金余额。虽同为存量指标，社会融资规模存量从金融机构资产方和金融市场发行方进行统计，而 M_2 则从金融机构负债方进行统计。社会融资规模从全社会资金供给的角度，反映金融对实体经济的支持；而 M_2 则从金融体系提供的流动性和购买力的角度，反映总需求的情况。截至 2015 年底，

---

① 李克强：《政府工作报告》，2016 年 3 月 17 日，http：//www. gov. cn/guowuyuan/2016 – 03/17/content_ 5054901. htm.

② 《中共中央政治局会议》，2016 年 7 月 26 日，http：//news. xinhuanet. com/politics/2016 – 07/26/c_ 1119285168. htm.

③ 盛松成，徐诺金，张文红. 社会融资规模理论与实践［M］. 北京：中国金融出版社，2015.

社会融资规模存量为 138.28 万亿元，M_2 为 139.23 万亿元，二者数值非常接近。[①] 2002—2015 年，二者的相关系数为 0.99。社会融资规模存量不仅在总量上接近 M_2，而且在结构上优于 M_2。例如，社会融资规模指标可以多层次地反映资金的实际投向，体现不同地区、行业、部门所获得的资金支持；也可以反映不同融资工具、融资渠道的资金情况，体现直接融资与间接融资的比例关系、来源于银行和非银行渠道的资金比例关系、银行表内融资和表外融资的比例关系。本文研究的第二个目标是，考察社会融资规模存量的中介目标或监测指标属性，判断其能否成为 M_2 的"一面镜子"。如果社会融资规模存量满足中介目标或监测指标的要求，那么，其丰富的结构信息有利于反映我国金融市场和金融产品的多元化发展趋势，反映金融领域供给侧结构性改革的推进情况。

尽管社会融资规模已得到政策层和实业界的高度关注和重视，但遗憾的是，当前围绕社会融资规模中介目标或监测指标属性的学术研究尚不多见，现有文献存在一些不足。（1）未严格按照可测性、相关性和可控性的三大要求，选取货币政策中介目标。（2）模型设定、变量处理和滞后阶数选取等细节处理不规范，容易导致实证结果相去甚远，缺乏政策可参考性。（3）现有研究的一个误区是将社会融资规模与 M_2 对立起来进行比较，其实二者分属金融机构的资产端和负债端，呈互补关系而非相互替代关系。

本文研究的主要进展是，根植于我国金融创新时期的生态环境，围绕货币政策中介目标的有效性问题，分别考察新增人民币贷款、社会融资规模增量、M_2 和社会融资规模存量的中介目标属性，以选取适应我国货币金融形势的中介目标或监测指标，促进货币政策的科学研判和精准调控。结果发现，社会融资规模增量是优于新增人民币贷款的中介目标或监测指标；社会融资规模存量与 M_2 相互印证、相互补充，构成"两中介目标、两传导机制"模式的"新搭档"。

首先，本文第三部分借鉴新凯恩斯主义范式，构建数量型货币政策调控模型，在此框架内比较各个潜在货币政策中介目标的"相关性"和"可控性"。其次，本文第四部分发现，就两个指标与货币政策最终目标的相关性而言，社会融资规模增量大于新增人民币贷款，尤其是在 2009 年后；无论央行采用数量型或价格型的操作目标，社会融资规模增量均比新增人民币贷款具有更强的

---

① 数据来源：《2015 年统计数据》，http://www.pbc.gov.cn/diaochatongjisi/116219/116319/2161324/index.html.

可控性。既然在信用渠道中介目标范畴内，社会融资规模增量已被证明更优，就需要比较分别基于信用渠道和货币渠道的中介目标的有效性。本文第五部分发现，社会融资规模存量与 M_2 不仅数值上非常接近，而且在相关性、可控性上也高度一致。略有差异的是，社会融资规模存量对产出的影响更大，而 M_2 对通胀的影响更大。综上所述，社会融资规模指标满足了货币政策中介目标的可测性、相关性、可控性三大要求，社会融资规模增量不仅是比新增人民币贷款更优的中介目标，而且也是 M_2 的有益对照和补充。虽然当前我国货币政策操作正在逐渐由数量型调控向价格型调控转变，但由于不同层次利率之间尚未形成市场化的传导链条，经济结构中还存在一些对利率不敏感的部门，金融市场尚未全面形成市场决定的价格体系，因此，搭配使用 M_2 和社会融资规模等数量型货币政策中介目标或监测指标，能起到很好的过渡作用。

二、文献综述

从全球范围看，货币政策调控的最终目标包括物价稳定、充分就业、经济增长和国际收支平衡。然而，央行无法直接影响这一最终目标，只能通过可操作的货币政策工具进行间接调节，通过中介目标传导到最终目标，从而达到宏观调控的目的。在成熟市场经济国家，央行通过公开市场操作、再贴现等政策工具，调节基础货币数量或利率，进而影响货币供应量、中长期利率等中介目标，并通过各种渠道传导至国民经济领域，实现货币政策的最终目标。我国目前处于货币政策调控转型过程中，尚未形成完整的市场利率体系和顺畅的利率传导途径，政策工具、操作目标、中介目标的选取与成熟市场经济国家有所差异。除上述常规政策工具以外，存款准备金率、存贷款基准利率等也能成为我国的货币政策工具；货币供应量或信贷规模等数量型指标是我国当前主要的中介目标或监测指标；"保持货币币值的稳定，并以此促进经济增长"是《中华人民共和国中国人民银行法》规定的我国货币政策最终目标。[①]

货币政策传导机制是一根很长的"链条"，从理论重要性来讲，大致可以分为货币渠道和信用渠道。货币渠道论强调，央行通过政策工具改变金融机构负债方（存款），影响实际利率水平，从而影响总产出。信用渠道论则强调，

---

① 《中华人民共和国中国人民银行法》，2005 年 9 月 12 日，http：//www.gov.cn/ziliao/flfg/2005 - 09/12/content _ 31103. htm.

货币政策的变化通过改变商业银行的资产方（贷款），引起信贷市场的变化，从而影响实体经济的信用可得性，进而改变总产出。[1] 拓展的信用渠道论进一步指出，货币政策除影响银行贷款外，还可以引起债券融资、股票融资等其他金融机构资产方的变化，或金融市场发行方的变化，进而影响总产出。例如，托宾 Q 理论认为，扩张的货币政策会使股票价格上升，当企业股票市值超过资本重置成本时，企业股票融资额增加，投资需求上升，带动总产出水平上升。[2] 目前，货币渠道是发达国家主流的货币政策传导渠道，其以市场经济完善、信息充分为前提，而信用渠道则建立在信息不充分、金融市场不完善的基础上。与成熟市场经济国家相比，我国市场经济远未完善，金融市场尚不发达，信息往往既不充分也不对称，因此，把握货币政策对实体经济的影响，仅仅关注货币渠道是不够的，还需要同时关注信用渠道。

从金融机构负债方统计的 M_2，已被确立为我国货币政策的中介目标，从金融机构资产方统计的信贷规模的中介目标或监测指标地位，也得到了广泛论证。[3] 蒋瑛琨等发现，20 世纪 90 年代以来，信贷规模对物价和产出影响的显著性高于 M_2，表明信贷规模在我国货币政策传导机制中占有重要地位。[4] 吴培新、[5] 陈青青[6]比较我国货币政策传导的信用渠道和货币渠道，发现信贷规模与 M_2 对通胀率和产出均有显著影响，因此二者应该一起作为货币政策中介目标。闫力等也指出，信贷规模可以作为货币政策的中介目标或监测指标。[7] 实践中，我国央行长期以来注重货币供应量和信贷规模的搭配使用，二者可能都是中介目标，也可能一方为中介目标，另一方为监测指标，形成了"两中介目标、两传导机制"模式。

然而，近年来直接融资的快速发展、非银行金融机构作用的增强，以及商业银行表外业务的大量增加，对 M_2 和信贷规模产生了较大影响，使其在货币

① Ben S. Bernanke and Mark Gertler, "Inside the Black Box: The Credit Channel of Monetary Policy Transmission", *Journal of Economic Perspectives*, vol. 9, no. 4, 1995, pp. 27–48.

② 盛松成. 社会融资规模与货币政策传导 [J]. 金融研究, 2012 (10).

③ 苏亮瑜. 我国货币政策传导机制及盯住目标选择 [J]. 金融研究, 2008 (5).

④ 蒋瑛琨, 刘艳武, 赵振全. 货币渠道与信贷渠道传导机制有效性的实证分析——兼论货币政策中介目标的选择 [J]. 金融研究, 2005 (5).

⑤ 吴培新. 作为货币政策调控目标的货币供应量和信贷规模 [J]. 上海金融, 2008 (6).

⑥ 陈青青. 货币政策传导机制与货币政策中介目标选择 [J]. 当代经济, 2010 (3).

⑦ 闫力, 刘克宫, 张次兰. 货币政策有效性问题研究——基于 1998—2009 年月度数据的分析 [J]. 金融研究, 2009 (12).

政策传导机制中的作用发生变化，加大了央行货币政策调控难度。[①] 一方面，快速发展的银行理财产品等金融创新，会分流一部分银行存款，使得原本存在于银行体系的存款出现漏损，由此对 M_2 的界定范围形成冲击。[②] 另一方面，银行资产端的结构也发生了显著变化，如孙国峰和贾君怡指出，商业银行表外业务膨胀对银行贷款有替代效应，在信用创造和满足社会融资需求中扮演着重要角色。[③]

在此背景下，央行不断调整货币统计口径和货币层次划分，并且提出了社会融资规模的概念。M_2 的统计具有层次性，方便根据实际情况进行调整修订。例如，央行先后将证券公司客户保证金、非银行金融机构的同业存款计入 M_2。然而，信贷规模涵盖的内容单一，并不具备灵活调整的条件。因此，央行分别于 2010 年和 2015 年提出了社会融资规模增量和存量指标。前者是指一定时期内（每月、每季或每年）实体经济从金融体系获得的资金总量。后者是指一定时期末（月末、季末或年末）实体经济从金融体系获得的资金余额。

近年来，人民币信贷规模与 M_2 逐渐背离，难以准确、全面地反映金融机构资产方为实体经济所提供的资金支持，一定程度上弱化了信贷规模与货币政策最终目标之间的相关性，因此，其作为中介目标或监测指标在货币政策传导机制中的作用减弱。盛松成曾指出，由于非信贷金融产品对实体经济运行的影响越来越大，若宏观调控只控制信贷规模，其他方式的融资就可能快速增长，出现"按下葫芦浮起瓢"的现象，从而可能贻误调控时机，影响调控效果。[④] 焦琦斌等发现，与信贷规模相比，社会融资规模增量指标对物价和产出有着更好的解释力。[⑤] 田光宁等也发现，随着新增贷款在社会融资规模增量中占比的下降，其对货币政策最终目标的影响逐渐减弱，而社会融资规模增量对最终目标的影响逐渐加强。[⑥] 元惠萍和刘飒认为，社会融资规模增量是优于人民币新

① 王振，曾辉. 影子银行对货币政策影响的理论与实证分析 [J]. 国际金融研究，2014（12）.

② 宋军. 改进金融同业业务监管 [J]. 中国金融，2014（8）.

③ 孙国峰，贾君怡. 中国影子银行界定及其规模测算——基于信用货币创造的视角 [J]. 中国社会科学，2015（11）.

④ 盛松成. 一个全面反映金融与经济关系的总量指标——写在社会融资规模增量指标建立三周年之际 [J]. 中国金融，2013（22）.

⑤ 焦琦斌，应千凡，游碧芙. 社会融资总量与货币政策有效性实证研究 [J]. 金融发展评论，2012（5）.

⑥ 田光宁，廖镇宇，韩中睿. 货币政策中介指标的有效性：2002—2012 年中国的经验 [J]. 中央财经大学学报，2013（7）.

增贷款甚至优于 M_2 的中介目标。[①] 张春生和蒋海发现，社会融资规模增量指标的可控性和相关性均优于人民币信贷规模，认为在保持 M_2 为我国货币政策中介目标时，可将社会融资规模增量作为重要的宏观监测指标。[②]

三、数据与模型

（一）数据描述

本文研究的目标之一是，考察社会融资规模增量与新增贷款的中介目标或监测指标属性。在实证检验前，简要描述二者数据特征。图 1 显示了社会融资规模增量与新增人民币贷款的历史走势。[③] 从数值来看，社会融资规模增量的变化大体可分为两个阶段。2002—2008 年，社会融资规模增量在 2 万亿~7 万亿元区间内波动；2009—2014 年，社会融资规模增量攀升至 14 万亿~18 万亿元区间内。社会融资规模增量运行区间的变化，与新增人民币贷款大幅上升有联系，例如 2009 年新增人民币贷款几乎较 2008 年翻番至 9 万亿元。从二者的相关性来看，2002—2008 年二者的相关系数为 0.88，2002 年新增人民币贷款占社会融资规模增量的 92%；但自 2009 年起，二者在数量和走势上逐渐背离，2009—2014 年二者的相关系数下降至 0.71，2014 年新增人民币贷款占社会融资规模增量的 59%。

本文的第二个研究目标是，考察社会融资规模存量与 M_2 的中介目标或监测指标属性。图 2 显示 2003 年以来，社会融资规模存量与 M_2 的月度同比增速。二者在总体上的变化趋势大致相同，同比增速的相关系数为 0.73。2009 年之后，社会融资规模存量增速持续高于 M_2 增速，这与近年来融资方式多样化所引致的银行体系外融资工具较快增长有关。此外如前所述，与总量性指标 M_2 不同，社会融资规模兼具总量和结构的信息，不仅能全面反映实体经济从金融体系获得的资金总额，而且能从多个角度进行分类统计，如分地区、分产业、分来源等，以反映资金的流向和结构。

---

① 元惠萍，刘飒. 社会融资规模增量作为金融宏观调控中介目标的适用性分析 [J]. 数量经济技术经济研究，2013（10）.

② 张春生，蒋海. 社会融资规模适合作为货币政策中介目标吗：与 M_2、信贷规模的比较 [J]. 经济科学，2013（6）.

③ 2011 年起，中国人民银行按季发布社会融资规模增量数据，2012 年起按月发布，并在 2012 年 9 月公布了 2002 年以来的月度历史数据。本文使用的数据均从 2002 年 1 月开始。数据来源见中国人民银行调查统计司统计数据：http://www.pbc.gov.cn/diaochatongjisi/116219/index.html.

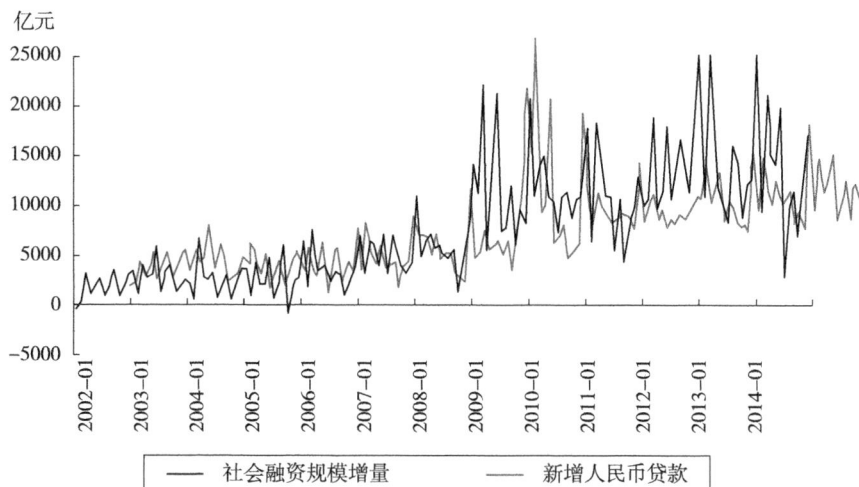

图 1　社会融资规模增量与新增人民币贷款的月度走势

（资料来源：中国人民银行调查统计司：

http：//www. pbc. gov. cn/diaochatongjisi/116219/index. html）

图 2　社会融资规模存量与 M_2 的月度同比增速

（资料来源：中国人民银行调查统计司：

http：//www. pbc. gov. cn/diaochatongjisi/116219/index. html）

（二）检验中介目标"相关性"的实证模型

1. 理论基础

根据真实经济周期模型中的产出方程、菲利普斯曲线方程和基于泰勒规则的货币政策反应方程，Blanchard 构建了一个包含真实经济产出增速（ΔY_t）、通胀率（ΔP_t）和利率（i_t）的系统性分析框架。[①] 即有

$$\Delta Y_t = \alpha_{11}(i_t - \Delta P_t) + \alpha_{12}E\Delta Y_{t+1} + \varepsilon_{yt} \tag{1}$$

$$\Delta P_t = \alpha_{21}E\Delta P_{t+1} + \alpha_{22}\Delta Y_t + \varepsilon_{pt} \tag{2}$$

$$i_t = \alpha_{31}\Delta P_t + \alpha_{32}\Delta Y_t + \varepsilon_{it} \tag{3}$$

式（1）显示，真实利率（名义利率减去通胀率）下降会促进产出增长。式（2）显示，产出增速上升会带动通胀压力上升。式（3）显示，央行根据通胀率缺口和产出缺口调节名义利率。名义利率的变化又循环传导至式（1），如此循环往复，描述了货币政策与实体经济发展的逻辑循环。

上述模型主要适用于以利率传导机制为主的国家，与我国货币政策长期注重数量型调控的现实情况不符。结合我国现实情况，张成思利用货币需求函数中利率与货币供应量的关系，将上述模型中的利率替换为货币供应量（M）。[②] 由此将基于利率传导机制的新凯恩斯主义模型，修改为基于数量型货币政策调控的模型。其形式如下：

$$\Delta Y_t = \beta_{11}\Delta M_t + \beta_{12}\Delta P_t + \varepsilon_{yt} \tag{4}$$

$$\Delta P_t = \beta_{21}E\Delta P_{t+1} + \beta_{22}\Delta Y_t + \varepsilon_{pt} \tag{5}$$

$$\Delta M_t = \beta_{31}\Delta P_t + \beta_{32}\Delta Y_t + \varepsilon_{it} \tag{6}$$

从上述两个模型的变换可以发现，利率型调控不能忽视货币供应量对利率的调节作用，以货币供应量为中介目标的模型亦是建立在货币需求函数的基础上。此外，根据我国发展阶段和国情特点，当前我国货币政策采用数量、价格相结合的调控模式，因此一个系统性模型有必要同时包含利率和货币供应量。同时，考虑到各变量之间的动态影响，笔者引入滞后效应，最终可得到一个向量自回归（VAR）模型：

$$X_t = \Phi(L)X_t + e_t \tag{7}$$

---

① Olivier J. Blanchard, "The State of Macro", *Annual Review of Economics*, vol. 1, no. 1, 2009, pp. 209 – 228.

② 货币需求函数为 $i = f(Y, M/P)$，据此可将 i 用货币供应量 M、产出 Y 和物价 P 综合表示。张成思. 通货膨胀、经济增长与货币供应：回归货币主义？[J]. 世界经济，2012（8）.

其中，$X_t = [\Delta M_t, i_t, \Delta P_t, \Delta Y_t]'$，$\Phi(L)$ 为滞后算子，e_t 是冲击向量。在此系统性模型中，可以考察货币供应量增速变化（如货币供应量增速提高 1 个百分点）对通胀率、产出增速的影响。

对照金融机构负债端和资产端的变化，可知 M_2 的增加部分对应着当期新增人民币贷款或社会融资规模增量。而 M_2 增速的变化，也与新增贷款或社会融资规模增量的变化相对应。据此，可以将式（7）中货币供应量的增量部分替换为社会融资规模增量（或新增贷款），即 $X_t = [AFREF_t, i_t, \Delta P_t, \Delta Y_t]'$，由此检验社会融资规模增量（或新增贷款）变化对通胀率和产出的影响。

2. 模型构建

虽然根据上述理论本文构造了四个变量的 VAR 模型，但 VAR 模型将各变量间的同期相关关系隐藏在扰动项中，无法反映各变量对独立随机扰动项冲击的响应。为识别结构化冲击，Sims 提出了结构向量自回归（SVAR）模型。[1] SVAR 模型通常根据经济理论设定短期约束条件，或对结构的无穷阶向量移动平均（VMA（∞））形式的系数矩阵设定长期约束条件。[2] 本文根据相关经济理论，采用短期约束的 SVAR 模型。

下面构建的 SVAR 模型，分别考察各个潜在的货币政策中介目标与货币政策最终目标的关系，即是否满足"相关性"要求。基于式（7），以社会融资规模增量为例，构建 SVAR 模型，考察社会融资规模增量与货币政策最终目标的关系。即有

$$
\begin{bmatrix} 1 & 0 & 0 & 0 \\ \alpha_{21} & 1 & 0 & 0 \\ \alpha_{31} & 0 & 1 & 0 \\ \alpha_{41} & \alpha_{42} & 0 & 1 \end{bmatrix}
\begin{bmatrix} AFREF_t \\ i_t \\ \Delta P_t \\ \Delta Y_t \end{bmatrix}
= A(L)
\begin{bmatrix} AFREF_t \\ i_t \\ \Delta P_t \\ \Delta Y_t \end{bmatrix}
+
\begin{bmatrix} u_{AFREF_t} \\ u_{i_t} \\ u_{\Delta P_t} \\ u_{\Delta Y_t} \end{bmatrix}
\tag{8}
$$

① Christopher A. Sims, "Are Forecasting Models Usable for Policy Analysis?" *Quarterly Review*, vol. 10, no. 1, 1986, pp. 2 – 16.

② Olivier J. Blanchard and Danny Quah, "The Dynamic Effects of Aggregate Demand and Supply Disturbances", *The American Economic Review*, vol. 79, no. 4, 1989, pp. 655 – 673.

其中：

$$A_0 = \begin{bmatrix} 1 & 0 & 0 & 0 \\ \alpha_{21} & 1 & 0 & 0 \\ \alpha_{31} & 0 & 1 & 0 \\ \alpha_{41} & \alpha_{42} & 0 & 1 \end{bmatrix}, \quad Y_t = \begin{bmatrix} AFREF_t \\ i_t \\ \Delta P_t \\ \Delta Y_t \end{bmatrix}, \quad u_t = \begin{bmatrix} u_{AFREF_t} \\ u_{it} \\ u_{\Delta P_t} \\ u_{\Delta Y_t} \end{bmatrix}$$

Y_t 是由社会融资规模增量（$AFREF_t$）、加权平均贷款利率（i_t）、通货膨胀率（ΔP_t）和产出增速（ΔY_t）构成的向量。A_0 为表示各变量同期关系的系数矩阵，$A(L)$ 为滞后算子，u_t 为结构化冲击向量。

式（8）所施加的约束超过了标准 SVAR 模型所应有的约束，即存在过度识别问题。[1] 但一方面，笔者采用的似然比过度识别检验证明，过度识别条件都是合理的；[2] 另一方面也是更重要的，即所施加的零约束背后有经济理论的支撑。具体地，在社会融资规模增量方程中，正如 Sims 和 Zha 指出的，在使用月度数据时，由于"信息滞后"导致同期数据不可得，故货币政策不会对当期物价、产出作出反应。[3] 在实践中，我国各数据指标的公布时间确实存在一定的滞后。[4] 据此，笔者将社会融资规模增量冲击视为独立冲击，不受当期贷款利率、通胀率和产出增速的影响，即 $\alpha_{12} = \alpha_{13} = \alpha_{14} = 0$。在贷款利率方程中，一方面，由于样本期内贷款利率市场化程度不高，贷款利率更多地由央行所公布的贷款基准利率决定，受当期物价、产出冲击的影响较小，故可将其视为不受当期结果变量影响的外生政策变量。另一方面，从已有文献来看，

---

[1] 对于不存在共线阶条件的 k 维 SVAR 模型，恰好识别的阶条件个数是 $k(k-1)/2$ 个，而本文施加的约束超过了阶条件的个数。通常对于过度识别问题，有两个解决方法：一是用似然比做过度识别检验；二是从经济理论着手，阐明所施加约束的经济学意义。

[2] 似然比过度识别检验背后的直觉是，如果额外约束是正确的，则受约束的似然函数和不受约束的似然函数（也就是恰好识别时的似然函数）的值应该差距不大。如果额外约束是错误的，受约束的似然函数由于错误约束的原因，将会明显小于不受约束的似然函数值。通过似然比检验发现，没有理由拒绝"过度约束是合理的"这一原假设，即过度识别条件是合理的。

[3] Christopher A. Sims and Tao Zha, "Does Monetary Policy Generate Recessions?" *Macroeconomic Dynamics*, vol. 10, no. 2, 2006, pp. 231–272.

[4] 例如，社会融资规模、新增贷款数据通常在次月中旬早些时候公布，CPI 增速数据在次月上旬晚些时候公布，工业增加值增速数据则在次月中旬晚些时候公布，故货币政策难以对当期的物价、产出变化作出反应。

Gali、[①] Leeper 等[②]以及 Kim 和 Roubini[③] 均对中短期利率施加了当期不受物价、产出影响的零约束条件。此外，Sims 和 Zha 在上文的 SVAR 模型中设定，实体经济贷款利率会受到当期 M_2 冲击的影响，而本文中的社会融资规模增量是 M_2 增量部分的"镜像"，因此笔者也假定，当期贷款利率会受社会融资规模增量冲击的影响，但不受通胀率、产出增速的影响，即 $\alpha_{23} = \alpha_{24} = 0$。在通胀率方程中，通胀率会受 M_2 影响的观点已得到充分论证，而当期通胀率是否受贷款利率影响的证据较为模糊。Gali 在上文设定短期约束的 SVAR 模型时，认为当期通胀率不受实体经济领域贷款利率的影响，据此本文采用相同的假定。另外，尽管菲利普斯曲线描述了通胀率与产出水平的关系，但由于数据发布的滞后性，实证检验中往往使用滞后期数据来预测通胀率，并有显著的解释力。[④] 故本文假设，通胀率不受当期产出增速的影响，而受到滞后产出增速的影响，即 $\alpha_{32} = \alpha_{34} = 0$。在产出方程中，Christiano 等认为，由于实体经济企业会根据内在生产经营规律和计划来安排生产，因此实体经济的产出变量不会受到当期价格变化的影响，而是有一段时间延迟。[⑤] 参照该设定，本文亦假设，产出增速不受当期通胀率冲击的影响，即 $\alpha_{43} = 0$。

为比较社会融资规模增量、新增人民币贷款与实体经济的联系，需要对新增人民币贷款做同样的检验，即将式（8）Y_t 中的社会融资规模增量替换成新增人民币贷款，而保持 A_0 中的约束条件不变。同样地，对于本文第二个研究目标，在检验社会融资规模存量是否是 M_2 的有益对照和补充时，也需要考察 M_2、社会融资规模存量对最终目标的影响，因此分别将 M_2 增速、社会融资规模存量增速代入式（8）中予以检验。通过考察潜在中介目标变化引起最终目标变化的幅度，以及传导至最终目标的时间，判断哪个指标更符合中介目标或

① Jordi Gali, "How Well Does the IS – LM Model Fit Postwar U. S. Data?" *The Quarterly Journal of Economics*, vol. 107, no. 2, 1992, pp. 709 – 738.

② Eric Leeper, Christopher A. Sims and Tao Zha, "What Does Monetary Policy Do?" *Brookings Papers on Economics Activity*, vol. 2, 1996, pp. 1 – 63.

③ Souyong Kim and Nouriel Roubini, "Exchange Rate Anomalies in the Industrial Countries: A Solution with a Structural VAR Approach", *Journal of Monetary Economics*, vol. 45, no. 3, 2000, pp. 561 – 586.

④ 郑挺国，王霞，苏娜. 通货膨胀实时预测及菲利普斯曲线的适用性 [J]. 经济研究，2012 (3).

⑤ Lawrence J. Christiano, Martin Eichenbaum and Charles L. Evans, "Monetary Policy Shocks: What Have We Learned and to What End?" in John Taylor and Michael Woodford, eds., Handbook of Macroeconomics, vol. 1, Amsterdam: North – Holland, 1999, pp. 65 – 148.

监测指标的"相关性"要求。

3. 数据处理

已有关于货币政策中介目标的实证研究之所以得出不同结论，一是可能因为经验分析未建立在理论框架基础上，二是对数据样本区间、指标定义和计量细节的不同处理。为了有所改进，本文力争严格地按照理论模型进行数据处理。首先，由于自2009年一季度起才有官方发布的加权平均贷款利率数据，故本文根据2002—2014年贷款基准利率、上下浮动倍数以及金融机构执行贷款利率的占比等，综合计算了加权平均贷款利率的月度数据。图3比较笔者计算的与官方发布的加权平均贷款利率，发现二者趋势一致、差距较小。其次，本文将通胀率设定为居民消费价格指数（CPI）的月度同比增速，而非CPI月度环比增速或CPI对数值。最后，本文采用月度工业增加值表示产出数据。由于现有工业增加值数据仅有工业增加值年度数据以及工业增加值同比增速的月度数据，为获得尽可能准确的工业增加值月度数据，本文结合早期公布的工业增加值绝对数和同比月度增速，综合计算得出工业增加值的月度数据，发现笔者测算的工业增加值月度数据加总后，与工业增加值年度数据很接近。[①] 最后，对于各个潜在待检验的货币政策中介目标——M_2、社会融资规模存量均采用同比增速形式；为与M_2同比增速对应，社会融资规模增量、新增人民币贷款均采用对数形式。所有时间序列均采用加入春节等移动假日效应的季节调整模型，去除了季节效应。

因SVAR模型对时间序列平稳性有较高要求，故本文做了相应处理。当前有两种方法处理时间序列的平稳性问题。一是将差分后的平稳时间序列纳入SVAR模型，二是使用原值并在模型中加入时间项及其平方项或高次方项。本文采用第二种处理方法，理由如下：（1）关于一个时间序列是否平稳的检验是有争议的，现有检验方法如AOF检验、PP检验都存在低势问题（low power），即将一个自相关系数较高的自回归过程误以为是单位根过程，而基于单位根检验的结果，极有可能导致数据的过度差分（over differenced），其结果是数据不再具备有限阶VAR模型的表达式；[②]（2）虽然差分后的时间序列可能平稳，但其变量的经济意义也可能"面目全非"，特别是本文涉及社会融资

① 自2007年起，部分年份1月、2月的工业增加值同比增速数据缺失，笔者以邻近月份5月移动平均值替代。

② Wayne A. Fuller, "Introduction to Statistical Time Series", New York：Wiley, 1996.

274

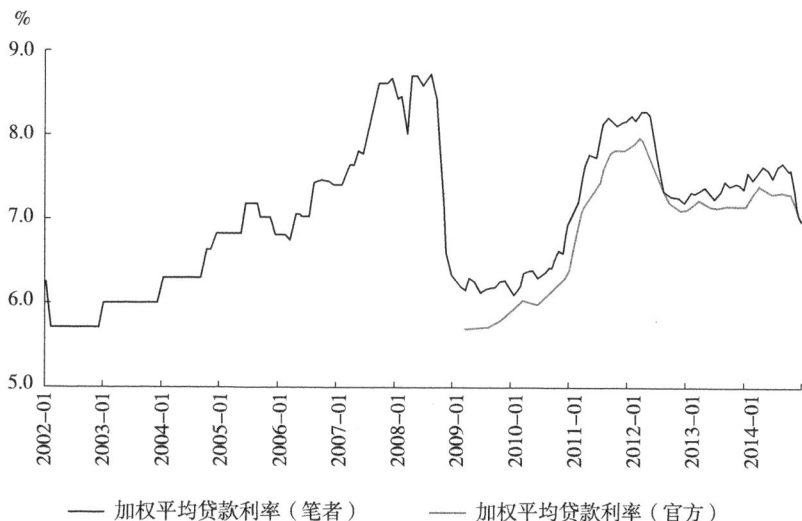

图3　笔者计算与官方发布的加权平均贷款利率比较

（资料来源：CEIC 数据库；中国人民银行货币政策司：

http：//www.pbc.gov.cn/zhengcehuobisi/125207/125227/125957/index.html）

规模增量或新增人民币贷款等增量数据，差分后解释变量间的经济关系会变得更加困难；（3）时间序列非平稳性的一个重要诱发因素是均值的不稳定，而引入高次方程有助于缓解这一问题。因此，此处在模型中使用原值并加入时间项。

另外，在 SVAR 模型设定中，滞后阶数的选择对模型估计结果也非常重要。如果模型残差项存在序列相关性，则模型估计的系数将有偏且不一致，可能陷入"想要什么结论，就可以得到什么结论"的误区。为此，本文在模型滞后阶数的选择上，综合使用 AIC 信息准则和 LM 序列相关性检验的结果，以确定 SVAR 模型的最优滞后阶数。[①] 考虑到本文需比较各潜在中介目标的属性，故需要在各 SVAR 模型中选择相同的滞后阶数，才具有可比性。综合各项标准，本文选取最优滞后阶数为 6 个月。

在此基础上，可以分别估计包含各个潜在中介目标的 SVAR 模型，通过脉

---

①　具体而言，首先利用 AIC 准则确定最优滞后阶数，然后应用 LM 序列相关性检验，确定是否存在序列相关性；若无显著序列相关性，则此滞后阶数为最优；若有序列相关性，则从 8 阶向下检验对应模型的序列相关性，在没有序列相关性的备选滞后阶数组内，选择 AIC 最小值的滞后阶数为最优。

冲响应图观察通胀率、产出增速对各潜在中介目标冲击的响应，由此比较它们对货币政策最终目标的影响，判断哪个指标更符合货币政策中介目标的"相关性"要求。

（三）检验中介目标"可控性"的实证模型

衡量一个指标能否作为货币政策中介目标，除满足相关性外，还需要具备可控性，即与货币政策操作目标紧密关联。央行通过货币政策工具调节操作目标，以使中介目标达到合理水平，并根据中介目标与最终目标的稳定关系实现最终目标。

1. 理论基础

在价格型调控中，央行通过公开市场操作等活动，将基准利率维持在目标水平，进而引导商业银行的资金成本和预期，以影响中长期利率，从而将货币政策传导到国民经济各个领域。在数量型调控中，央行通过政策工具调节基础货币量，进而影响商业银行的信用创造来实现 M_2 目标。尽管价格型调控旨在实现利率目标，数量型调控旨在实现数量目标，但二者并非对立，均会对货币供应量或利率产生影响。

目前，我国央行采用数量型调控和价格型调控相结合的调控模式。[①] 一方面，央行通过公开市场操作、存款准备金率等方式，调节基础货币投放，控制流动性，进而实现对货币供应量或信贷规模的调控。另一方面，央行引导和调节市场利率的能力不断提升，逐步形成了央行调整基准利率与引导市场利率并行的利率调控体系。[②] 据此，本文构造简单的理论框架如下：

$$M_{2t} = \alpha_{11}M_{Bt} + \alpha_{12}RES_t + \varepsilon_{M_{2t}} \tag{9}$$

$$r_t = \alpha_{21}M_{Bt} + \alpha_{22}RES_t + \varepsilon_{rt} \tag{10}$$

其中，M_{2t} 表示货币供应量 M_2，M_{Bt} 表示基础货币量，RES_t 表示存款准备金率，r_t 表示基础货币市场利率，即基准利率。式（9）显示，货币供应量 M_2 由基础货币量和存款准备金率共同决定。式（10）显示，基准利率会受到基础货币量以及存款准备金率的影响。同样地，考虑到各变量之间的动态影响，笔者引入滞后效应，最终形成的 VAR 模型如下：

---

① 王君斌，郭新强，王宇. 中国货币政策的工具选取、宏观效应与规则设计 [J]. 金融研究，2015（8）.

② 周小川. 新世纪以来中国货币政策的主要特点 [J]. 中国金融，2013（2）.

$$Z_t = \Phi(L)Z_t + e_t \tag{11}$$

其中，$Z_t = [M_{Bt}, r_t, M_{2t}]'$，$\Phi(L)$ 为滞后算子，e_t 是冲击向量。在此系统性模型中，可以考察基础货币量、基准利率变化对货币供应量 M_2 的影响。

2. 模型构建

基于上述分析，本文构建 SVAR 模型，分别考察基础货币量和基准利率的变化对各个潜在的货币政策中介目标或监测指标的影响。以 M_2 为例，具体形式如下：

$$\begin{bmatrix} 1 & 0 & 0 \\ \alpha_{21} & 1 & 0 \\ \alpha_{31} & \alpha_{32} & 1 \end{bmatrix} \begin{bmatrix} M_{Bt} \\ r_t \\ M_{2t} \end{bmatrix} = A(L) \begin{bmatrix} M_{Bt} \\ r_t \\ M_{2t} \end{bmatrix} + \begin{bmatrix} u_{M_{Bt}} \\ u_{rt} \\ u_{M_{2t}} \end{bmatrix} \tag{12}$$

其中：

$$A_0 = \begin{bmatrix} 1 & 0 & 0 \\ \alpha_{21} & 1 & 0 \\ \alpha_{31} & \alpha_{32} & 1 \end{bmatrix}, \quad Y_t = \begin{bmatrix} M_{Bt} \\ r_t \\ M_{2t} \end{bmatrix}$$

Y_t 是由基础货币量（M_{Bt}）、基准利率（r_t）、货币供应量（M_{2t}）构成的向量。基于经济理论，笔者设置模型中的短期约束条件。在基础货币量方程中，基础货币量包含流通中的货币和存款准备金，是央行通过外汇买卖、公开市场操作、再贷款等操作形成的。一方面，过去十多年央行因外汇买卖而被动投放的基础货币，具有较强外生性；另一方面，即使央行通过公开市场操作、再贷款等方式主动管理基础货币量，也通常是基础货币量影响基准利率在前。因为不论央行是选择基础货币量还是货币市场利率为操作目标，本质上都是通过注入或收回流动性来实现的。因此笔者认为，基础货币量不受当期基准利率及 M_2 的影响，即 $\alpha_{12} = \alpha_{13} = 0$。在基准利率方程中，作为短期无风险利率的货币市场利率，会在纳入期限溢价、信用风险溢价后，向长端国债收益率或实体经济存贷款利率传导；而衡量实体经济流动性水平的 M_2，不会直接对货币市场利率产生影响。因此，当期基准利率仅受基础货币量的影响，而不受当期 M_2 的影响，即 $\alpha_{23} = 0$。在货币供应量 M_2 方程中，基础货币量是银行进行信用创造进而派生货币的根本，基准利率则会影响超额储备在商业银行之间的分配，进而影响整个社会的 M_2 水平。此外，该模型所检验的可控性，也正是研究基础货币市场的数量和价格冲击如何传导至 M_2，故笔者认为，M_2 会受到当期基础货币量和基准利率冲击的影响。可以分别将 M_2 与社会融资规模存量代入式（12）中，比较二者对基础货币量、基准利率冲击的反馈。

在比较社会融资规模增量与新增人民币贷款的可控性属性时，无法直接套用式（12）。然而，根据我国货币政策传导机制中货币渠道和信用渠道兼具的现实情况，可以将社会融资规模增量或新增人民币贷款，理解为 M_2 的增加部分，将其纳入 SVAR 模型，如式（13）所示：

$$
\begin{bmatrix} 1 & 0 & 0 & 0 \\ \alpha_{21} & 1 & 0 & 0 \\ \alpha_{31} & \alpha_{32} & 1 & 0 \\ \alpha_{41} & \alpha_{42} & \alpha_{43} & 1 \end{bmatrix} \begin{bmatrix} M_{Bt} \\ r_t \\ M_{2t} \\ AFREF_t \end{bmatrix} = A(L) \begin{bmatrix} M_{Bt} \\ r_t \\ M_{2t} \\ AFREF_t \end{bmatrix} + \begin{bmatrix} u_{M_{Bt}} \\ u_{rt} \\ u_{M_{2t}} \\ u_{AFREF_t} \end{bmatrix} \tag{13}
$$

其中：

$$
A_0 = \begin{bmatrix} 1 & 0 & 0 & 0 \\ \alpha_{21} & 1 & 0 & 0 \\ \alpha_{31} & \alpha_{32} & 1 & 0 \\ \alpha_{41} & \alpha_{42} & \alpha_{43} & 1 \end{bmatrix}, \quad Y_t = \begin{bmatrix} M_{Bt} \\ r_t \\ M_{2t} \\ AFREF_t \end{bmatrix}
$$

Y_t 是由基础货币量（M_{Bt}）、基准利率（r_t）、货币供应量（M_{2t}）和社会融资规模增量（$AFREF_t$）构成的向量。在此方程中，当期社会融资规模增量受到基础货币量、基准利率以及 M_2 的影响。

为比较社会融资规模增量、新增人民币贷款的可控性，需要对新增人民币贷款进行同样的检验。即将式（13）Y_t 中的社会融资规模增量替换成新增人民币贷款，而 A_0 中的约束条件保持不变。通过考察基础货币量和基准利率冲击所引起的社会融资规模增量、新增人民币贷款的变化幅度以及传导时间，可以判断哪个指标更符合中介目标的"可控性"要求。

3. 数据处理

对上述实证模型中所涉及的基础货币量、M_2、社会融资规模存量或增量、新增人民币贷款等变量，进行季节调整并将其对数值代入模型中。由于我国尚未正式确立某个利率为基准利率，故遵从多数文献做法，采用市场化的银行间同业拆借加权平均利率来表示基准利率。另外，本文中基准利率、加权平均贷款利率、通胀率、社会融资规模存量增速与 M_2 增速的单位均为%。对于时间序列平稳性以及最优滞后阶数选取等数据处理问题，采取上述的相同方法。下文将分别比较社会融资规模增量或新增人民币贷款的中介目标属性（相关性和可控性），以及社会融资规模存量或 M_2 的中介目标属性。

四、社会融资规模增量与新增人民币贷款的中介目标属性

（一）相关性检验

1. 全时期：2002—2014 年

为比较社会融资规模增量、新增人民币贷款与货币政策最终目标的相关性，通过估计式（8）中的 SVAR 模型，本文分别得到各变量对社会融资规模增量或新增人民币贷款冲击的脉冲响应图，并比较各变量对冲击的响应。[①]图 4 左侧展示通胀率、工业增加值对社会融资规模增量 1 个单位冲击的响应，右侧展示二者对新增人民币贷款 1 个单位冲击的响应。若偏离带与横轴有重叠，则表示该变量对冲击的响应并不显著异于零，即该变量对社会融资规模增量或新增人民币贷款的冲击无显著反应。

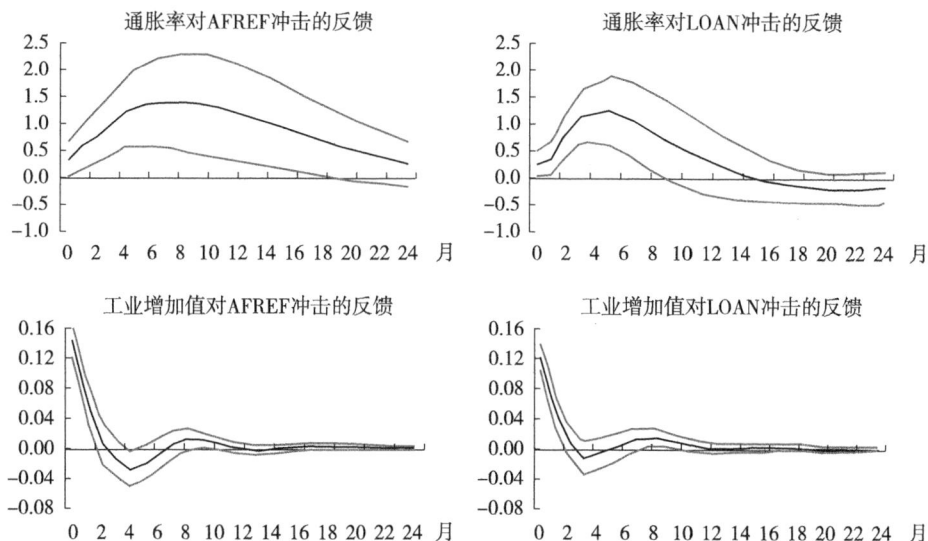

图 4　各变量对社会融资规模增量（左图）和新增人民币贷款（右图）冲击的反馈

（注：AFREF 表示社会融资规模增量，LOAN 表示新增人民币贷款，黑线表示变量对社会融资规模增量或新增人民币贷款冲击的响应，灰线表示上下 1 个标准差的偏离带）

---

① 脉冲响应图均以 VAR 模型稳定为基础。由于水平期只有 24 期或 18 期，脉冲响应图在更多期后趋于收敛。

从脉冲响应图来看，2002—2014年通胀率、工业增加值对社会融资规模增量或新增人民币贷款冲击的反馈有所不同。受社会融资规模增量1个单位的冲击，当期通胀率会显著上升，并于第7个月后，其上升幅度达到1.38个百分点的最高峰，该正向影响持续一年多后不再显著。[①]受新增人民币贷款1个单位的冲击，在第5个月后，其通胀率上升幅度达到1.23个百分点的最高峰，在第8个月后的影响效应不再显著。由此可见，对通胀率的影响效应，社会融资规模增量大于新增人民币贷款。同样地，从工业增加值对冲击的反馈来看，受社会融资规模增量1个单位的冲击，当期工业增加值上升0.14%，之后的正向影响效应逐渐下降；而受新增人民币贷款1个单位的冲击，当期工业增加值上升0.12%，略低于受社会融资规模增量冲击后的反应。综合比较2002—2014年社会融资规模增量或新增人民币贷款变化对货币政策最终目标通胀率和工业增加值的影响，可见社会融资规模增量与通胀率的联系强于新增人民币贷款，二者对工业增加值的影响程度较为接近。

2. 分时期：2002—2008年与2009—2014年

近年来，随着金融产品和融资工具的不断创新，新增人民币贷款在社会融资规模增量中的占比呈下降趋势。2009年之前，新增人民币贷款几乎是社会融资规模增量的唯一组成部分。2009年之后，社会融资规模增量的构成越来越丰富，新增人民币贷款已经不能完整反映金融体系对实体经济的支持。因此，本文将2002—2014年划分为2002—2008年和2009—2014年两个阶段，分别考察两个阶段内社会融资规模增量或新增人民币贷款对货币政策最终目标的影响。

图5显示使用2002—2008年数据估计SVAR模型，分别得到通胀率和工业增加值对社会融资规模增量或新增人民币贷款1个单位冲击的脉冲响应图。2002—2008年，受社会融资规模增量1个单位的冲击，通胀率会显著上升，并在第5个月后上升幅度达到1.5个百分点的最高峰；受新增人民币贷款1个单位的冲击，前2个月的通胀率无显著变化，在第3个月后会显著上升，且在第5个月后上升幅度达到1.5个百分点的最高峰。受社会融资规模增量1个单位的冲击，当期工业增加值上升0.2%，之后正向影响效应下降；受新增人民

---

① 由于本文通胀率单位为%，假设受到冲击前通胀率数值为2，当受到1个单位冲击后，最高峰时通胀率会上升0.0138，意味着通胀率将由冲击前的2上升至2.0138。下文对通胀率的释义同理。

币贷款 1 个单位的冲击，当期工业增加值上升 0.15%，之后影响效应不再显著。总体来看，2002—2008 年，社会融资规模增量变化，对通胀率的影响与新增人民币贷款基本一致，而对工业增加值的影响略大于新增人民币贷款。

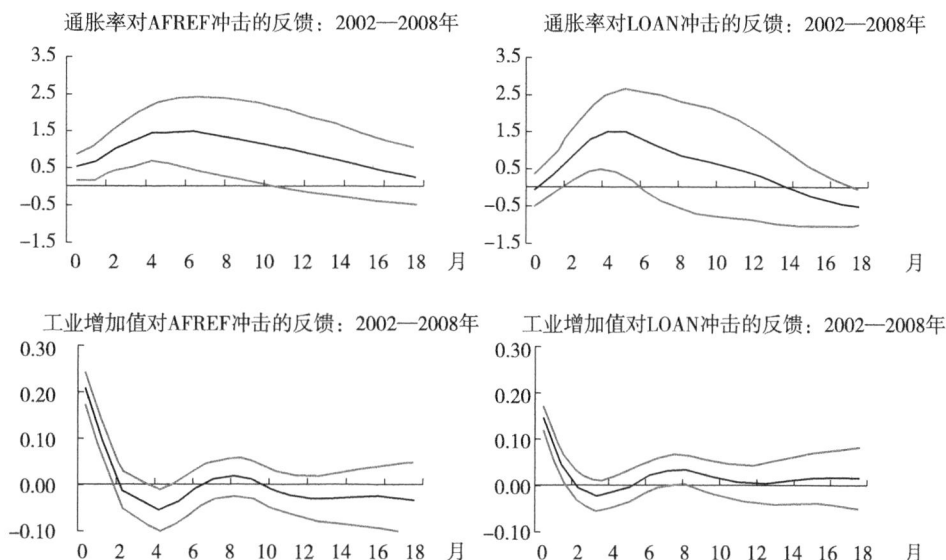

图 5　各变量对社会融资规模增量（左图）和新增人民币贷款（右图）冲击的反馈

（注：AFREF 表示社会融资规模增量，LOAN 表示新增人民币贷款，黑线表示变量对
社会融资规模增量或新增人民币贷款冲击的响应，灰线表示上下 1 个标准差的偏离带）

图 6 显示，使用 2009—2014 年数据得到的脉冲响应图。2009—2014 年，受社会融资规模增量 1 个单位的冲击，通胀率显著上升，并在第 5 个月后上升幅度达到 3 个百分点的最高峰；受新增人民币贷款 1 个单位的冲击，第 5 个月后通胀率上升幅度达到 1.5 个百分点的最高峰。受社会融资规模增量 1 个单位的冲击，当期工业增加值上升 0.06%，正向影响效应持续 3 个月后不再显著；受新增人民币贷款 1 个单位的冲击，当期工业增加值上升 0.04%，影响效应在 1 个月后不再显著。由此可见，2009—2014 年，社会融资规模增量对通胀率、工业增加值的影响效应，均大于新增人民币贷款。

对照两个时期的实证结果可以发现，2009 年之前，社会融资规模增量与新增人民币贷款对通胀率、工业增加值的影响基本一致；2009 年后出现分化，即社会融资规模增量对通胀率、工业增加值的影响效应超过新增人民币贷款。此外，2009 年后，无论是社会融资规模增量还是新增人民币贷款，对通胀率

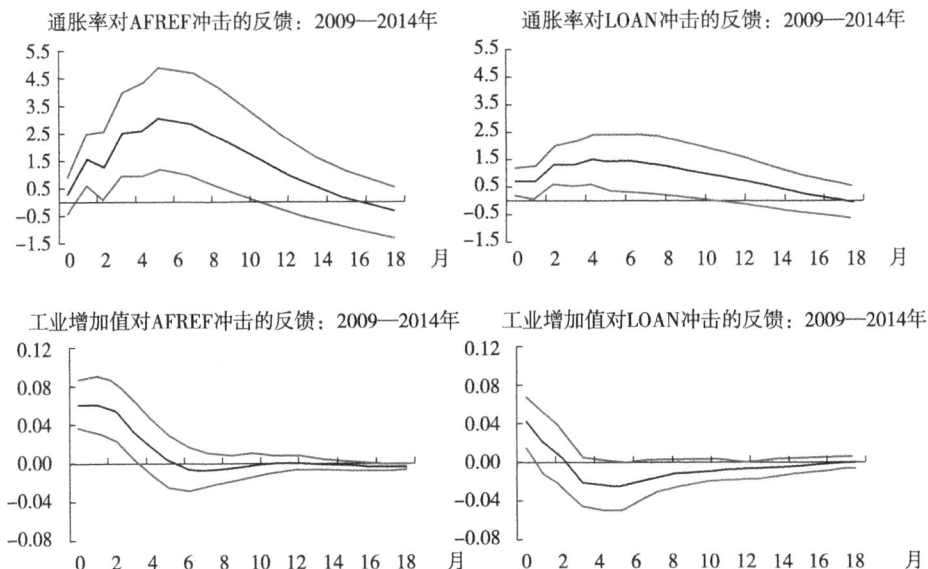

图6　各变量对社会融资规模增量（左图）和新增人民币贷款（右图）冲击的反馈

（注：AFREF 表示社会融资规模增量，LOAN 表示新增人民币贷款，黑线表示变量对
社会融资规模增量或新增人民币贷款冲击的响应，灰线表示上下 1 个标准差的偏离带）

的影响效应均比 2009 年之前大；而对工业增加值的影响效应变小。后者可能
意味着，来自金融机构资产端的资金供给对通胀的贡献在上升，而对产出的贡
献却在下降，一定程度上反映了总需求政策对产出增长边际作用下降的事实。

（二）可控性检验

作为央行重要的操作目标，基础货币数量或价格的变化能否快速、有效地
传导至货币政策中介目标，是检验中介目标可控性的重要标准。根据式（13）
中的 SVAR 模型，得到社会融资规模增量、新增人民币贷款对基础货币量或基
准利率冲击的脉冲响应图，如图7 所示。左图显示二者对基础货币量冲击的响
应，右图显示二者对基准利率冲击的响应。受基础货币量增加 1 个单位的冲
击，当期社会融资规模增量上升 1.2%，而当期新增人民币贷款上升 0.6%。
受基准利率增加 1 个单位的冲击，当期社会融资规模增量逐渐下降，负影响效
应在第 4 个月后达到 -0.11% 的最低点，负向影响在持续 9 个月后不再显著；
受基准利率增加 1 个单位的冲击，当期新增人民币贷款也会下降，负向影响在
第 2 个月后达到 -0.1% 的最低点，并且持续 7 个月后不再显著。由此可见，

基础货币量或基准利率冲击对社会融资规模增量的影响效应，均大于新增人民币贷款。

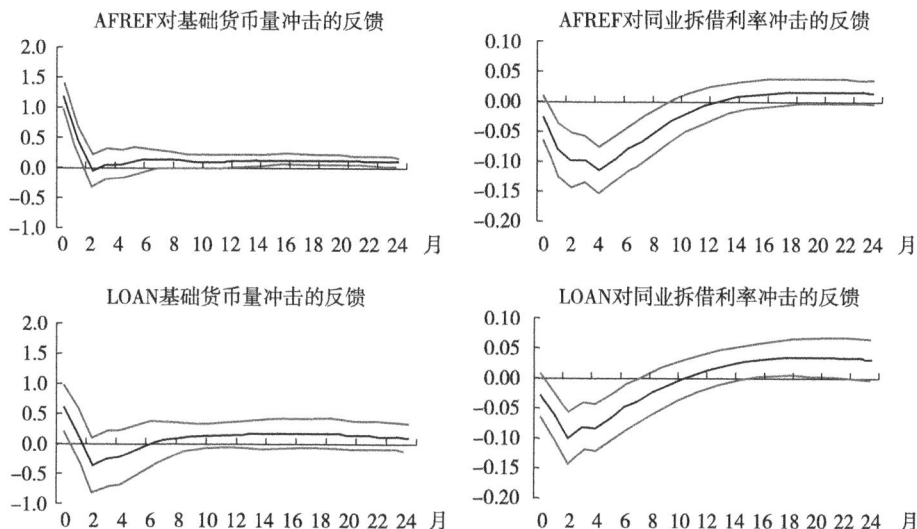

图 7 各变量对基础货币量（左图）和基准利率（右图）冲击的反馈

（注：AFREF 表示社会融资规模增量，LOAN 表示新增人民币贷款，黑线表示社会融资规模增量或新增人民币贷款对冲击的响应，灰线表示上下 1 个标准差的偏离带）

在央行由数量型调控向价格型调控转型的过程中，由于银行承兑汇票、企业债券、股票融资等已按照市场化方式定价，因此，社会融资规模增量在总体上对基准利率变化更敏感。与之相对应的是，虽然人民币贷款利率已实现市场化，但商业银行的定价仍然在很大程度上参考贷款基准利率，故对基础货币市场利率变化的敏感性不如社会融资规模。本文的实证检验显示，无论央行采用数量型调控或价格型调控，相较于新增人民币贷款，社会融资规模增量均具有更好的可控性。

五、社会融资规模存量与 M_2 的中介目标属性

（一）相关性检验

当前我国货币政策以 M_2 为中介目标，既然社会融资规模存量与 M_2 在绝对数值与增速上相当一致，那么，二者对货币政策最终目标的影响是否也相似？图 8 显示通胀率和工业增加值受社会融资规模存量增速（AFRES）或 M_2

增速 1 个单位冲击后的脉冲响应图。首先，从通胀率的反馈来看，受社会融资规模存量增速 1 个单位的冲击，通胀率持续显著上升，在第 6 个月后上升幅度达到 0.15 个百分点的最高峰；受 M_2 增速 1 个单位的冲击，通胀率几乎以相同形态上升，并于第 7 个月后上升幅度达到 0.2 个百分点的最高峰。其次，从工业增加值的反馈来看，受社会融资规模存量增速 1 个单位的冲击，工业增加值在第 4 个月后上升 0.005%；受 M_2 增速 1 个单位的冲击，工业增加值在第 4 个月后上升 0.003%。由此可见，M_2 增速变化对通胀率的影响效应，大于社会融资规模存量增速，而社会融资规模存量增速对工业增加值的影响效应更大。

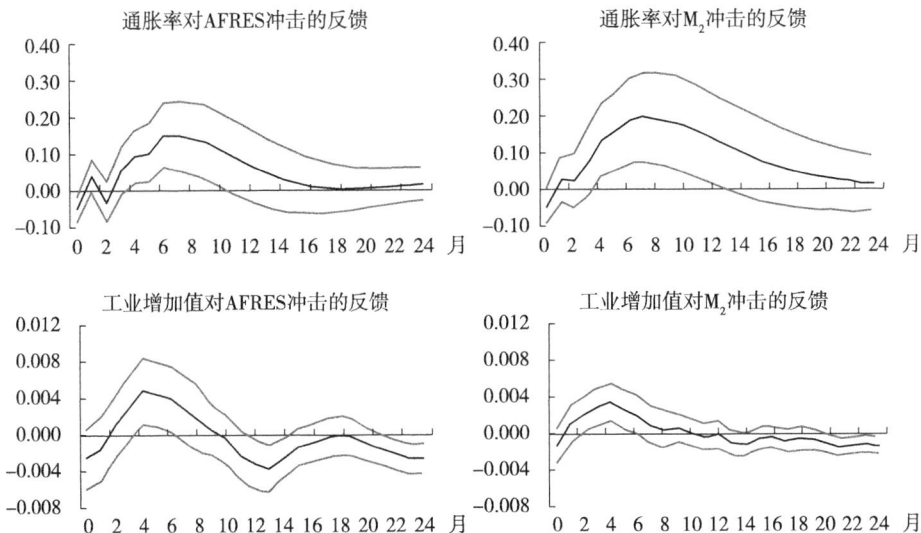

图 8　各变量对社会融资规模存量（左图）和 M_2（右图）冲击的反馈

（注：AFRES 表示社会融资规模存量，黑线表示变量对社会融资规模存量或 M_2 冲击的响应，

灰线表示上下 1 个标准差的偏离带）

（二）可控性检验

下面进一步估计社会融资规模存量、M_2 与货币政策操作目标的关系。通过估计式（12）的 SVAR 模型，可以得到社会融资规模存量、M_2 对基础货币量或基准利率冲击的脉冲响应图，如图 9 所示。首先，从二者对基础货币量冲击的反馈来看，受基础货币量 1 个单位的冲击，当期社会融资规模存量上升约 1.2%，之后影响效应逐渐下降；当期 M_2 上升约 1%，之后影响效应以相同形态下降。其次，从二者对基准利率冲击的反馈来看，受基准利率增加 1 个单位

的冲击，当期社会融资规模存量有所下降，之后影响效应在震荡中调整，第4个月后达到 -0.012% 的最低点；而 M_2 的响应与之类似。由此可见，二者对货币政策操作目标的反应高度一致。

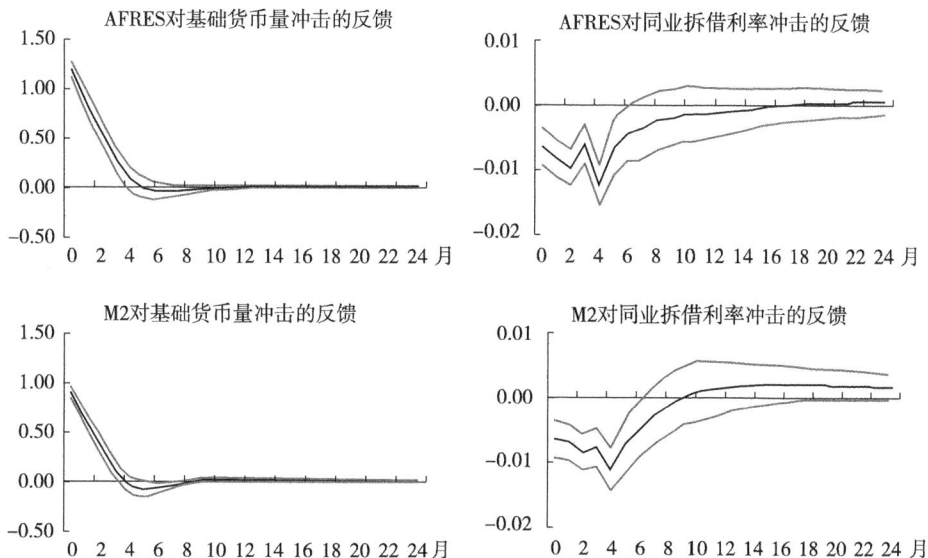

图9　各变量对基础货币量（左图）和基准利率（右图）冲击的反馈

（注：AFRES 表示社会融资规模存量，黑线表示社会融资规模存量或 M_2 对冲击的响应，灰线表示上下 1 个标准差的偏离带）

通过检验社会融资规模存量、M_2 与货币政策最终目标、操作目标的关系，笔者发现，二者对货币政策最终目标的影响、对操作目标的反应相当一致。在货币政策传导机制中，当前 M_2 扮演着中介目标的角色，作为来自资产端的"镜像"指标，社会融资规模存量可视为 M_2 的有益对照和补充，成为另一个中介目标或监测指标。

我国金融市场化改革的推进、层出不穷的金融创新，对 M_2 统计的准确性、实时性产生影响。因此，将社会融资规模存量作为另一个中介目标或监测指标，与 M_2 相互印证，有助于央行更精确地观测货币政策的效果。首先，社会融资规模存量能够观察到分行业、分地区、分融资方式的各类型资金支持的状况，而 M_2 是一个整体流动性指标，很难统计其行业、区域结构。例如，社会融资规模存量中的贷款、直接融资等可以细分到各行业，有助于产业结构调整；可以细分到各地区，有助于地方政府把握当地经济金融形势；可以观察到支持小微企业、"三农"建设的资金，有助于经济结构调整。其次，我国金融承担着支持实体经济的重任，社会融资规模指标统计的，恰恰是金融对实体经济的资金支持，反映金融领域供给侧结构性改革的推进情况。再次，发达国家采取的价格型单一中介指标和 M_2 数量型单方统计模式，与我国经济体制及其货币政策调控处于转型过程中的实践不符，且容易诱发风险。一方面，发达国家货币政策传导机制畅通，往往只需一个中介目标即可，而我国金融宏观调控历来注重搭配使用金融机构负债方指标和资产方指标。另一方面，发达国家金融机构的资产负债表更为复杂，资产方尤其难以统计，由此引发的信息缺失以及监管不力，是导致 2008 年金融危机的一个原因。社会融资规模指标开国际先河，反映了我国为弥补统计信息缺口而进行的努力。

六、结论

本文采用 2002—2014 年月度数据，在理论分析的基础上构建 SVAR 模型，比较了社会融资规模增量、新增人民币贷款的货币政策中介目标或监测指标属性。实证研究表明，2002—2014 年社会融资规模增量对货币政策的最终目标通胀率、工业增加值有显著正向影响，并且总体影响效应大于新增人民币贷款。进一步地，根据社会融资规模增量和新增人民币贷款的阶段性变化，本文展开分时期研究。2002—2008 年，社会融资规模增量、新增人民币贷款对货币政策最终目标的影响效应很接近；2009—2014 年，社会融资规模增量对最终目标的影响效应超过新增人民币贷款。另外，相较于新增人民币贷款指标，社会融资规模增量指标具有更强的可控性。因此，根据中介目标可测性、相关性、可控性的三大要求，社会融资规模增量是优于新增人民币贷款的、合适的中介目标或监测指标。

此外，本文还发现，社会融资规模存量是 M_2 的有益补充。社会融资规模存量不仅在数值上与 M_2 相当一致，实证研究还表明，二者对货币政策最终目标的影响以及对操作目标的反应高度一致。与发达国家相比，我国金融市场尚不发达，信息往往既不充分也不对称。发达国家货币政策的调控，在一定程度上确实可以只关注需求方而忽略供给方，但我国货币政策对实体经济的影响，在很大程度上是通过信用渠道实现的，因此仅关注 M_2 是不够的，还需要同时关注社会融资规模存量。社会融资规模存量能够与 M_2 相互补充、相互印证，更有利于全面监测货币政策调控的效果，促进金融宏观调控向市场化方向转变。不仅如此，社会融资规模存量指标含有丰富的结构性信息，有利于促进我国经济结构调整与供给侧结构性改革。

金融的根本要求是服务实体经济。随着我国金融市场的多元化发展，金融体系向实体经济提供资金支持的方式越来越丰富，社会融资规模（增量与存量）指标能够多角度、全方位地反映金融体系与实体经济的联系，对于促进金融支持实体经济具有重要意义。充分利用社会融资规模指标的结构性特征，分析其在我国经济结构调整和供给侧结构性改革中的作用，将是未来深化研究的方向。

从地区社会融资规模能看出什么[①]

2010 年 11 月，中国人民银行开始研究、编制社会融资规模指标。自 2011 年起中国人民银行按季发布全国社会融资规模数据，2012 年起按月发布。

为满足各地区各部门需要，2012 年人民银行建立了地区社会融资规模季度统计制度。2014 年 2 月 20 日，人民银行正式发布 2013 年地区社会融资规模的统计数据。社会融资规模为分析金融与经济发展之间的关系提供了一个新的指标。

一、地区社会融资规模统计

地区社会融资规模是指一定时期（每月、每季或每年）和一定区域内实体经济（即非金融企业和个人）从金融体系获得的资金总额，是全面反映一定时期内金融体系对某一地区资金支持的总量指标。地区社会融资规模是增量概念，即期末、期初余额的差额，或当期发行或发生额扣除当期兑付或偿还额的差额。

地区社会融资规模主要由四个部分构成。一是当地金融机构通过表内业务向实体经济提供的资金支持，包括人民币贷款和外币贷款；二是当地金融机构通过表外业务向实体经济提供的资金支持，包括委托贷款、信托贷款和未贴现的银行承兑汇票；三是当地实体经济利用规范的金融工具、在正规金融市场所获得的直接融资，主要包括非金融企业境内股票筹资和企业债券融资；四是其他方式向实体经济提供的资金支持，主要包括保险公司赔偿、投资性房地产、小额贷款公司贷款和贷款公司贷款。

为满足各地区各部门需要，2012 年人民银行建立了地区社会融资规模季度统计制度。

地区社会融资规模统计指标由十项子指标构成。省（自治区、直辖市）

---

① 本文作者盛松成，发表于《中国经济报告》，2014 年第 4 期。本文部分内容与《社会融资总量的内涵及实践意义》（盛松成，2011）略有重复，重复部分予以删除。

社会融资规模＝该地区人民币贷款＋外币贷款＋委托贷款＋信托贷款＋未贴现的银行承兑汇票＋企业债券＋非金融企业境内股票融资＋保险公司赔偿＋投资性房地产＋其他。

地区社会融资规模的统计口径和内涵与全国社会融资规模一致，即金融体系为整体金融的概念，从机构看，包括银行、证券、保险等金融机构；从市场看，包括信贷市场、债券市场、股票市场、保险市场以及中间业务市场等。

据初步统计，2013 年全年汇总的 31 个省（自治区、直辖市）社会融资规模总额为 17.33 万亿元，比全国社会融资规模多 370 亿元，误差率为 0.2%，比 2011 年下降 1.6 个百分点，明显低于汇总的地区生产总值数据与 GDP 的误差水平。这表明，地区社会融资规模统计数据质量较高（见表1）。

表1　　　　　　　　　　2013 年地区社会融资规模统计表　　　　单位：亿元人民币

省、自治区、直辖市	总额	人民币贷款	外币贷款（折合人民币）	委托贷款	信托贷款	未贴现银行承兑汇票	企业债券	非金融企业境内股票融资
北京	12556	3954	844	2552	286	257	4246	164
天津	4910	2028	437	552	529	397	802	39
河北	6247	3042	5	813	843	720	349	91
山西	3701	1774	37	711	168	148	678	39
内蒙古	2730	1636	8	245	401	−124	288	161
辽宁	5654	3163	256	815	−49	612	564	67
吉林	2172	1532	−3	280	61	10	117	50
黑龙江	3333	1436	82	407	1120	−32	167	26
上海	7964	3177	267	1884	1783	26	494	85
江苏	12070	7208	−65	1901	482	432	1624	49
浙江	8345	5491	302	1365	724	−1090	871	130
安徽	4969	2761	115	607	551	277	358	117
福建	6923	3183	301	1022	1562	64	532	36
江西	3898	1979	8	383	917	147	282	34
山东	10838	4613	410	1329	935	2036	1128	44
河南	5691	3004	151	577	269	512	861	81
湖北	6114	2756	110	781	1096	529	517	101
湖南	4165	2395	64	417	136	362	526	126
广东	13826	8223	293	1960	886	1106	599	193
广西	2801	1698	27	543	0	60	256	7

续表

省、自治区、直辖市	总额	人民币贷款	外币贷款（折合人民币）	委托贷款	信托贷款	未贴现银行承兑汇票	企业债券	非金融企业境内股票融资
海南	1084	592	160	131	0	72	97	0
重庆	5031	2222	183	845	466	346	528	109
四川	7137	3951	174	1449	693	-275	510	86
贵州	3541	1821	-20	485	486	525	178	5
云南	4268	1928	27	564	1157	62	280	101
西藏	773	412	0	21	315	12	-20	25
陕西	4254	2350	55	677	268	245	485	52
甘肃	2617	1585	36	253	11	289	225	107
青海	1229	603	43	86	292	26	153	0
宁夏	664	568	6	67	0	-32	16	2
新疆	2854	1916	80	-152	347	94	332	91

注：1. 地区社会融资规模是指一定时期和一定区域内实体经济从金融体系获得的资金总额，是增量概念。

2. 表中数据为初步统计数。

3. 数据来源于人民银行、国家发展改革委、证监会、保监会、中央国债登记结算有限责任公司和银行间市场交易商协会等。

4. 由金融机构总行（或总部）提供的社会融资规模为1.09万亿元。

资料来源：中国人民银行网站。

地区社会融资规模可以更加准确地反映金融体系对特定地区的资金支持情况。同时，在市场经济条件下，金融支持实体经济与实体经济利用各种渠道吸纳资金、配置资源是双向互动的，因此，地区社会融资规模也反映了一个地区资金配置的能力。

二、地区社会融资规模的区域特点

1. 近年来，地区社会融资规模增长较快，有力地支持了区域经济的发展。2013年，东、中、西部地区社会融资规模分别为9.04万亿元、3.40万亿元和3.79万亿元，分别比2011年多1.39万亿元、1.10万亿元和1.29万亿元。

2. 地区社会融资规模前六大地区集中于东部，但集中度明显下降。2013年，地区社会融资规模前六大地区集中于东部，即广东、北京、江苏、山东、浙江和上海，融资额合计占全国的 37.9%，融资集中度分别比 2012 年和 2011年下降 1.5 个和 6.2 个百分点。

3. 东部地区社会融资规模份额占全国一半以上。与 2011 年相比，中、西部地区份额明显上升，东部地区份额下降较多，融资的区域不平衡状况有所改善。2013 年，东、中、西部地区社会融资规模分别占同期地区社会融资规模总额的 52.2%、19.6% 和 21.9%；东部地区占比比 2011 年下降 6.4 个百分点，中、西部地区占比分别比 2011 年上升 2.0 个和 2.7 个百分点。

4. 地区融资结构有所优化，但仍存在一定差异，其中，中、西部地区融资对银行贷款的依赖度仍然较高，东部地区直接融资占比明显高于其他地区。2013 年，中、西部地区新增人民币贷款占其社会融资规模的比例分别为51.8% 和 54.6%，分别比东部地区高 2.4 个和 5.2 个百分点；东部地区直接融资（即非金融企业债券融资和境内股票融资合计）占其社会融资规模的比例为 13.5%，分别比中部和西部地区高 1.5 个和 3.0 个百分点。

5. 中部地区社会融资规模与其地区生产总值的比率明显低于东、西部地区。2013 年，东、中、西部地区社会融资规模与其地区生产总值之比分别为25.9%、22.0% 和 30.1%，其中中部地区该比率分别比东部和西部地区低 3.9个和 8.1 个百分点，比全国社会融资规模与 GDP 的比率低 8.4 个百分点。

三、地区社会融资规模与区域经济的关系

金融发展与区域经济增长问题一直是国内外学者关注和研究的重点。探寻二者之间的关系，尤其是区域融资与区域经济增长的关系，有着重要的现实意义。社会融资规模为分析金融与经济发展之间的关系提供了一个新的指标。

利用 2011 年第三季度以来的季度地区面板数据，对地区社会融资规模与主要经济指标进行计量分析，结果如下。

1. 地区社会融资规模与区域经济增长、投资、消费和物价关系紧密。金融是现代经济的核心。金融发展水平较高的地区，其经济发展水平一般也较高。实证分析结果显示：一是地区社会融资规模与区域经济增长、投资和消费存在较强的正相关关系，相关系数分别为 0.69、0.45 和 0.56，而与物价存在一定的负相关关系。二是地区社会融资规模与区域经济增长、投资和消费之间存在长期的稳定关系和因果关系。协整和因果统计分析显示，地区社会融资规模与区域经济增长、投资、消费和 CPI 之间存在长期稳定关系，并且地区社会

融资规模与地区生产总值增长存在显著的互为因果关系，区域投资和消费是地区社会融资规模的格兰杰成因（见表2）。

表2 　　　　　　　地区社会融资规模与区域主要经济金融指标的相关性

项目	相关系数	协整关系	因果关系
地区社会融资规模与地区生产总值	0.69	存在	互为因果关系
地区社会融资规模与地区消费	0.56	存在	地区消费是地区社会融资规模的格兰杰成因
地区社会融资规模与地区投资	0.45	存在	地区投资是地区社会融资规模的格兰杰成因
地区社会融资规模与地区CPI	-0.2	存在	CPI不是地区社会融资规模的格兰杰成因

上述分析表明，地区社会融资规模是全面反映区域金融与经济关系以及金融对区域经济资金支持的合适指标。合理提高地区社会融资规模水平，有利于促进区域经济发展，缩小区域经济差距。同时，提高区域经济发展水平，优化区域经济结构，能够改善融资环境，增强金融与经济间的良性互动关系。

2. 社会融资规模对经济增长的影响呈现区域性差异，西部地区经济增长对社会融资规模的依赖程度最高。东、中、西部地区社会融资规模与地区生产总值的相关系数分别为0.56、0.52和0.72，西部地区明显高于东、中部地区。这表明，西部地区经济增长对社会融资规模的依赖程度最高。

社会融资规模对经济增长的影响呈现区域性差异，西部地区社会融资规模对当地经济增长的贡献程度要高于东部。利用地区社会融资规模与地区生产总值建立回归模型结果表明，西部地区社会融资规模变化1单位，地区生产总值变动0.18个单位；东部地区社会融资规模变化1单位，地区生产总值变动0.14个单位。中部地区由于面板数据时序太短，没有通过模型检验。产生这一现象的主要原因可能是西部地区金融市场相对不发达，实体经济对社会融资规模的依赖程度较高。而东部地区由于企业效益普遍较好，自有资金较为充足，同时民间融资和外资直接投资活跃，企业资金来源渠道较多。此外，东部地区劳动生产率明显高于西部地区也是影响因素之一。

3. 地区社会融资规模与第三产业相关性最强，其次为第二产业，与第一产业相关性较弱。地区社会融资规模与第二产业、第三产业的相关性较强（相关系数分别为0.64和0.77），与第一产业相关性较弱（相关系数为0.2）。这表明，从产业结构看，地区社会融资规模高低主要取决于第二产业、第三产业的规模和占比。

分区域看，各地区社会融资规模与三大产业的相关程度呈现一定的区域差异。其中，东部地区社会融资规模与第三产业相关程度最高，第二产业次之，与第一产业相关性不显著；中部地区社会融资规模与第二产业相关程度最高，第三产业次之，与第一产业相关性不显著；西部地区社会融资规模与第二产业、第三产业相关性较强，与第一产业间的相关性不显著（相关系数见表3）。

表3　　　　　　　　地区各类融资与区域经济增长的关系

指标／相关系数	第一产业	第二产业	第三产业
全国各地区社会融资规模	0.2	0.64	0.77
东部地区	0.16	0.48	0.66
中部地区	0.29	0.54	0.5
西部地区	0.5	0.73	0.71

4. 地区融资结构反映不同融资与区域经济发展的关系。人民币贷款、外币贷款、表外融资、企业债券、股票、保险赔偿以及其他融资（小额贷款公司及贷款公司贷款）与区域经济增长间存在较为显著的相关关系，相关系数分别为0.92、0.79、0.82、0.71、0.70、0.87和0.63，投资性房地产与经济增长影响不显著（见表4）。

表4　　　　　　　地区社会融资规模与三大产业之间的关系

指标／相关关系	GDP	东部地区生产总值	中部地区生产总值	西部地区生产总值
人民币贷款	0.92	0.91	0.72	0.92
外币贷款	0.79	0.78	0.23	0.28
表外融资	0.82	0.8	0.67	0.77
企业外债	0.71	0.68	0.27	0.63
非金融企业境内股票融资	0.70	0.64	0.53	0.57
投资性房地产	0.11	0.33	0.22	0.1
保险公司赔偿	0.87	0.85	0.54	0.92
其他	0.63	0.63	不显著	0.72

分地区看，东部地区与除投资性房地产外的各类融资相关性均较强；中部地区人民币贷款和表外融资与经济增长间存在较强相关性，股票和保险赔偿与经济增长的相关性弱于前两项，外币贷款、企业债券、投资性房地产以及小额贷款公司和贷款公司贷款与经济增长的相关性不显著；西部地区外币贷款和投资性房地产与经济增长关系不显著，其余融资方式与经济增长间均存在较强相关性。

四、地区社会融资规模监测分析的重要意义

与人民币贷款相比，地区社会融资规模较全面地反映了当地实体经济从整个金融体系获得的资金支持。建立地区社会融资规模统计，有利于加大金融对实体经济的支持，促进区域经济结构的优化和转型升级，缩小区域经济发展差距，也有利于改善地区融资环境，增强金融与经济间的良性互动。具体看，主要有五个方面的意义。

一是有利于加大金融对区域经济的支持。在传统的经济金融关系分析中，通常以新增贷款反映金融对区域经济的支持力度。但近年来，中国金融市场发展较快，金融结构呈现明显的多元化态势，特别是在部分沿海发达地区，新增人民币贷款占地区社会融资规模的比重已降至50%以下，该指标已不能全面反映金融对区域经济发展的支持。建立地区社会融资规模统计，有利于全面反映金融与区域经济发展间的关系，加大金融对经济的支持。

二是有利于促进经济结构的调整和转型升级。目前，中国经济发展仍不平衡，城乡之间、地区之间、行业之间、部门之间的差异仍然较大。建立地区社会融资规模统计，有利于利用不同融资工具，优化产业结构，促进经济结构的调整和转型升级，增强经济发展的可持续性。

三是有利于满足不同地区多样化投融资需求。地区社会融资规模指标能够较全面地反映区域金融发展特点。例如，有的地区直接融资比重较低，企业融资结构有待改善。建立地区社会融资规模统计，有利于研究融资结构对区域间经济发展差异的影响，优化融资结构，培育和发展区域金融市场，满足不同地区多样化投融资需求。

四是有利于从金融视角寻找缩小区域经济发展不平衡的策略。中国区域间经济发展的水平和阶段差异较大。建立地区社会融资规模统计，有利于针对不同区域融资特点和经济发展状况，从金融视角寻找缩小区域经济发展不平衡的策略。

五是有利于加强区域金融风险的监测。地区社会融资规模包括了各类融资工具的数据。通过对这些数据的监测分析，能够发现区域金融发展中存在的问题和风险点。例如，有的地区非银行金融机构贷款比例较高、增速较快，可能需监测其蕴含的金融风险；有的地区与政府有关的融资增长较快，该地区政府债务风险可能需加以关注等。

从社融与 M_2 增速背离看金融去杠杆[①]

当前，社会上对社会融资规模与 M_2 走势差异议论较多、看法各异。事实上，社会融资规模与 M_2 是一个硬币的两个面，但由于两者统计的角度、范围和创造的渠道并不一致，互有不对应项目，因而二者并不存在数量上的对等关系。从历史上看，两者走势接近、相关性较高。近期社会融资规模与 M_2 增速差距有所扩大，主要是金融监管加强、金融去杠杆的结果。从 M_2 各来源结构对其同比增速的贡献率看，2017 年 1—9 月，M_2 各来源结构中对其他金融部门债权的下降，导致 M_2 增速较上年同期回落 5.8 个百分点。

一、近期社会融资规模与 M_2 增速差异较大

据人民银行统计，2017 年 9 月末，社会融资规模存量为 171.23 万亿元，同比增长 13%，增速比上月末低 0.1 个百分点，比上年同期高 0.5 个百分点；广义货币 M_2 余额为 165.57 万亿元，同比增长 9.2%，增速比上月末高 0.3 个百分点，比上年同期低 2.3 个百分点。

图 1 显示，社会融资规模与 M_2 走势从 2016 年 10 月开始出现差异，并且差距逐渐扩大。2017 年 8 月，社会融资规模存量同比增速高于 M_2 增速 4.2 个百分点，差距达到最大，比 2016 年 10 月扩大 3 个百分点；9 月这一差距略有缩小，但依然有 3.8 个百分点，比上年同期扩大 2.8 个百分点。

二、社会融资规模与 M_2 的联系与区别

历史上看，社会融资规模与 M_2 走势大体一致，两者相关系数达到了 0.88。个别月份两者的增速甚至完全一致，如 2016 年第一季度末，社会融资规模存量增速和广义货币 M_2 增速都是 13.4%。

---

① 本文作者盛松成，发表于《中国金融》，2017 年第 21 期。

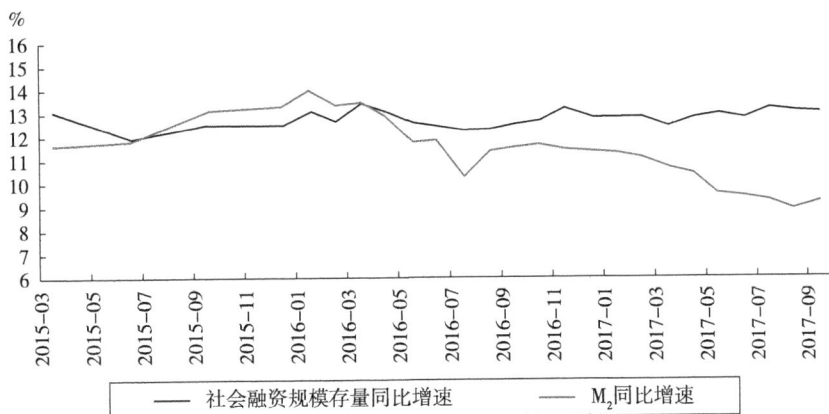

图1　社会融资规模与 M_2 增速变动趋势

（一）社会融资规模与 M_2 是一个硬币的两个面

社会融资规模与广义货币供应量 M_2，分别反映了金融机构资产负债表的资产方和负债方，两者相互补充、相互印证，是一个硬币的两个面。社会融资规模是从金融机构资产方和金融市场发行方进行统计，是从全社会资金供给的角度反映金融对实体经济的支持。也就是说，社会融资规模是金融体系的资产，是实体经济的负债，其内容涵盖了金融性公司资产负债表中资产方的多数项目。货币供应量正好相反，是从金融机构负债方统计，是金融机构的负债，是金融体系对实体经济提供的流动性和购买力，反映了社会的总需求（见表1）。

表1　　　　　　　　　社会融资规模与 M_2 是一个硬币的两个面

金融性公司概览			
资产		负债	
1　贷款	（社会融资规模）	1　流通中现金	（M_0）
1.1　人民币贷款		2　本外币存款	
1.2　外币贷款		2.1　活期存款	
1.3　委托贷款		财政活期存款	
1.4　信托贷款		居民活期储蓄存款	（M_2）
2　有价证券		非金融企业及其他部门活期存款	（M_1）
2.1　股票		非居民活期存款	（M_1）
非金融企业及其他部门股票（社会融资规模）		2.2　定期存款	
非居民股票		财政定期存款	

续表

金融性公司概览	
资产	负债
2.2　债券	居民定期储蓄存款　　　　　　　　　（M_2）
国债	非金融企业及其他部门定期存款　　（M_2）
企业债券　　　　　　　（社会融资规模）	非居民定期存款　　　　　　　　　（M_2）
非居民债券	2.3　其他存款
2.3　非股票证券	证券公司客户保证金存款　　　　　（M_2）
银行承兑汇票　　　　　（社会融资规模）	2.4　外币存款
2.4　回购协议（买入返售资产）	3　股票以外的证券
2.5　其他金融工具（含权证、资产支持证券）	3.1　银行债券（含央票、银行普通债）
3　国外资产	3.2　其他金融工具（含权证、资产支持证券）
3.1　货币黄金及特别提款权	4　保险技术准备金
3.2　外汇储备	5　股票和其他权益
3.3　对非居民的其他资产	
4　投资性房地产　　　　（社会融资规模）	

注：保险公司赔偿（保险公司的一种资金运用行为）以及其他经济部门持有的企业债和企业股票，是社会融资规模的组成部门，但不体现在金融性公司概览中。

（二）社会融资规模与 M_2 的差异

社会融资规模与 M_2 作为一个硬币的两个面，虽然走势接近，但仍存在差异，这主要是由于两者统计的角度、范围和创造的渠道并不一致。

一是两者统计的角度不同。社会融资规模统计和反映的是整个金融体系的资产方（对应的是实体经济的负债方），M_2 统计的是金融机构的负债方（对应的是实体经济的资产方）；社会融资规模衡量的是货币如何被创造出来，M_2 衡量的是经济总共创造了多少货币。

二是两者统计的范围不同。社会融资规模统计涉及包括存款类和非存款类金融机构在内的整个金融体系提供的资金支持，M_2 则仅针对存款类金融机构提供的存款；社会融资规模统计的是住户部门和非金融企业部门获得的融资，M_2 则既包括住户和非金融企业部门的存款，也涵盖了非银行金融机构的存款。

理论上，社会融资规模与 M_2 仅部分内容有对应关系，互有不对应项目，因而二者并不存在数量上的对等关系。M_2 来源结构中对非金融部门债权体现在社会融资规模中，就是其中的各贷款项目和企业债券中由银行持有的部分。

但两者并不完全相等，主要是货币概览的机构范围不包括信托公司等非银行金融机构，因而 M_2 来源结构中对非金融部门债权不包括信托贷款，即社会融资规模和 M_2 统计口径在信贷和银行持有企业债券上存在重叠，但信贷部分不完全对等。

三是两者创造的渠道有差异。外汇占款、财政投放、银行投放非银（未投向实体经济部分，分别反映在货币概览中资产方的国外净资产、对政府债权、对其他金融部门债权等项目的变化上）能够派生 M_2，但不能增加社会融资规模；股票、债券等直接融资，以及发放未贴现的银行承兑汇票和信托贷款等，能增加社会融资规模，但不能派生 M_2；银行发放人民币贷款、购买企业债等，以及银行投放非银（投向实体经济部分），既能派生 M_2，又能增加社会融资规模（见图2）。

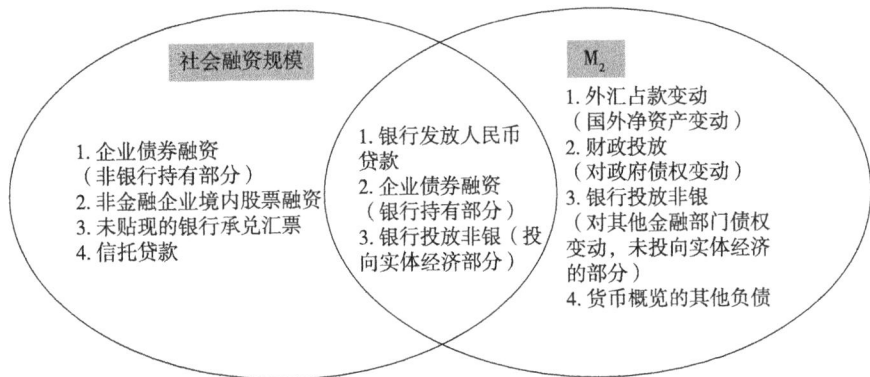

图2　社会融资规模和 M_2 关系图

（三）社会融资规模的结构特征及其变化

一是人民币贷款占比大幅下降，但近期明显回升。新增人民币贷款占社会融资规模增量的比例由 2002 年的 91.9%，下降至 2013 年、2014 年的 55% 左右，2016 年回升至 70.2%，2017 年 1—9 月为 73.2%，比 2016 年全年水平高 3 个百分点。二是实体经济通过金融机构表外的融资在经历高速增长后，近年来波动较大。2006—2013 年，实体经济以未贴现的银行承兑汇票、委托贷款和信托贷款方式获得的融资以年均 39.5% 的速度增长，而 2002 年这些表外融资的业务量还很小。2015 年，经济下行压力较大，表外融资急剧缩减。从增量看，表外融资在社会融资规模中的占比在 2015 年和 2016 年分别为 3.8% 和

6.2%。自 2016 年第四季度起，经济企稳向好，表外融资又有所回升。2017 年 1—9 月，委托贷款和信托贷款在社会融资规模增量中的占比分别为 4.4% 和 11.4%，未贴现的银行承兑汇票增量也由负转正，表外融资总额占社会融资规模增量的比重已回升至 18.8%。三是直接融资快速发展，但近期有所下降。2016 年非金融企业境内债券和股票合计融资 4.2 万亿元，是 2002 年的 42.6 倍，占同期社会融资规模的 23.9%，比 2002 年提高了 18.95 个百分点。2017 年 1—9 月，非金融企业境内债券和股票合计融资 7993 亿元，占同期社会融资规模增量的 5.1%，比 2016 年全年水平下降 18.8 个百分点（见表 2）。

表 2　　　　　　　　社会融资规模结构的变化　　　　　　　　单位：%

指标	2017 年 1—9 月	2016 年	2015 年	2014 年	2013 年	2012 年	2011 年	2010 年	2009 年	2008 年	…	2002 年
社会融资规模增量	100	100	100	100	100	100	100	100	100	100	…	100
人民币贷款	73.2	70.2	73.1	59.4	51.3	52.0	58.2	56.7	69.0	70.3	…	91.9
外币贷款（折合人民币）	-0.2	-3.2	-4.2	2.2	3.4	5.8	4.5	3.5	6.7	2.8	…	3.6
委托贷款	4.4	12.4	10.3	15.2	14.7	8.1	10.1	6.2	4.9	6.1	…	0.9
信托贷款	11.4	4.9	0.3	3.1	10.6	8.1	1.6	2.8	3.1	4.5	…	—
未贴现的银行承兑汇票	3.0	-11.0	-6.9	-0.7	4.5	6.7	8.0	16.7	3.3	1.5	…	-3.5
企业债券	1.0	16.9	19.1	14.8	10.5	14.3	10.6	7.9	8.9	7.9	…	1.8
非金融企业境内股票融资	4.1	7.0	4.9	2.6	1.3	1.6	3.4	4.1	2.4	4.8	…	3.1

三、金融去杠杆是社会融资规模与 M₂ 增速背离的主要原因

（一）金融去杠杆

一是金融去杠杆导致银行体系投向非银金融机构的资金减少。银行购买非银机构发行的资管等金融产品将派生 M₂，但是否增加社会融资规模，则要看非银机构有没有将这笔资金投入实体经济。如果非银机构从银行体系拿到钱后没有投入实体经济，就发生了资金空转，这时仅体现为 M₂ 增长而社会融资规模没有变化；只有非银机构将通过资管等产品融来的资金投入实体经济，才能增加社会融资规模。

前几年，银行购买非银机构发行的资管等金融产品较为普遍，资金空转的现象较多。而当前，金融监管加强、金融去杠杆使得银行首先开始回收通过资管计划等投向非银机构的资金，资金内部往来减少，这导致 M_2 增速下降，但社会融资规模增长相对平稳。比如 2017 年 9 月末，银行对其他金融机构债权同比增长 10.9%，增速分别比上年同期和上年末下降 46.3 个和 39.4 个百分点。

表 3 计算了各来源结构对 M_2 变动的贡献率（各来源结构的变动/M_2 的变动×100%）和拉动率（各来源结构贡献率×M_2 同比增速）。相比 2016 年同期，2017 年 1—9 月 M_2 各来源结构中对其他金融部门债权有所下降，导致 M_2 增速同比回落 5.8 个百分点。2017 年 9 月末，对其他金融部门债权同比增长 10.5%，增速同比回落 41.6 个百分点，对 M_2 变动的拉动率仅为 1.1 个百分点，而上年同期对其他金融部门债权对 M_2 变动的拉动率为 6.9 个百分点。此外，对政府债权同比增长 29.5%，增速同比回落 66.6 个百分点；对 M_2 变动的拉动率为 2.4 个百分点，同比回落 2.1 个百分点。

表 3　　　　　　　各来源结构对 M_2 变动的贡献率和拉动率

指标	贡献率（%）		拉动率（百分点）	
	2016 年 1—9 月	2017 年 1—9 月	2016 年 1—9 月	2017 年 1—9 月
广义货币	100.0	100.0	11.5	9.2
国外净资产	−9.9	−8.7	−1.1	−0.8
对政府债权	39.1	26.4	4.5	2.4
对非金融部门债权	71.3	94.6	8.2	8.7
对其他金融部门债权	60.1	12.5	6.9	1.1
冲销项：不纳入广义货币的存款	−3.0	−1.7	−0.3	−0.2
债券	−25.8	−21.2	−3.0	−1.9
实收资本	−1.9	−2.3	−0.2	−0.2
其他（净）	−30.1	0.4	−3.5	0.0

2017 年 1—9 月，对非金融部门债权对 M_2 的拉动率上升 0.5 个百分点，对 M_2 变动起反向作用的其他负债项目如债券和其他净项的拉动率分别上升 1.1 个和 3.5 个百分点。但这些拉动作用上升的因素影响程度小于拉动作用下降的因素，最终 M_2 同比增速回落。

二是金融去杠杆导致表外融资渠道减少，货币创造的途径压缩。金融去杠杆导致表外融资渠道减少，虽然部分表外融资转移到表内（表现为银行信贷增加），但贷款以外的表外融资压缩更多，货币派生的渠道被抑制，这使得 M_2 增速下降。而萎缩的表外融资中有些没有统计到社会融资规模中去，或转移到社会融资规模统计的其他表外项目中（如信托贷款），因此社会融资规模增速表现得相对平稳。比如，据中国银行业协会统计，银行理财从 2016 年底的 29 万亿元下降到 2017 年 6 月末的 28.4 万亿元，同比增速从 24% 下降到 8%。这导致非银机构存款同比减少，企业融资来源减少、存款下降，M_2 增速相应下滑。

三是金融部门在去杠杆，实体部门相对不明显。M_2 增速下降意味着银行体系的负债下降，表明去杠杆主要发生在金融部门；而社会融资规模反映了实体经济获得的资金支持，社会融资规模增速平稳，意味着实体部门融资状况依然良好。表 4 计算了各项目对社会融资规模变化的贡献率和拉动率。相比 2016 年同期，2017 年 1—9 月人民币贷款和未贴现银行承兑汇票的拉动率上升，而委托贷款和企业债券的拉动率下降。但拉动作用上升的因素影响程度大于拉动作用下降的因素，因而社会融资规模能够稳中有升。

表4 **各项目对社会融资规模变动的贡献率和拉动率**

指标	贡献率（%）		拉动率（百分点）	
	2016 年 1—9 月	2017 年 1—9 月	2016 年 1—9 月	2017 年 1—9 月
社会融资规模存量	100.0	100.0	12.5	13.0
其中：人民币贷款	74.8	75.2	9.3	9.8
外币贷款	-2.9	-1.0	-0.4	-0.1
委托贷款	11.9	4.5	1.5	0.6
信托贷款	4.0	11.5	0.5	1.5
未贴现银行承兑汇票	-15.4	3.1	-1.9	0.4
企业债券	20.1	1.9	2.5	0.2
非金融企业境内股票	7.2	4.3	0.9	0.6

（二）社会融资规模与 M_2 增速不一致还与其他因素有关

一是金融创新引起存款搬家。近年来，金融创新快速发展，除了商业银行外，居民和企业存储货币的途径不断增加，比如银行表外理财、货币基金、互联网金融存款、各类资管计划等。这些金融产品货币属性都很强，增长都很快，但不少都没有统计到 M_2 中去。并且，大量企业和居民选择以货币基金等存款以外的形式储蓄，银行存款来源不足、负债压力加大、派生贷款的能力下降。这些都导致 M_2 的增速趋于下降。据中国互联网协会统计，2017 年上半年末，全国个体网络借贷平台的贷款余额为 1.13 万亿元，而 2016 年末、2015 年末和 2014 年末分别为 8034 亿元、4395 亿元和 1036 亿元。蚂蚁金服的数据显示，2017 年 6 月底，余额宝规模达到 1.43 万亿元，成为全球规模最大的货币基金。

二是地方债发行减少，银行债券投资同比少增较多，由此派生的存款同比少增较多。银行的债券投资中有相当比例用于购买地方政府债券，这将增加 M_2，但不计入社会融资规模。地方债发行减少使得银行债券投资放缓进而导致 M_2 增速放慢，但社会融资规模不受影响。2017 年上半年，地方债仅增加 1.8 万亿元，而 2016 年上半年这一数字达到 3.5 万亿元。此外，外币贷款降幅明显缩小（2017 年 1—9 月，对实体经济发放的外币贷款折合人民币同比少减 4301 亿元，余额同比下降 5.7%，降幅同比缩小 15.3 个百分点），有利于社会融资规模平稳增长。但由于外币贷款派生的外币存款不计入 M_2，这也使二者增速出现差异。

四、社会融资规模与 M_2 增速的背离是暂时的

社会融资规模与 M_2 分别反映了金融机构资产负债表的资产方和负债方，是一个硬币的两个面。从历史上看，二者走势接近。近期社会融资规模与 M_2 增速的差异表明，货币创造的渠道与社会融资规模的统计范围存在差异；M_2 增速下降反映了金融部门去杠杆取得成效，是前几年高增长后向合理水平的回归，社会融资规模增速保持平稳表明金融对实体经济的资金支持并未减弱，实体经济流动性并未过多受到金融去杠杆的影响；M_2 增速趋于下降时社会融资规模保持较高的增长，可以在防范和控制金融风险的同时，保证对实体经济的资金支持。